Dr. med. Jürgen KERN

Das Dopingproblem

Wirkung und Nebenwirkungen von Dopingsubstanzen im
Kraft- und Ausdauersport

Eine Aufklärung für Arzt, Trainer und Sportler

Mit einem **Vorwort von Univ.-Prof. Dr. Norbert Bachl,**
Institut für Sportwissenschaft der Universität Wien,
Abteilung Sport- und Leistungsphysiologie
und einem **Geleitwort von Rechtsanwalt Martin Kuchenmeister,**
Geschäftsführer des Österreichischen Anti-Doping-Komitees

2002

VERLAG WILHELM MAUDRICH
WIEN – MÜNCHEN – BERN

Filmsatz und Offsetdruck: Ferdinand Berger & Söhne Gesellschaft m. b. H., 3580 Horn, Wiener Straße 80

ISBN 3 85175 780 7

Geleitwort

Sehr geehrte Sportinteressierte, sehr geehrter Sportinteressierter,

Doping ist nicht erst durch die in letzter Zeit gehäuft aufgetretenen Fälle prominenter Sportler immer mehr ins Licht der Öffentlichkeit gerückt, sondern ist schon immer, wenn man den Übersetzungen alter griechischer und lateinischer Texte Glauben schenkt, ein Thema im Sport gewesen und hat auch schon immer die Geister geschieden.

Die vorliegende Arbeit legt schonungslos offen, dass ein Doping ohne gesundheitsschädigende Wirkung aus medizinischer Sicht definitiv ausgeschlossen ist.

Der Kampf gegen Doping hat sich in der letzten Zeit stark ausgeweitet und verändert, weg von den reinen Wettkampfkontrollen und den Trainingskontrollen nach dem Gießkannenprinzip.

Nicht zuletzt durch verschiedene nationale Kooperationen, einer restrikteren Gangart von immer mehr Verbänden gegenüber Doping und jetzt ganz aktuell durch die Schaffung der WADA wird der Kampf gegen Doping immer besser koordiniert und immer mehr ausgeweitet.

So gibt es in Österreich schon seit 1991 – als einem der ersten Länder überhaupt – systematische Trainingskontrollen. Dieses System gilt es immer mehr zu verfeinern und bestehende Lücken zu schließen.

So wurde aufgrund der vorliegenden Arbeit, die als erste eine wissenschaftliche Korrelation zwischen „sinnvollem Doping" in der Aufbauphase in verschiedene Sportarten festlegt, die Einteilung der Sportarten in verschiedene Gefährdungssportarten geändert – und wird entsprechend den trainingsmethodischen bzw. -periodischen Erkenntnissen auch weiter aktualisiert werden – um gerade diesem „sinnvollen Doping", das es, wie die Arbeit auch aufzeigt, nicht gibt, einen Riegel vorzuschieben und den Kampf anzusagen.

Auch der Vorschlag der Arbeit, zu bestimmten Trainingszeiten nur auf spezielle Substanzen zu untersuchen, um die doch sehr hohen Analysekosten zu senken und die Effektivität der Trainingskontrollen zu steigern, muß/wird insbesondere von den IOC/WADA-akkreditierten Dopinglabors wie z.B. dem seit Jänner 2002 als erstes österreichisches Dopinglabor akkreditierten Labor in Seibersdorf, aber auch den Gremien der WADA diskutiert und mittelfristig umgesetzt werden.

Ich bin überzeugt, dass durch die vorliegende Arbeit der Kampf gegen Doping nicht nur im Hochleistungssport, sondern gerade auch im Breitensport neue Schwerpunkte setzen und noch gezielter und damit auch erfolgreicher werden wird.

Rechtsanwalt Martin Kuchenmeister
Geschäftsführer des Österreichischen Anti-Doping Comités   Jänner, 2002

Vorwort

Der Versuch einer Leistungssteigerung als Wettbewerbsvorteil ist wohl so alt wie die Menschheit und umfasst alle Lebensbereiche. Der Sport mit seinem Streben nach der Höchstleistung, dem absoluten Siegeswillen und einer scheinbar grenzenlosen Motivation ist für alle denk- und machbaren Möglichkeiten der Leistungssteigerung prädestiniert. Es verwundert daher nicht, dass seit jeher im Sport alle erlaubten und nicht erlaubten Möglichkeiten der Leistungssteigerung (im Sport mit dem Wort Doping assoziiert) angewendet wurden und werden, und daher gegen das Doping seitens der zuständigen Sportgremien bzw. in letzter Zeit auch durch staatliche Gesetzgebungen Regelwerke geschaffen wurden, die bestimmte Substanzen und Methoden verbieten und deren Gebrauch bzw. Verwendung sanktionieren. Dem gegenüber steht die Tatsache, dass der menschliche Erfindungsgeist mit neuen Präparaten und Methoden wie z.B. auch aus dem Bereich der Molekularbiologie bis hin zur Gentherapie sowie Verschleierungstaktiken im Leistungssport (und nicht nur dort – sondern auch zunehmend im Breiten- und Freizeitsport) immer jenen Institutionen einen Schritt voraus ist, welche solche „Manipulationen" entdecken, den qualitativen wie quantitativen Nachweis im Vergleich zu diversen Referenzwertschemata führen und die entsprechenden Sanktionierungen setzen müssen.

Vor dem Hintergrund einer bedrohlichen Entwicklung des Hochleistungssports zum Bild der altbekannten „panem et circenses", dem Diktat von Multis und deren Werbestrategien, dem Zeitdiktat der TV-Sender, diverser Materialkriege, der materiellen Verlockung für den einzelnen Athleten, der Profit- und Profilierungssucht von Veranstaltungsorten bis hin zum nationalen Prestige und dem Missbrauch von Sporterfolgen durch die Politik sind immer mehr Anreize für das Streben zum „Sieg um jeden Preis; koste es was es wolle" gegeben. Dadurch scheint sich auch die Spirale zwischen dem Wunsch nach leistungssteigernder Manipulation einerseits und der Notwendigkeit des Nachweises und der Sanktionierung andererseits immer weiter und schneller zu drehen.

In den letzten Jahren wurden neue Nachweismethoden implementiert, die Grenzen der Nachweisbarkeit verschiedener Substanzen gesenkt, administrative und legistische Voraussetzungen für Kontrollmaßnahmen etabliert, sodass nicht nur wettkampf- sondern auch trainingsbegleitende Kontrollen in allen Sportarten weltweit regelmäßig durchgeführt werden. In diesem Kampf gegen das Doping im Sport hat die Schaffung der WADA in den letzten Jahren ganz wesentliche Akzente gesetzt, auf der anderen Seite darf nicht verschwiegen werden, dass die Kosten für Dopingkontrollen und das Führen der entsprechenden Nachweise exponentiell steigen.

Es gibt daher viele Überlegungen, die Organisation der Dopingkontrollen, die Analysetechniken und die Verhängung der entsprechenden rechtlichen Konsequenzen zu effektuieren. Die vorliegende Untersuchung von Dr. Jürgen Kern kann zu einem Teilbereich dieser Überlegungen einen wesentlichen Beitrag leisten. Durch die Einteilung von sogenannten „Gefährdungssportarten" in verschiedene Kategorien und durch die Beschreibung sogenannter – durch die langfristig gesteuerte Trainingsplanung vorgegebenen – „sensiblen Phasen" im Laufe des Trainingsprozesses ist erstmals ein Versuch unternommen worden, die Treffergenauigkeit bei Dopingkontrollen durch sinnvolle Terminisierung der einzelnen Kontrollzeitpunkte zu effektuieren. Die Vorschläge des Autors zu dieser Maßnahme werden durch die pharmakologischen Wirkungen der verschiedentlich verwendeten Präparate, auch bezogen auf deren Anwendung in bestimmten Trainingsphasen sowie deren mögliche Nebenwirkungen unterlegt.

Es kann wohl zu Recht behauptet werden, dass die Ergebnisse dieser Arbeit als ein erstes logistisches Netzwerk zur Verbesserung der Treffergenauigkeit von Dopingkontrollen bezeichnet werden können. Es bleibt zu hoffen, dass dadurch sowohl im Hochleistungssport, aber auch im Breitensport die Zahl von positiven Dopingfällen eingedämmt wird, da anzunehmen ist, dass das Risiko einer erhöhten „Treffer-Wahrscheinlichkeit" prinzipiell den Gebrauch von unerlaubten Substanzen und Methoden minimieren sollte.

Univ.-Prof. Dr. Norbert Bachl
Institut für Sportwissenschaft der Universität Wien
Abteilung Sport- und Leistungsphysiologie

Einleitung

Die vorliegende Arbeit ist eine medizinische Dissertation und hat zum Ziel, Anregungen zur Verbesserung der Auswahlkriterien für die Planung von Trainingsdopingkontrollen zu liefern. Neben dieser primären Intention sollen zudem Mediziner, Sportwissenschaftler, Trainer, Pharmazeuten, Funktionäre und alle anderen mit dem Sport verbundenen Personen für das heikle Thema Dopingmissbrauch sensibilisiert werden. Ich habe mich bemüht, dem Leser mit Hilfe seriöser und objektiver Recherchen eine Möglichkeit der eigenständigen Meinungsbildung zu geben. Die differenzierte Kenntnis der Zusammenhänge zwischen den pharmakologischen Wirkungen und Nebenwirkungen der Dopingsubstanzen einerseits sowie den Gesetzmäßigkeiten der Trainingslehre andererseits soll als Basis für eine effektive Bekämpfung des Dopingproblems verstanden werden.

Das Ansehen des Hochleistungssports hat in den vergangenen Jahren durch unzählige Dopingskandale massiven Schaden erlitten. Man denke beispielsweise an die finnischen Dopingsünder der Langlauf-WM 2001, an die Skandale der Tour de France 1998 oder an die Enthüllungen der ehemaligen DDR. In einem unübersehbaren Verwirrspiel von Lügen und Intrigen wurden Helden über Nacht zu Lügnern und Erfolgstrainer zu Verbrechern gestempelt. Als Folge davon ist es dem sportbegeisterten Zuseher nicht mehr möglich, zwischen ehrlicher Leistung oder pharmakologischer Intervention zu unterscheiden.

Das durch Doping entstandene hohe Leistungsniveau des Spitzensports hat den modernen Athleten zum Opfer und Täter zugleich gemacht. Hochleistungssportler müssen geradezu zu verbotenen Mitteln greifen, um Höchstleistungen bringen zu können. Viele Experten behaupten, dass Weltrekorde ohne Doping gar nicht mehr möglich sind. So besteht das „Berufsrisiko" des modernen Athleten zum einen daraus, seiner Gesundheit zu schaden und zum anderen, seine Existenz aufs Spiel zu setzen. Im Bewusstsein dessen, dass dieses Risiko durch horrende Verdienstmöglichkeiten abgegolten wird, gehen aber viele Hochleistungssportler darauf ein. Vor sich selbst rechtfertigen viele Athleten diese unsportliche, unfaire und unethische Handlungsweise mit ihrer eigenen Definition von Doping, nach welcher Doping nur dann Doping ist, wenn es nachgewiesen wird. Demgemäß wird der Gebrauch nicht nachweisbarer Substanzen oder das rechtzeitige Absetzen nachweisbarer Substanzen vor einem Wettkampf nicht als Doping, sondern als „Part of the game" betrachtet. Positive Dopingfälle werden lakonisch als „Missgeschick" bezeichnet, bei dem entweder durch zu spätes Absetzen zu viel riskiert wurde oder bei dem man sich generell verkalkuliert hat. Dass der Sport längerfristig durch derartige Machenschaften ruiniert wird, scheint in der kurzweiligen Zeit, in der wir leben, nur wenige zu kümmern.

Leider ist der Missbrauch leistungssteigernder Substanzen nicht mehr ein auf den Hochleistungssport begrenztes Phänomen, denn in zunehmendem Maße gibt es auch „Nachahmungstäter" im Breiten- und Freizeitsport. So haben zum Beispiel Umfragen in Sportstudios gezeigt, dass ein Viertel der befragten Männer Anabolika zu sich nehmen. In der überwiegenden Mehrheit der Fälle handelte es sich um potentiell lebertoxische Substanzen, die hauptsächlich auf dem Schwarzmarkt besorgt und zum Teil von Ärzten verschrieben wurden. Diese Entwicklung ist vom präventivmedizinischen Standpunkt aus betrachtet beängstigend, da die aus dem Dopingmissbrauch resultierenden Gesundheitsschäden einen volkswirtschaftlichen Schaden durch Folgekosten darstellen und mitunter sehr gravierend sein können. Aus diesem Grund ist es mir ein besonderes Anliegen, die Kollegen der Ärzteschaft dazu aufzufordern, Aufklärung zu betreiben und vom Gebrauch verbotener Dopingsubstanzen dringend abzuraten! Nicht zuletzt auch deshalb, weil Dopingmissbrauch das Leistungsniveau zwar hebt, die Selbstzufriedenheit und den persönlichen Erfolg aber meistens negativ beeinflusst. Das Prinzip des sportlichen Erfolgs, nämlich sich Ziele zu setzen, diese zu erreichen und nachfolgend die sportliche Tätigkeit als Erfolg zu bewerten, kann durch Dopingmissbrauch nicht verändert werden.

Im Interesse des Sports und der Gesundheit der Athleten muss alles unternommen werden, um den Dopingmissbrauch wirkungsvoll einzuschränken! Trotz aller Bemühungen wird es aber in absehbarer Zukunft wohl nicht gelingen, den Sport dopingfrei zu bekommen, da die Möglichkeiten und Mittel der Produzenten und Konsumenten verbotener Substanzen denen der Dopingbekämpfenden Organisationen bei weitem überlegen sind. Das Budget der Doping-bekämpfenden Organisationen aller Welt ist klein im Vergleich zu den Geldern, die in den Gebrauch und die Entwicklung neuartiger Dopingsubstanzen investiert werden. Dieser Entwicklungsvorsprung ist nicht wegzuleugnen und wird auch in Zukunft dafür sorgen, dass die Dopingbekämpfung immer einen Schritt hinten nach ist. Trotz dieser deprimierenden Aussichten habe ich sehr viel Zeit und Energie in die vorliegende Arbeit investiert, um unter Berücksichtigung der zur Verfügung stehenden Mittel einen Beitrag zur wirksamen Bekämpfung des Dopingproblems zu leisten.

Um dem Wunsch nach leichter Verständlichkeit und guter Übersicht gerecht zu werden, habe ich meine Arbeit wie folgt gegliedert: Im Teil 1 wird Grundlegendes zur Trainingslehre herausgearbeitet, im Teil 2 wird Grundlegendes zur pharmakologischen Wirkung der verwendeten Präparate herausgearbeitet, im Teil 3 wird die Art der Anwendung beleuchtet und abschließend werden im Teil 4 die Praxis der Dopingkontrollen beschrieben und Anregungen zur Verbesserung gemacht.

So verbleibt in der Hoffnung auf eine Doping-freie Zukunft,

Dr. Jürgen Kern

Inhaltsverzeichnis

Teil 1

1. Motorische Beanspruchungsformen

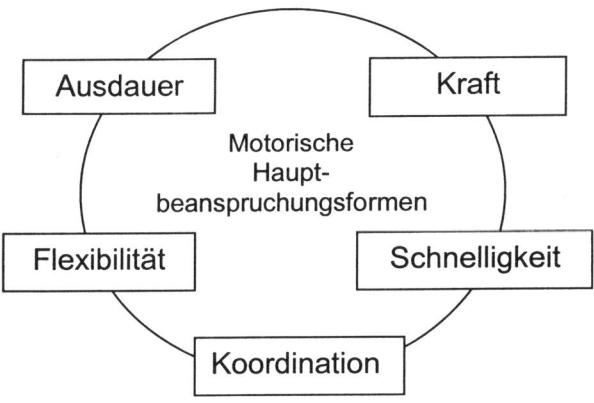

Einleitung

Für die Forschung auf den Gebieten der Sportmedizin und der Sportwissenschaft sowie für die Praxis des sportlichen Trainings ist die differenzierte Kenntnis der motorischen Hauptbeanspruchungsformen eine wesentliche Voraussetzung. Jede Sportart hat ihr eigenes Anforderungsprofil und ist daher in unterschiedlichem Ausmaß von den Fertigkeiten innerhalb der einzelnen Hauptbeanspruchungsformen abhängig. Im Kontext der vorliegenden Arbeit sind die „konditionellen" Hauptbeanspruchungsformen, nämlich die Ausdauer und die Kraft von besonderem Interesse, da sie durch Doping gravierend beeinflusst werden können (siehe Teil 1, Kapitel 2 und 3). Je größer der Anteil nicht-konditioneller Hauptbeanspruchungsformen (Koordination, Flexibilität) am Erfolg in einer bestimmten Sportart ist, desto geringer ist die Möglichkeit der Beeinflussbarkeit durch verbotene Dopingmittel. Die Schnelligkeit, bestehend aus Schnellkraft und Koordination, wird wegen ihrer konditionellen Komponente (Schnellkraft) zum Großteil durch das Kapitel Kraft repräsentiert und nach Absprache mit Herrn Prof. Dr. Norbert Bachl nicht gesondert behandelt. Im Sinne einer ordentlichen Begriffsbestimmung möchte ich vorweg die fünf motorischen Hauptbeanspruchungsformen in kurzen Worten definieren. Im Anschluss werde ich zwei weitere Komponenten der Leistungsfähigkeit, nämlich die Motivation und die Regeneration darstellen, da diese ebenfalls durch Doping massiv beeinflusst werden können. Die beiden letztgenannten werden nicht zu den motorischen

Hauptbeanspruchungsformen gezählt. Abschließend werde ich zur besseren Illustration drei Beispiele von Anforderungsprofilen ausgesuchter Sportarten anführen.

Definitionen

Ausdauer

Gemäß der Definition nach *Frey* wird unter Ausdauer im Allgemeinen der psycho-physische Ermüdungswiderstand des Sportlers verstanden. Unter psychischer Ausdauer versteht man die Fähigkeit des Sportlers, einem Reiz, der zum Abbruch einer Belastung auffordert, möglichst lange widerstehen zu können. Unter physischer Ausdauer versteht man die Ermüdungswiderstandsfähigkeit des gesamten Organismus bzw. einzelner Teilsysteme. Je nach Betrachtungsweise lässt sich die Ausdauer in ihren Erscheinungsformen in verschiedene Subgruppen unterteilen. Unter dem Gesichtspunkt des Anteils der beteiligten Muskulatur (mehr oder weniger als ein Siebentel der gesamten Muskulatur) unterscheidet man *allgemeine* und *lokale* Ausdauer, unter dem Gesichtspunkt der muskulären Energiebereitstellung unterscheidet man *aerobe* und *anaerobe* Ausdauer, unter dem Gesichtspunkt der Zeitdauer unterscheidet man *Kurz-*, *Mittel-* und *Langzeitausdauer*.

Kraft

Man unterscheidet die Maximalkraft von der Schnellkraft und der Kraftausdauer. Die Definition erfolgt bei den entsprechenden Subgruppen *(Frey)*:

a.) Die Maximalkraft:

Die Maximalkraft stellt die höchstmögliche Kraft dar, die das Nerv-Muskelsystem bei maximaler willkürlicher Kontraktion auszuüben vermag. Man unterscheidet eine statische von einer dynamischen Maximalkraft, je nachdem ob man einer Gegenkraft (Gewicht) entgegenhält oder sie bewegt.

b.) Die Schnellkraft:

Unter Schnellkraft versteht man die Fähigkeit des Nerv-Muskelsystems, den Körper oder Teile des Körpers mit maximaler Geschwindigkeit zu bewegen.

c.) Die Kraftausdauer:

Unter Kraftausdauer versteht man die Ermüdungswiderstandsfähigkeit des Organismus bei lang andauernden Kraftleistungen.

14

Schnelligkeit

„Unter Schnelligkeit wird die Fähigkeit verstanden, aufgrund der Beweglichkeit der Prozesse des Nerv-Muskelsystems und des Kraftentwicklungsvermögens der Muskulatur, motorische Aktionen in einem unter den gegebenen Bedingungen minimalen Zeitabschnitt zu vollziehen" *(G. Frey)*. Sie wird vor allem durch die Koordination und die Schnellkraft bestimmt.

Koordination

Unter Koordination wird das Zusammenwirken von Zentralnervensystem und Skelettmuskulatur innerhalb eines gezielten Bewegungsablaufs verstanden. Synonyme dieser Hauptbeanspruchungsform sind die Technik, die Geschicklichkeit und die Gewandtheit. Man unterscheidet zwischen einer intermuskulären (innerhalb der Muskelgruppen) und intramuskulären (innerhalb des Muskels) Koordination (*W. Hollmann, T. Hettinger* S. 132).

Flexibilität

Unter Flexibilität wird der willkürliche Bewegungsbereich in einem oder in mehreren Gelenken verstanden. Synonyme dieser Hauptbeanspruchungsform sind die Gelenkigkeit und die Dehnbarkeit. Man unterscheidet eine statische von einer dynamischen Flexibilität (*W. Hollmann, T. Hettinger* S. 152).

Stellenwert von Motivation

Unter Motivation versteht man den Leistungswillen, also den inneren Antrieb zur Ausübung einer (sportlichen) Tätigkeit. Der Erfolg in ausnahmslos allen Sportarten ist in hohem Ausmaß von dieser mentalen Tugend abhängig. Der Persönlichkeitsstruktur des Athleten kommt in diesem Zusammenhang eine besondere Bedeutung zu. Auf die verschiedenen Beweggründe, eine Verbesserung der eigenen körperlichen Leistungsfähigkeit anzustreben, kann an dieser Stelle nicht näher eingegangen werden. Für die vorliegende Arbeit ist es vielmehr von Bedeutung, die Möglichkeiten der illegalen Einflussnahme auf die Motivation zu beleuchten (siehe: Teil 2, Kapitel 4, Stimulantien).

Um eine systematische Untersuchung motivationssteigernder Dopingsubstanzen vornehmen zu können, ist es notwendig, zwischen einer Wettkampf- und einer Trainingsmotivation zu unterscheiden. Die Motivation während des Wettkampfes trägt zur Ausschöpfung aller mentalen und körperlichen Ressourcen bei und ist daher ein entscheidender Leistungsfaktor. Die Motivation während des Trainings hingegen ist von größter Bedeutung für die regelrechte Durchführung eines ordentlichen Trainingsprozesses und ist daher ein entscheidender Faktor, um die körperliche Leistungsfähigkeit zu verbessern. Im heutigen Spitzensport ist die konstante Trainingsmotivation mitunter der wichtigste leistungsbestimmende Faktor, da die tagtäglichen Belastungen des Trainings die Psyche des Athleten sehr beanspruchen. Die Fähigkeit, der körperlichen und der psychischen Ermüdung widerstehen zu können, ist die Grundlage des sportlichen Erfolgs.

Bedeutung der Regeneration

Der Regenerationsphase kommt aus mehreren Gründen eine besondere Bedeutung zu. Zum einen erfolgt in diesem Zeitraum die Anpassung der Organsysteme an den Trainingsreiz, und zum anderen ist die Dauer der Erholungsprozesse eine wesentliche limitierende Größe für die Gesamttrainingsbelastung (*S. Starischka* S. 52). Die Kenntnis des Bedarfs an Regenerationszeiten des Athleten und die Kenntnis des optimalen Verhältnisses von Be- und Entlastung sind wesentliche Voraussetzung für das erfolgreiche Absolvieren eines Trainingsprozesses. Diese Einsicht stellt die Grundlage der modernen Trainingslehre dar, die das Prinzip der „Periodisierung" der Trainingsbelastung als oberste Prämisse hat. Die betreuenden Personengruppen im Umfeld des Athleten, beziehungsweise der Athlet selbst, unternehmen größte Anstrengungen, um den Regenerationsprozess möglichst rasch und effizient zu gestalten. Maßnahmen wie zum Beispiel: Massage, Sauna, Warmbad, Dampfbad, Auslaufen, Stretching bis hin zur regenerativen Muskelstimulation zählen mittlerweile zum Alltag der Trainingspraxis im Spitzensport. Physiologischerweise kommt es während dieser Phase zu einer Vielzahl von chemischen Vorgängen, die mit unterschiedlicher Dauer ablaufen und der Wiederherstellung der Leistungsfähigkeit dienen.

So kommt es:

1. zum Abbau der Milchsäure (einige Minuten),
2. zum Ausgleich des Wasser- und Elektrolytdefizits (bis zu sechs Stunden),
3. zur Wiederauffüllung der Energiespeicher (bis zu zwei Tagen),
4. zum Wiederaufbau kontraktiler Proteine (bis zu drei Tagen),
5. zum Wiederaufbau beschädigter Zellorganellen (bis zu sechs Tagen).

Einige Dopingmittel, wie zum Beispiel anabole Steroide, können die Regenerationszeit stark verkürzen und über diesen Weg die Leistungsfähigkeit illegalerweise verbessern (siehe: Teil 2, Kapitel 1). Sie beeinflussen vor allem den Proteinmetabolismus. Aus diesem Grund greifen nicht nur einige Kraftsportler verbotenerweise zu Anabolika, sondern auch einige Ausdauersportler. Bei der Planung von Doping-Trainingskontrollen müssen diese Aspekte in Betracht gezogen werden.

Anforderungsprofile

Die Anforderungsprofile von Sportarten ermöglichen einen Einblick in die anteilsmäßige Gewichtung der Hauptbeanspruchungsformen zueinander und lassen somit Rückschlüsse auf die zu Grunde liegende Trainingsplanung zu. Dieser theoretische Ansatz soll es uns ermöglichen, Trainingspläne einzuschätzen, um in einem weiteren Schritt das Instrument Doping-Trainingskontrollen möglichst effizient einsetzen zu können. Anforderungsprofile ermöglichen auch eine Einschätzung der „Gefährdung" einer Sportart für ein Dopingvergehen. Das hat dazu geführt, dass man die Sportarten in drei „Risikogruppen" unterteilt hat und mit dementsprechender Häufigkeit Doping-Trainingskontrollen durchführt (siehe Teil 4). Dabei gilt im Allgemeinen die Regel, dass bei hohem Anteil der „konditionellen" Hauptbeanspruchungsformen (Kraft, Ausdauer, Schnelligkeit) die Gefährdung besonders groß ist und im umgekehrten Fall bei hohem Anteil der beiden anderen Hauptbeanspruchungsformen, Koordination und Flexibilität, die Gefährdung besonders gering einzuschätzen ist. Von der Einflussnahme illegaler Dopingmittel auf die zuvor beschriebenen Faktoren, Motivation und Regenerationsfähigkeit, können die meisten Sportarten profitieren. Kurzum, die Sportart, bei der Dopingmissbrauch auszuschließen ist, gibt es nicht. Wir müssen uns daher auf die Erstellung von Wahrscheinlichkeiten zum Dopingmissbrauch beschränken.

Straßenradsport (Eintagesrennen)

| Ausdauer |
| Kraft |
| Schnelligkeit |
| Koordination |
| Flexibilität |

Gesamt-Dopinggefährdung: hoch

Kugelstoßen

| Ausdauer |
| Kraft |
| Schnelligkeit |
| Koordination |
| Flexibilität |

Gesamt-Dopinggefährdung: hoch

Billard (zählt mit zu den vom ÖADC zu kontrollierenden Sportarten)

Ausdauer

Kraft

Schnelligkeit

Koordination

Flexibilität

Gesamt-Dopinggefährdung: niedrig

2. Ausdauer

Einleitung

Die menschliche Ausdauerleistungsfähigkeit zählt zu den motorischen Grundbeanspruchungsformen und ist für alle Sportarten eine wichtige Voraussetzung zur Erbringung von Höchstleistungen. Während Athleten von Ausdauersportarten eine Verbesserung der Ausdauer per se anstreben, sind Spiel-, Kampf-, Technik- und Kraftsportarten an der Erschaffung einer Basis ihrer Leistungsfähigkeit, nämlich der Grundlagenausdauer interessiert.

> Gemäß der Definition nach Frey (1977) wird unter Ausdauer im allgemeinen der psycho-physische Ermüdungswiderstand des Sportlers verstanden.

Unter *psychischer* Ausdauer versteht man die Fähigkeit des Sportlers, einem Reiz, der zum Abbruch einer Belastung auffordert, möglichst lange widerstehen zu können. Unter *physischer Ausdauer* versteht man die Ermüdungswiderstandsfähigkeit des gesamten Organismus bzw. einzelner Teilsysteme.

Je nach Betrachtungsweise lässt sich die Ausdauer in ihren Erscheinungsformen in **verschiedene Arten** unterteilen. Unter dem Gesichtspunkt des Anteils der beteiligten Muskulatur unterscheidet man *allgemeine* und *lokale* Ausdauer, unter dem Gesichtspunkt der Sportartspezifität unterscheidet man *allgemeine* und *spezielle* Ausdauer, unter dem Gesichtspunkt der muskulären Energiebereitstellung unterscheidet man *aerobe* und *anaerobe* Ausdauer, unter dem Gesichtspunkt der Zeitdauer unterscheidet man *Kurz-, Mittel-* und *Langzeitausdauer*, unter dem Gesichtspunkt der motorischen Hauptbeanspruchungsformen unterscheidet man die *Kraft-, Schnellkraft- und Schnelligkeitsausdauer*. Letztgenannter Punkt macht deutlich, dass es meist zur Beanspruchung unterschiedlicher motorischer Grundbeanspruchungsformen gleichzeitig kommt. Aus methodischen und didaktischen Überlegungen werden diese aber im Folgenden getrennt behandelt, um einen Versuch der Annäherung an die Komplexität der gängigen Dopingpraktiken unternehmen zu können.

Leistungsbestimmende Faktoren

Die physische Ausdauerleistungsfähigkeit wird durch mehrere Teilleistungen des menschlichen Organismus bestimmt und kann im gewissen Sinn als Kette mit mehreren Gliedern verstanden werden. Da bekanntlich das schwächste Glied die Leistungsfähigkeit einer Kette bestimmt, kommt es beim Training der Ausdauer darauf an, ein hohes Niveau aller Teilkomponenten zu erzielen.

Im folgenden Kapitel möchte ich dem Leser die leistungsbestimmenden Faktoren der menschlichen Ausdauerleistungsfähigkeit näher bringen, um die Voraussetzung zum Verständnis der potentiellen Einflussnahme von verbotenen Doping-Substanzen, wie sie im Teil 3 dieser Arbeit beschrieben wird, zu erbringen.

Prinzipiell kann zwischen lokalen leistungsbestimmenden Faktoren, die den Muskel als eigentlichen Effektor der sportlichen Aktivität betreffen, und allgemeinen Faktoren, die die „Arbeitsbedingungen" des Muskels betreffen, unterschieden werden.

Lokale, den Muskel betreffende leistungsbestimmende Faktoren

Die zellulären Energiespeicher

Die mechanische Arbeit des Muskels entsteht durch die Verbrennung energiereicher Substrate, die entweder in der Muskelzelle in Form von Glykogen bzw. in Form von Triglyzeridtropfen gespeichert werden oder über den Blutweg aus dem Glykogendepot der Leber, beziehungsweise aus dem subkutanen Fettgewebe an die arbeitende Muskulatur herantransportiert werden. Je höher die initialen Glykogenvorräte sind, desto größer ist die Fähigkeit, bei hoher Intensität Arbeit zu leisten. Die andauernde Entleerung und anschließende Wiederauffüllung der Glykogenspeicher führt zur Vergrößerung derselben bis auf das Doppelte des Ausgangswerts (von 200–300 g auf 400–600 g in der gesamten Muskulatur und von 60–100 g auf 120–200 g in der Leber). Analog dazu kommt es durch Ausdauertraining auch zur Vergrößerung der intrazellulären, also unmittelbar verfügbaren Fettspeicher. Trainierte Sportler sind bis in hohe Belastungsbereiche in der Lage, diese freien Fettsäuren zu verbrennen und schonen somit ihre Glykogenreserven. Demnach wird die Ausdauerleistungsfähigkeit im höheren Intensitätsbereich nicht nur durch das Niveau der initialen Glykogenspeicher in Leber und Muskel sowie der intrazellulären Fettdepots, sondern auch durch die Fähigkeit bestimmt, bei gehobener Belastungsintensität freie Fettsäuren verbrennen zu können. Im besonderen Maße wirkt sich diese Fähigkeit bei langandauernden (über 90 Minuten) Ausdauerbelastungen entscheidend aus.

Die zellulären Enzymaktivitäten

Parallel zur Erhöhung der Energiespeicher kommt es auch zu einem Aktivitätsanstieg der diese Enzyme umsetzenden Enzyme. Je nachdem welche Art des Stoffwechsels vorliegt (*aerob/anaerob*), werden selektiv die zugehörigen Enzymaktivitäten gesteigert, beziehungsweise deren Gesamtzahl erhöht.

Beispielsweise sind trainierte Sportler wesentlich besser in der Lage, entstehendes Laktat zu eliminieren und können so eine frühzeitige Übersäuerung des Gesamtorganismus verhindern. Zudem kommt es durch aerobes Ausdauertraining zu einer Vergrößerung und Zunahme der Zahl von Mitochondrien. Da diese Zellorganellen bekannterweise das „Kraftwerk" der Muskelzelle darstellen, ist dieser Vorgang mit einem Leistungszuwachs verbunden. An dieser Stelle sei aber auch erwähnt, dass es bei zu häufigem anaerobem intensivem Training zu einer Beeinträchtigung der mitochondrialen Leistungskapazität kommen kann, deren Ursache die säurebedingte Destruktion kleinster Membranabschnitte ist *(J. Weineck)*.

Allgemeine, die Arbeitsbedingungen des Muskels betreffende leistungsbestimmende Faktoren

Der im Zentrum der sportlichen Aktivität stehende arbeitende Muskel ist in höchstem Maße von den ihn umgebenden „Arbeitsbedingungen" abhängig. Darunter versteht man in erster Linie den Grad der Durchblutung, die Zufuhr von Sauerstoff und von Nährstoffen sowie den Abtransport von Stoffwechselschlacken. Mehrere unterschiedliche Organsysteme haben daran Anteil. Eine wichtige Messgröße der Leistungsdiagnostik ist die maximale Sauerstoffaufnahme ($\dot{V}O_{2max}$), die als Bruttokriterium der Ausdauerleistungsfähigkeit die Funktionstüchtigkeit dieses Systems beschreibt. Die zugehörigen Werte bewegen sich bei hochtrainierten Ausdauersportlern im Bereich von 65–85 ml/kg/min. Im folgenden werden die beteiligten Organsysteme einzeln beschrieben.

Das Herz

Das menschliche Herz hat als Förderpumpe großen Anteil an der Höhe der $\dot{V}O_{2max}$. Regelmäßiges Ausdauertraining bei entsprechender Intensität und bei ausreichendem Umfang führt zu einer Vergrößerung des Herzens im Sinne einer Dilatation (Vergrößerung der Herzhöhlen), beziehungsweise einer Hypertrophie. Diese Größenzunahme ist mit einem vergrößerten Schlagvolumen und somit mit einer verbesserten Sauerstoffaufnahme verbunden. Die Herzfrequenz kann beim Trainierten bis zum Fünffachen ansteigen (beim Untrainierten nur um das Dreifache) und trägt gemeinsam mit dem erhöhten Schlagvolumen zu einem vergrößerten Herzminutenvolumen bei. Des Weiteren ändert sich die Ökonomie der Herzarbeit dahingehend, dass in Ruhe eine wesentlich niedrigere Frequenz ausreicht, um die Stoffwechselerfordernisse zu decken. Abgesehen davon ist das Herz am Abbau von Laktat beteiligt und trägt so auch dazu bei, eine Übersäuerung des Organismus unter Belastung zu verhindern.

Die Kapillarisierung

Eine wesentliche Größe für die metabolische Leistungsfähigkeit des Muskels ist die Durchblutung durch die peripheren Kapillaren. Je größer deren Gesamtzahl und Dichte ist (und somit die Austauschfläche zwischen Blut- und Muskelzelle), desto größer ist auch der Sauerstoff- und Substrataustausch.

Das Blut

Ausdauertraining bewirkt eine Zunahme des Gesamtblutvolumens und somit eine Zunahme des absoluten Hämoglobins, beziehungsweise der Erythrozytenzahl. Der Hämatokrit bleibt hingegen aber relativ konstant, es sei denn, man hat kürzlich ein Höhentraining absolviert, einen starken Flüssigkeitsverlust erlitten oder mit EPO gedopt. Wie man an der Bedeutung des verbotenen Dopingmittels Erythropoetin (EPO) sehen kann, bewirkt die Zunahme der roten Blutkörperchen einen massiven Leistungswachs (vergleiche: Teil 2, Kapitel 2b). Daraus kann man schließen, dass die Blutwerte einen großen Anteil an der Ausdauerleistungsfähigkeit haben. Abgesehen davon tragen die Puffersysteme des Blutes (Hämoglobin-Oxyhämoglobinsystem, Plasmaproteine, Bikarbonate, Phosphate) zur Elimination von sauren Stoffwechselrestprodukten bei.

Die Lunge

Unter normalen Umständen ist das Lungenvolumen, beziehungsweise die alveoläre Diffusionskapazität nicht leistungsbegrenzend, dennoch kann man sagen, dass ein großes Lungenvolumen sowie eine gute Atemtechnik Voraussetzung für eine gute Ausdauerleistungsfähigkeit ist.

Das Immunsystem

Nach sportlichen Belastungen kommt es vorübergehend zu einer Schwächung des Immunsystems, die sich in der Regenerationsphase wieder normalisiert oder sogar über das Ausgangsniveau ansteigt. Im Allgemeinen sind Sportler durch die sportliche „Abhärtung" widerstandsfähiger gegen Infektionskrankheiten, doch ist bei ständiger Überlastung genau das Gegenteil der Fall: es kommt zu krankheitsbedingten Trainingsunterbrechungen.

Andere – nicht physische – leistungsbestimmende Faktoren

Die Psyche

Bei Ausdauerbelastungen werden an die Psyche des Athleten sehr hohe Anforderungen gestellt. Zum einen soll gegen die zunehmende Ermüdung angekämpft werden und zum anderen müssen sportartspezifische taktische Fertigkeiten ausgespielt werden. Da heutzutage Spitzenathleten oft ähnliche vergleichbare physische Voraussetzungen haben, ist die psychische Verfassung des Athleten maßgeblich an der Entscheidung zwischen Sieg oder Niederlage beteiligt.

Die Bewegungsökonomie

Die Technik der Bewegungsausführung ist vor allem bei langandauernder Ausdauerbelastung von großer Bedeutung, da auf diesem Weg entscheidende Energie gespart werden kann. Die Fortschritte in der Rekordentwicklung in Ausdauerdisziplinen ist sicher auch zu einem großen Teil auf die Verbesserung der Technik und der Bewegungsökonomie zurückzuführen.

Die Ernährung

Eine ausgewogene Ernährung mit ausreichend Kohlenhydraten, Aminosäuren, pflanzlichen Fetten, Vitaminen, Mineralstoffen und Spurenelementen gilt als Grundvoraussetzung für den sportlichen Erfolg.

Belastungsbereiche

Die Häufigkeitsverteilung der einzelnen Trainingsbereiche kann man mit der Form einer Pyramide vergleichen, deren Basis das Grundlagenausdauertraining bildet und deren Spitze das wettkampfspezifische Ausdauertraining darstellt. In der folgenden Beschreibung der einzelnen Bereiche ist in Klammer neben den Überschriften der prozentuale zeitliche Anteil des jeweiligen Belastungsbereichs vom Gesamttrainingsumfang angegeben – bezogen auf das Beispiel Straßenradsport. Es handelt sich hierbei nur um Anhaltspunkte, denn im zeitlichen Verlauf des Trainingsjahres ändern sich diese markant (vgl.: Trainingsperiodisierung im zeitlichen Verlauf). Auch wenn die Nomenklatur in den verschiedenen Büchern der Trainingslehre geringfügige Schwankungen aufweist, so hat sich doch folgende Einteilung der Belastungsbereiche durchgesetzt:

Regenerationsbereich (RB)

Dient der Unterstützung von Regenerationsprozessen. Die Intensität ist bei weniger als 60% der maximalen Herzfrequenz (HF max.) sehr niedrig, der Laktatspiegel ist immer weit unter 2 mmol/l, der Stoffwechsel ist rein aerob, vorwiegend wird die Dauermethode angewandt.

Grundlagenausdauer 1 (GA 1) (50–80%)

Dient dem Erwerb und der Stabilisierung der Grundlagenausdauer. Die Intensität ist bei 65–75% der HF max. relativ niedrig, der Laktatspiegel ist zwischen 1,5 und 2 mmol/l, der Stoffwechsel ist rein aerob, vorwiegend wird die Dauermethode angewandt.

Grundlagenausdauer 2 (GA 2) (20–50%)

Dient der Ökonomisierung und der Entwicklung der Grundlagenausdauer. Die Intensität ist bei 75–85% der HF max. im mittleren Bereich, der Laktatspiegel ist zwischen 1,5 und 3,5 mmol/l, der Stoffwechsel ist überwiegend aerob, es können alle Methoden angewandt werden (Dauer-, Wiederholungs-, Intervallmethode).

Wettkampfspezifische Ausdauer (WSA) (10–30%)

Dient der Ausprägung der wettkampfspezifischen Ausdauer. Die Intensität ist bei 80–95% der HF max. im oberen Bereich, der Laktatspiegel ist zwischen 3 und 6 mmol/l, der Stoffwechsel ist im aerob/anaeroben Übergangsbereich, es kann die Dauermethode, die Wiederholungsmethode sowie ein Wettkampf selbst angewandt werden.

Spitzenbereich (SB) (0–10%)

Dient der Ausprägung der maximalen Belastung (z.B.: für einen Zielsprint). Die Intensität ist maximal, der Laktatspiegel beträgt am Ende der Belastung zwischen 6 und 20 mmol/l, der Stoffwechsel ist im rein anaeroben Bereich und daher ist die Dauer einer solchen Belastung zeitlich stark begrenzt (wenige Sekunden). Bei langandauernden Belastungen (Langzeitausdauer 2 und 3) wird dieser Bereich in der Regel nicht extra trainiert (Ausnahme: Sprinter). Speziell im Radsport kann wegen der Möglichkeit, die Trittfrequenz herabzusetzen, die Kraftausdauer gesondert trainiert werden:

Kraftausdauer 1 (KA 1)

Die Intensität für den arbeitenden Muskel ist relativ gesehen höher als für den Gesamtorganismus (Trittfrequenz: ~60 Umdrehungen pro Minute), die Intensität liegt bei 70–80% der HF max., der Laktatspiegel ist ungefähr bei 3 mmol/l, der Stoffwechsel ist überwiegend aerob, es wird vorwiegend die Dauermethode und die Intervallmethode angewandt (extensiv).

Kraftausdauer (KA 2)

Dient der Entwicklung der anaeroben Kraftausdauer, die Intensität ist hoch bei 80–90% der HF max., Trittfrequenz beim Radfahren liegt bei ~60 Umdrehungen pro Minute, der Laktatspiegel liegt ungefähr bei 4–7 mmol/l, der Stoffwechsel ist überwiegend anaerob, es wird vorwiegend die intensive Intervallmethode angewandt.

Methoden des Ausdauertrainings

Die verschiedenen Ausdauerfähigkeiten stellen aus leistungsphysiologischer Sicht unterschiedliche Anforderungen an den Körper. Um eine effektive Leistungssteigerung der erforderten Ausdauerfähigkeit zu ermöglichen, müssen solche Trainingsmethoden und -inhalte gesetzt werden, die den jeweiligen metabolischen Anforderungen gerecht werden und der Wettkampfdisziplin nahe kommen. Im folgenden werden die vier Hauptgruppen der Ausdauertrainingsmethoden im Hinblick auf deren Wirkung dargestellt.

Dauermethode (DM)

Bei der Dauermethode steht die Verbesserung der aeroben Kapazität im Vordergrund. Ziel ist es unter anderem, den Fettstoffwechsel, die Kapillarisierung und die Aktivität der aeroben Enzyme anzuregen. Der Belastungsumfang ist meist groß und die Dauer meist sehr lange (im Radsport bis zu sieben Stunden). Anteilsmäßig überwiegt das Training im GA 1-Bereich, das über das gesamte Trainingsjahr zwar beibehalten wird, jedoch anteilsmäßig verändert wird. GA 2 und WSA können ebenso mit Hilfe der Dauermethode trainiert werden.

Intervallmethode (IM)

Je nach Intensität und Dauer kann man mehrere Arten des Intervalltrainings unterscheiden (*intensiv/extensiv; kurz/mittel/lang*). Allen Formen gemeinsam ist jedoch das Prinzip der lohnenden Pause. Darunter versteht man das Abwarten nach einer Belastung, bis sich der Kreislauf zum größten Teil erholt hat (Puls: 120–140), bevor man mit der nächsten Belastung anschließt. Diese Methode übt ausgeprägte Reize auf das Herzwachstum und auf die vorherrschende Stoffwechselbeanspruchung aus (*aerob/anaerob).

Wiederholungsmethode (WM)

Im Unterschied zur Intervallmethode wird bei der Wiederholungsmethode eine vollständige Erholung abgewartet. Die Belastung selbst erfolgt zumeist über einen vorgegebenen Zeitraum oder eine vorgegebene Strecke mit sehr hoher bis maximaler Intensität. Bei jedem neuen Belastungsintervall müssen sämtliche regulativen Steuerungsprozesse, wie sie üblicherweise bei einem Belastungsbeginn vorkommen, durchlaufen werden. Diese Methode wird zum Erwerb der Schnelligkeit eingesetzt, wie sie in speziellen Wettkampfsituationen gefordert wird (z.B.: Attacken, Löcher schließen, Zwischensprint . . .).

Wettkampfmethode (WK)

Im modernen Spitzensport werden in zunehmendem Maße Vorbereitungswettkämpfe zum Formaufbau genutzt. Auf diesem Weg werden alle für die jeweilige Sportart notwendigen speziellen Fähigkeiten zugleich geschult, und eine Anpassung an die Wettkampfsituation wird ermöglicht. Zudem besteht die Möglichkeit, Wettkampferfahrung zu sammeln und die nötige „Tempohärte" zu entwickeln. Im Straßenradsport wird diese Trainingsmethode häufig angewandt.

Trainingsperiodisierung im zeitlichen Verlauf

In der modernen Trainingslehre hat sich das Prinzip der periodisierten Trainingsgestaltung durchgesetzt. Darunter versteht man den geplanten Wechsel von Be- und Entlastung, der sowohl im Verlauf einer Woche (Mikrozyklus), im Verlauf eines Monats (Mesozyklus) als auch im Verlauf des gesamten Jahres (Makrozyklus) eingehalten wird. Der langfristige, über mehrere Jahre reichende Trainingsprozess, der sich in allgemeine Grundausbildung, Nachwuchsarbeit und Hochleistungstraining gliedert, wird an dieser Stelle nicht näher erläutert, da er im Hinblick auf die Dopingproblematik von untergeordneter Bedeutung ist.

Im Folgenden wird das Hauptaugenmerk auf den Jahrestrainingsplan von hochtrainierten Spitzensportlern gerichtet, um Aussagen über Wahrscheinlichkeiten von Dopingvergehen treffen zu können (siehe: Teil 3).

Der Jahrestrainingsplan kann auf eine, zwei und in Ausnahmefällen auf drei Wettkampfperioden, sprich Höhepunkte, ausgerichtet werden. Üblicherweise wird ein Trainingsjahr in Vorbereitungs-, Wettkampf-, und Übergangsperiode eingeteilt. Die Inhalte, Methoden und Belastungsbereiche variieren stark von Periode zu Periode und werden im Anschluss detailliert dargestellt. Auch innerhalb der Sportarten gibt es große Unterschiede in der Trainingsgestaltung. Im Sinne der Zielsetzung dieser Arbeit, nämlich eine Grundlage für die Planung von Dopingtrainingskontrollen zu schaffen, wäre es von großem Interesse, wenn seitens der Sportwissenschaft Untersuchungen zur Einschätzung der Trainingsgestaltung und Trainingsperiodisierung aller Sportarten unternommen würden.

Allgemeine Vorbereitungsperiode (VP 1, VP 2)

Die Vorbereitungsmethode dient der Entwicklung der sportlichen Form mit besonderem Augenmerk auf Schaffung grundlegender Leistungsvoraussetzungen. Meist wird die Vorbereitungsperiode in drei weitere Phasen unterteilt, und zwar die VP 1, VP 2 und VP 3. Manche Autoren bezeichnen die VP 1 und VP 2 auch als allgemeine und die VP 3 als wettkampfspezifische Vorbereitung. In der **allgemeinen** Vorbereitung, also der VP 1 und VP 2 werden im wesentlichen die, für die jeweilige Sportart erforderlichen motorischen Grundbeanspruchungsformen getrennt voneinander trainiert, um auf Basis dieser verbesserten Teilleistungen (z.B. GA 1/Kraft, siehe später) im weiteren Verlauf eine verbesserte Endleistung zu erzielen. Es überwiegt das Training im GA 1- und GA 2-Bereich, vorwiegend unter Gebrauch der Dauermethode. Parallel dazu wird auch für Ausdauersportler ein Krafttraining durchgeführt. Sportler trainieren zumeist in einem 2 : 1- oder 3 : 1-Rhythmus, was nichts anderes bedeutet, als dass nach zwei bzw. drei Wochen ansteigender Umfänge und Belastungen eine Woche der Erholung bzw. des reduzierten Trainings folgt. Ein derartiger Zeitraum von drei bis fünf Wochen wird auch als Mesozyklus bezeichnet. Die Intensität und der Umfang des Trainings wird von einem zum nächsten Mesozyklus sukzessive gesteigert, um eine adäquate Anpassung zu erzielen.

Spezielle Vorbereitungsperiode (VP 3)

Die, an die allgemeine Vorbereitungsperiode anschließende **spezielle** Vorbereitungsphase dauert bei einfacher Periodisierung in der Regel 6–8 Wochen und ist vor allem durch steigende Intensität gekennzeichnet. Es wird darauf abgezielt, eine Wettkampfform zu erreichen und zu diesem Zweck wird mit zunehmender Intensität unter Gebrauch der Dauer-, Intervall-, Wiederholungs- und teilweise auch der Wettkampfmethode trainiert, wobei der 2 : 1- bzw. 3 : 1-Rhythmus der Mesozyklen beibehalten wird. Die Trainingsumfänge werden in der Regel nicht weiter erhöht, um ausreichend Regenerationsphasen zwischen den intensiven Einheiten einplanen zu können. In diesem Zeitraum fällt zumeist auch ein Trainingslager, das durch intensive Trainingseinheiten in der Gruppe gekennzeichnet ist. Bei optimaler Trainingsgestaltung der Vorbereitungsperiode, die auf die Leistungsfähigkeit des Athleten abgestimmt ist, sollte es stets zu einer intensiven Belastung, sprich: Trainingsreiz, aber nie zu einer Überlastung des Athleten, sprich Übertraining kommen. In diesem Zusammenhang kommt der Planung der Regenerationsphasen besondere Bedeutung zu.

Wettkampfperiode (WKP)

In der Wettkampfperiode steht die Ausprägung und die Stabilisierung der Wettkampfleistung im Vordergrund. Die Gestaltung und Durchführung des Trainings wird maßgeblich durch die Wettkämpfe bestimmt. Wurden in der Vorbereitungsphase gravierende Trainingsfehler begangen, so sind diese in der Regel in der Wettkampfphase nicht mehr wettzumachen. Je nach Anzahl der Wettkämpfe wird das Training mit hoher Intensität reduziert, da der Wettkampf selbst den zugehörigen Belastungsreiz auslöst. Regenerative Maßnahmen zur Wiederherstellung der Leistungsfähigkeit gewinnen an Bedeutung.

Übergangsperiode (ÜP)

Die an die Wettkampfphase anschließende Übergangsperiode dient der nachhaltigen Regeneration des Athleten und wird in der Regel über einen Zeitraum von 3–5 Wochen durchgeführt. Spitzensportler machen in dieser Zeit meistens ihren wohlverdienten Urlaub, der nahezu frei von Trainingsbelastung verbracht wird. Förderlich ist die gemäßigte Ausübung fremder Sportarten, um Defizite auszugleichen, und um wieder mentale Kraft zu tanken. Das Fehlen der sportartspezifischen Trainingsreize bewirkt im Körper eine geringgradige Involution der leistungsbestimmenden Systeme, was als Voraussetzung der Ansprechbarkeit nachfolgender Trainingsreize angesehen wird.

Beispiel eines Jahrestrainingsplans (Straßenradsport)

Im Straßenradsport ist es in den letzten Jahren überdurchschnittlich häufig zu nachgewiesenen Dopingvergehen gekommen. Aus diesem Grund möchte ich diese Sportart und deren Trainingsgestaltung exemplarisch für Ausdauersportarten genauer beleuchten, um im dritten Teil des Buches Aussagen über die Wahrscheinlichkeiten für Dopingvergehen mit einer bestimmten Substanzgruppe zu einem bestimmten Zeitpunkt der Trainingsperiodisierung des Radsportlers machen zu können. Das angeführte Beispiel bezieht sich auf die im Radsport bei weitem am häufigsten anzutreffende Form der Trainingsperiodisierung, und zwar mit *einer* langen Wettkampfperiode von Mai bis Ende September (einfache Periodisierung). Je nach Zielsetzung werden ein oder zwei Formhöhepunkt(e) in diesem Zeitraum angestrebt.

Im angeführten Beispiel unterteilt sich die Wettkampfperiode in zwei Blöcke, der erste von Mai bis Juni, der zweite von August bis September. Die Zeit zwischen den Wettkampfblöcken dient der Regeneration und der Auffrischung der Grundlagen, ist aber nicht mit einer Vorbereitungs- oder gar Übergangsperiode zu verwechseln.

Die Vorbereitungsperiode erstreckt sich von November bis April und kann gemäß den weiter oben angeführten Erläuterungen eine VP 1–3, beziehungsweise in eine allgemeine (VP 1–2) und in eine spezielle VP 3 unterteilt werden.

Im Oktober wird üblicherweise die Übergangsperiode („Ruhemonat") eingeplant, die der nachhaltigen Regeneration dienen soll. Selbstverständlich können die im Radsport anzutreffenden Periodisierungen voneinander abweichen, doch wenn man die angestrebten Saisonhöhepunkte des Athleten kennt (z.B.: durch Kenntnis der Qualifikationsrichtlinien für sportliche Großereignisse), kann man in der Regel sehr gute Aussagen über die vorausgehende Trainingsperiodisierung machen. So wird der Sportler zumindest sechs Wochen der Wettkampfphase, sechs Wochen der speziellen VP und 12 Wochen der allgemeinen VP in den Beinen haben, bevor er bei seinem Saisonhöhepunkt an den Start geht. Weitere Untersuchungen zu diesem Thema seitens der Sportwissenschaft wären von großem Interesse und sehr wünschenswert.

Trainingsplan: Straßenradsport

Monat	Okt	Nov	Dez	Jan	Feb	Mär	Apr	Mai	Jun	Jul	Aug	Sep
Periode	ÜP	VP1 (allgemein)		VP2 (allgemein)		VP3 (allgemein)		WKP (1. Block)		WK frei	WKP (2. Block)	
Trainings-bereiche:	R E G E N E R A T I O N	GA1 GA2 KA1 (+ Kraftaufbau)				RB GA1 GA2 WSA KA2 (+ Max. Kraft)		RB GA1 GA2 WSA KA1 (+ Kraferhalt)		RB GA1 GA2	RB GA1 GA2 WSA KA1 (+ Kraferhalt)	
Trainings-methode:		Vorwiegend DM				DM IM WM		DM IM WM WM		DM IM WM	DM IM WM WKM	
Ziel:		Erhöhung der allgemeinen Grundlagen →				Erhöhung der speziellen Grundlagen		Ausprägung und Stabilisierung der Wettkampfform				

29

Die zeitlichen Trainingsumfänge in den jeweiligen Perioden betragen bei Spitzenfahrern pro Woche im Mittel (in Klammer die Werte bei 3 : 1-Rhythmus):

ÜP	~5–10h (5/10/15/0)
VP1	~20–30h (20/25/30/15)
VP2	~20–30h (20/25/30/15)
VP3	~15–25h (15/20/25/10)
WKP	~15–25h (15/20/25/10)

Hinzu kommt die Trainingszeit für das Krafttraining, für Gymnastik (Stretching und Ausgleichbelastung) sowie für sämtliche regenerative Maßnahmen.

3. Kraft

Einleitung

Die menschliche Kraft zählt zu den motorischen Grundbeanspruchungsformen und ist für die meisten Sportarten eine wichtige Voraussetzung zur Erbringung von Höchstleistungen. Während Athleten von Kraftsportarten eine Verbesserung der Kraft per se anstreben, sind Spiel, Kampf, Technik und Ausdauersportarten an der Schaffung einer *allgemeinen* Kraft als Basis ihrer Leistungsfähigkeit wesentlich beteiligt.

Unter *allgemeiner* Kraft wird dabei die sportartunabhängige Kraft aller Muskelgruppen verstanden im Unterschied zur *speziellen* Kraft, die für eine bestimmte Sportart typisch ist.

Während man in der Physik den Begriff der Kraft sehr präzise mit: „Kraft ist Masse mal Beschleunigung" und der Einheit Newton (Jene Kraft, die der Masse von einem Kilogramm die Beschleunigung von ein m/s^2 erteilt) beschreibt, so ist eine Definition der Kraft aus sportwissenschaftlicher Sicht nicht in dieser Form möglich, da sich die Hauptformen der Kraft zum Teil deutlich voneinander unterscheiden und darüber hinaus sogar unterschiedliche Subtypen der Muskulatur beanspruchen.

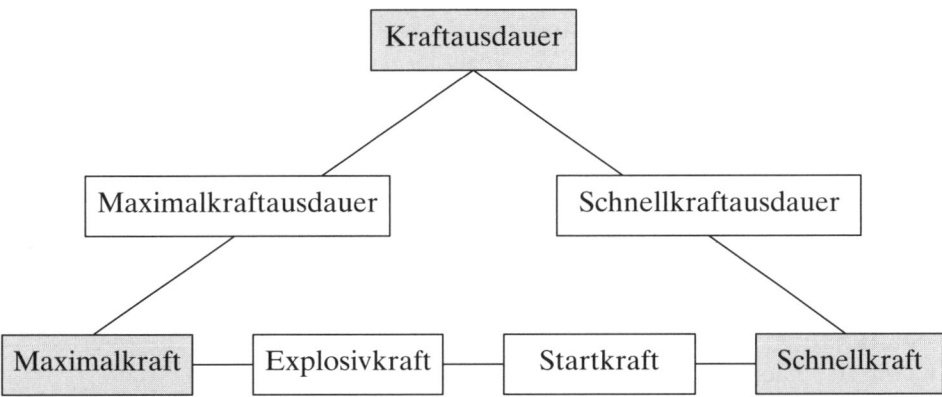

Die drei Hauptarten der Kraft sind: die Maximalkraft, die Schnellkraft und die Kraftausdauer.

Hauptarten der Kraft

Die Maximalkraft

Die Maximalkraft stellt die höchstmögliche Kraft dar, die das Nerv-Muskelsystem bei maximaler willkürlicher Kontraktion auszuüben vermag. Man unterscheidet eine *statische* von einer *dynamischen* Maximalkraft, je nachdem, ob man einer Gegenkraft (Gewicht) entgegenhält oder sie bewegt. Die Maximalkraft ist vom Muskelquerschnitt, von der intermuskulären und intramuskulären Koordination abhängig. Ein Zuwachs der Maximalkraft kann über jede dieser drei Komponenten erreicht werden.

Schnellkraft

Unter Schnellkraft versteht man die Fähigkeit des Nerv-Muskelsystems, den Körper oder Teile des Körpers mit maximaler Geschwindigkeit zu bewegen. Sie ist vor allem vom Querschnitt der für maximal schnelle Bewegungen erforderlichen schnellzuckenden Muskelfasern abhängig sowie vom Vorliegen eines „Bewegungsprogramms", das bei Bedarf reflexartig abgerufen und – wenn einmal gestartet – nicht mehr unterbrochen werden kann.

Kraftausdauer

Unter Kraftausdauer versteht man die Ermüdungswiderstandsfähigkeit des Organismus bei lang andauernden Kraftleistungen. Je nach Intensität werden vorwiegend aerobe, anaerobe oder gemischte Stoffwechselanteile trainiert. Kriterien der Kraftausdauer sind die Reizstärke (in Prozent der Maximalkraft) und der Reizumfang (Wiederholungsanzahl). Leistungsbegrenzend wirkt bei derartigen Belastungen oftmals die Sauerstoffversorgung des arbeitenden Muskels, da durch den erhöhten intramuskulären Druck die arterielle Blutversorgung teilweise behindert wird.

Die Kraft tritt in den verschiedenen Sportarten niemals in ihrer abstrakten Reinform auf. Zwischen den Hauptarten der Kraft existieren keine rigorosen Grenzen, sondern nuancierte Mischformen und fließende Übergänge. Folgende Subtypen haben sich begrifflich etabliert:

Startkraft: ist die Fähigkeit, einen möglichst hohen Kraftanstiegsverlauf zu Beginn der muskulären Anspannung realisieren zu können.

Explosivkraft: ist die Fähigkeit, einen hohen Kraftzuwachs pro Zeiteinheit realisieren zu können (Kraftentwicklung während der Bewegung).

Schnellkraftausdauer: ist die Fähigkeit, sich möglichst oft und möglichst rasch von maximal schnellen Bewegungen nahezu vollständig zu erholen, um diese erneut mit maximaler Geschwindigkeit ausführen zu können.

Maximalkraftausdauer: ist die Fähigkeit, sich möglichst oft und möglichst rasch von maximalen Kraftanstrengungen nahezu vollständig zu erholen, um diese erneut mit maximaler Kontraktionskraft ausführen zu können.

Leistungsbestimmende Faktoren

Die unterschiedlichen Arten der Kraft erfordern unterschiedliche physiologische Qualitäten des Nerv-Muskelsystems. Im Folgenden sollen die einzelnen leistungsbestimmenden Faktoren der menschlichen Kraft aus didaktischen Gründen gesondert dargestellt werden. In der Praxis ist aber nur die Summe dieser Einzelkomponenten von Bedeutung, da sie die eigentliche „Netto-Kraftfähigkeit" des Menschen ergibt:

Die Muskelfasertyp-Verteilung

Im menschlichen Körper wurden bislang vier unterschiedliche Muskelfasertypen der quergestreiften Skelettmuskulatur auf Grund der Geschwindigkeit ihrer Muskelzuckung identifiziert.

Sie werden in zwei große Hauptgruppen unterteilt:

a.) *die roten, dünnen, langsamen ST-Fasern (Typ-I)* – sie werden vor allem bei langandauernden Belastungen geringerer Intensität eingesetzt (Ausdauer),

b.) *die weißen, dicken, schnellen FT-Fasern (Typ-II)* – sie werden vor allem bei schnellkräftigen und/oder intensiven Muskelbeanspruchungen eingesetzt. Diese Gruppe kann in drei weitere Subtypen, die IIa-, IIb-, IIc-Fasern unterteilt werden. Einige Autoren bezeichnen die IIa- und IIc-Fasern gemeinsam auch als *intermediäre* Fasern (siehe Tabelle).

	Typ I *(rot, langsam, dünn)*	*Typ IIa/IIc* *(weiß, intermediär)*	*Typ IIb* *(weiß, schnell, dick)*
Muskelfaser-querschnitt	2.000–4.000 μm^2	2.000–6.000 μm^2	2.000–10.000 μm^2
Motoneuron-durchmesser	ca. 30 μm	40–60 μm	bis 70 μm
Nervenleit-geschwindigkeit	30–40 m/s	40–90 m/s	70–120 m/s
Erregungsschwelle	niedrig	mittel	hoch
Kraft pro motorische Einheit	2–13 gr	5–50 gr	30–130 gr
Ermüdbarkeit	niedrig	niedrig	hoch

(in Anlehnung an: *Tidow G., Wiemann K.* 1993, 14)

Das Verteilungsmuster der Muskelfasern ist zum größten Teil genetisch vorbestimmt. Daher kommt auch der Spruch: „Zum Sprinter wird man geboren". In Bezug auf das Weltklasseniveau trifft das sicher auch für den Ausdauersport zu. Eine Veränderung des Muskelfasertyp-Verteilungsmusters ist nur sehr bedingt möglich. Laut *J. Weineck* (S. 248) gibt es im Alter zwischen 12 und 14 Jahren eine Entwicklungsphase, in der sich ein Anteil der Intermediärfasern (10% der gesamten Muskulatur bei Mädchen und 14% bei Burschen) noch in Abhängigkeit vom Training in Typ-I- beziehungsweise in Typ-II-Fasern umwandeln lassen. Im Alter ist nur mehr eine Umwandlung von Typ II in Typ I möglich, aber nicht umgekehrt.

Der Muskelquerschnitt (die Muskelmasse)

Die Muskelkraft ist direkt proportional der Muskelmasse, beziehungsweise dem Muskelquerschnitt. Laut *Hettinger* (1966) kann ein Muskel etwa 6 kg pro cm^2 heben. Durch entsprechendes Training (8–12 Wiederholungen mit ~60%) kann die Muskelmasse um ein Vielfaches erhöht werden. Der Mechanismus des Muskelzuwachses erfolgt in der Ruhephase im Anschluss an einen adäquaten Trainingsreiz (Training). Es kommt dabei zu einer verstärkten Synthese der kontraktilen Filamente Aktin und Myosin, die in die mehrkernige Muskelzelle eingebaut werden (Hypertrophie). Das männliche Sexualhormon, das zu einem Zehntel auch bei der Frau vorkommt, spielt bei der Muskelsynthese eine sehr wichtige Rolle (siehe: Teil 2, Kapitel 1). Kontrovers wurde in den vergangenen Jahren die Frage diskutiert, ob es durch Krafttraining zu einer Muskelzellvermehrung (Hyperplasie) kommt. Man nimmt heute an, dass es durch eine hohe mechanische Beanspruchung verbunden mit einem starken Dehnungsreiz nach einer initialen Muskelfaserhypertrophie auch zu einer Neubildung von Muskelzellen (Muskelfasern) kommt *(J. Weineck)*. Als Entstehungsmechanismus wird eine Mikrotraumatisierung der Muskelfaser angenommen, die zur Freisetzung von Muskel-Wachstumsfaktoren und nachfolgender Aktivierung von sogenannten Satellitenzellen zur Zellneubildung führt *(J. M. Kennedy; R. Bischoff; E. Schultz)*.

Die Energiespeicher und die Enzymaktivitäten

Ein betontes Krafttraining führt nicht nur zu Veränderungen der Kraft des Muskels über verschiedene morphologische und koordinative Mechanismen, sondern auch zu einer Erhöhung seiner Glykogen- und Kreatinphosphatspeicher *(B. Saltin)*. Analog dazu wird die Zahl und die Aktivität der an diesen Stoffwechselvorgängen beteiligten Enzyme gesteigert.

Die intermuskuläre Koordination

Unter intermuskulärer Koordination wird das Zusammenspiel der an der Bewegung beteiligten Muskelgruppen verstanden. Wiederholtes Krafttraining führt schon nach kurzer Zeit zu einer verbesserten Koordination der arbeitenden Muskelgruppen. Besonders der beim Ungeübten anfangs schnell eintretende Kraftanstieg ist auf die verbesserte inter- und intramuskuläre Koordination zurückzuführen.

Die intramuskuläre Koordination

Besonders durch Krafttraining mit maximalen Intensitäten kommt es zu einer Verbesserung der muskulären Innervation. Im einzelnen kann es sich dabei um folgende Mechanismen handeln: vermehrte Freisetzung von Neurotransmittern, vermehrte Rezeptorbildung und vergrößerte Rezeptorkapazität, Neuronenhypertrophie, Vergrößerung der maximalen elektrischen Aktivität, verstärkte Aktivierung der Synergisten, Reduktion der Aktivierung der Antagonisten. Als Resultat dieser Einzelkomponenten können mehr Muskelfasern gleichzeitig willkürlich zur Kontraktion gebracht werden. Im Elektromyogramm (EMG) kann man somit eine verstärkte Aktivität messen, die vor allem durch eine Vermehrung der eingesetzten motorischen Einheiten zustandekommt.

Belastungsbereiche

Die Belastung des dynamischen Krafttrainings kann an Hand der verwendeten Gewichte (Intensität) und an Hand der Wiederholungszahl (Umfang) sehr genau definiert werden. Die Intensität wird üblicherweise in Prozent der Maximalkraft angegeben. Da man davon ausgehen muss, dass sich dieser Wert im Laufe des Trainingsprozesses ändert, empfiehlt es sich, in regelmäßigen Abständen (etwa alle 4–6 Wochen) einen Maximalkrafttest durchzuführen, um die Trainingsbelastungen immer von der momentan aktuellen Maximalkraft rückrechnen zu können. Bei der Durchführung eines solchen Tests ist darauf zu achten, dass nach einer ausgiebigen Aufwärmphase jenes Gewicht bestimmt wird, das ohne Hilfe, aber mit Sicherung eines Partners gerade noch gehoben werden kann. Die Relation von Intensität zu Umfang kann stark variiert werden und führt zu unterschiedlichen Anpassungsvorgängen (vgl.: Trainingsmethoden). So führt zum Beispiel ein Training mit hohem Gewicht und geringer Intensität zu einer Verbesserung der neuromuskulären Koordination und somit zu einer erhöhten Kraft. Ein Training mit 40–60% und 8–12 Wiederholungen führt ebenso zu einer erhöhten Kraft, jedoch wird dieser Kraftanstieg über den Weg einer Vergrößerung der Muskelmasse erreicht. Training mit geringeren Intensitäten (10–30%) und großer Wiederholungsanzahl führt dagegen zu einer verbesserten Kraftausdauer. Genaueres zu den erwünschten Trainingsadaptionen wird jeweils bei der zugehörigen Methode dargestellt.

Methoden des Krafttrainings

Grundlegend unterscheidet man ein **dynamisches** (die Gewichte werde bewegt) von einem **statischen** (die Gewichte werden gehalten) **Krafttraining**.

Beim **dynamischen Krafttraining** können wiederum ein *positiv dynamisches* (die Gewichte werden durch die Muskelverkürzung bewegt) und ein *negativ dynamisches* (die Gewichte belasten den Muskel gegen seine Kontraktionsrichtung), beziehungsweise *positiv und negativ dynamische Mischformen* unterschieden werden.

Mit **statischem Krafttraining** ist die physikalisch geleistete Arbeit gleich Null (Kraft mal Weg), da es zu keiner sichtbaren Kontraktion kommt. Die erwünschten Trainingseffekte werden bei dieser Methode über die muskuläre Spannung erreicht. Sonderformen, wie zum Beispiel die Elektrostimulation, sollen an dieser Stelle nicht besprochen werden. Die vielfältigen, in der Trainingspraxis üblichen Trainingsmethoden können wegen ihrer großen Anzahl nicht alle vollständig dargestellt werden. Zu diesem Zweck möchte ich auf die Bücher der Trainingslehre verweisen (*J. Weineck, G. Badtke, T. Hettinger, W. Hollmann/T. Hettinger, A. Schmidt, u.v.m.*). Im Folgenden werden nur die wichtigsten und am häufigsten angewandten Methoden und Varianten dargestellt.

Positiv dynamisches (konzentrisches) Krafttraining

Diese Trainingsform wird in der Sportpraxis am häufigsten angewendet (zum Beispiel im Bodybuilding). In der Regel wird an unterschiedlichen Geräten in Form eines Stationsbetriebs trainiert. Eine „Übung" wird als „Satz" bezeichnet. Mit welchem Umfang und mit welcher Intensität ein Satz durchgeführt wird, hängt von der Zielsetzung der momentanen Trainingsperiode ab. Es gilt die Regel: Geringe Wiederholungsanzahl (WA) und hohe Intensität führt zur Verbesserung der neuromuskulären Koordination ohne allzu großen Muskelzuwachs; 8–12 Wiederholungen mit ausreichender Belastung (40–70%) führen zu einem ausgeprägten Muskelwachstumsreiz und somit zur Zunahme der Muskelmasse. Meist werden pro Gerät und Muskelgruppe 2–5 Sätze durchgeführt und während einer 30–80 Minuten dauernden Trainingseinheit 4–8 Geräte, also 8 bis maximal 40 Sätze.

Um der Gefahr der Abnahme der Trainingseffektivität durch zu monotones Training entgegenzuwirken, versucht man unterschiedliche Varianten des positiv dynamischen Krafttrainings miteinander abzuwechseln. Einige sollen hier exemplarisch dargestellt werden:

a.) Das Agonisten/Antagonisten-Training: Unmittelbar nach dem Training des Agonisten wird der Antagonist trainiert (Bankdrücken/Klimmzüge).

b.) Die Kontrastmethode: An einen Satz mit acht Wiederholungen und ~60% wird sofort mit 30% und hoher WA (10–20) angeschlossen.

c.) Methode der abnehmenden Belastung: Es wird mit relativ hoher Intensität (90%) und geringer WA (2–4) begonnen, um in den folgenden Sätzen das Gewicht sukzessive zu vermindern bei maximal möglicher WA.

d.) Pyramidentraining: Man beginnt mit geringer Intensität bei hoher WA, steigert im weiteren Verlauf die Intensität und vermindert die WA.

e.) Methode der Vorermüdung: Die gewünschte Muskelgruppe wird zuerst mit einer allgemeineren Übung belastet (z.B.: Beinpresse für M. quadriceps femoris) und anschließend mit einer spezielleren (z.B.: Beinstrecker).

Negativ dynamisches (exzentrisches) Training

Bei dieser Methode werden die Gewichte (oder bei Niedersprüngen das eigene Körpergewicht) bewusst langsam abgefangen. Es kommt zu einer Belastung der Muskulatur gegen die Kontraktionsrichtung, was durch die lange Einwirkdauer des Kraftreizes zu einem ausgeprägten Muskelwachstumsreiz führt. Die bei derartigen Belastungen gemessenen EMG-Muskelaktivitäten liegen sogar über jenen, die bei maximaler willkürlicher Kontraktion gemessen werden können (V. Dietz). Ein derartiges Training sollte wegen der hohen Belastungen für Muskel- und Stützapparat nur erst nach einer entsprechenden Muskelaufbauphase zur Anwendung kommen. Zur Illustration zwei Varianten:

a.) Negativ/positive Kombination: langsames Absenken hoher Last, Gewicht durch Mithilfe eines Partners verringern und anschließend wieder hochheben.

b.) Negativ/statische Kombination: langsames Absenken hoher Last mit Unterbrechung durch „Haltepausen“, in denen man für einige Sekunden in einer bestimmten Gelenkstellung verharrt.

Positiv und negativ dynamische Mischformen

Da es ein rein positiv dynamisches oder negativ dynamisches Training in der Praxis fast nicht gibt, sind die meisten Formen Mischungen. Zum Beispiel wird das Gewicht bei der positiv-dynamischen Methode nach der Bewegungsausführung wieder in die Ausgangslage zurückgebracht und somit wird negativ dynamische Arbeit verrichtet. Die zuvor beschriebenen Methoden beziehen sich daher auf die dominante Belastung, die den vorwiegenden Trainingsreiz auslöst.

Dennoch gibt es bestimmte (meist aufwendige) Methoden, die ganz bewusst in der positiven und in der negativen Bewegungsrichtung belasten. Zum Beispiel:

a.) Das isokinetische Krafttraining: Mit Hilfe von aufwendigen Trainingsgeräten wird ein konstanter Widerstand und eine gleichbleibende Geschwindigkeit über den gesamten Bewegungsablauf gewährleistet, unabhängig von der Größe des jeweiligen Drehmoments. Sowohl in der positiven als auch in der negativen Belastungsphase wird die Muskulatur belastet. Der Vorteil dieser Methode ist, Belastungsspitzen in einer bestimmten Gelenkstellung vermeiden zu können. Aus diesem Grund wird diese Methode häufig zur Rehabilitation nach Verletzungen angewendet. Auf die sportartspezifische Bewegungsdynamik könnte sich ein derartiges Training aber nachteilig auswirken.

b.) *Das reaktive Krafttraining:* Bei dieser Methode kommt es zu einer komplexen Koppelung des Effekts des negativ dynamischen und positiv dynamischen Krafttrainings. So wird beispielsweise bei den sogenannten Niedersprüngen (einer Form des reaktiven Trainings, bei der man aus geringer Höhe herabspringt und unmittelbar anschließend Stand-Weit springt) über die Mechanismen der Vorinnervation, des Dehnungsreflexes und der Muskelelastizität im besonderen Maße die intramuskuläre Koordination verbessert.

Statisches (isometrisches) Krafttraining

Bei dieser Form des Krafttrainings kommt es ohne sichtbare Muskelverkürzung wegen der hohen intramuskulären Spannung zu einem ausgeprägten Trainingsreiz. So wird bei diesem Training (mit oder ohne zusätzliche Gewichte) in einer bestimmten belastenden Haltung (Liegestützposition oder Kniebeuge) für einige Sekunden verweilt. Kombiniert man diese Methode in sinnvoller Weise mit den anderen Methoden, so kann man in kurzer Zeit hohe Kraftzuwachsraten erzielen, ohne nennenswerte Einbußen an Koordination und/oder Muskelelastizität zu erleiden.

Die Auswahl der dargestellten Methoden erfolgt in Abhängigkeit von Zielsetzung und Trainingsperiode. In der Regel wird mit einem allgemeinen Kraftaufbautraining begonnen unabhängig davon, ob man die Maximalkraft, die Kraftausdauer oder die Schnelligkeit verbessern will. Da die einzelnen Qualitäten der Kraft bis zu einem gewissen Grad miteinander korrelieren, sind die Grundzüge der Trainingsgestaltung einander ähnlich.

Trainingsperiodisierung im zeitlichen Verlauf

Ähnlich wie beim Ausdauertraining wird auch der Trainingsplan eines Kraftsportlers in eine Übergangs-, Wettkampf- und Vorbereitungsperiode unterteilt. Je nach Autor wird die Vorbereitungsperiode in eine bis zu drei Phasen (VP 1–VP 3) unterteilt.

Im Folgenden werde ich mich an der dreiphasigen Vorbereitungsperiode nach *Egger* orientieren und exemplarisch einen sechs Monate dauernden Trainingsplan eines Kugelstoßers darstellen. Da die Dauer einer gesamten Trainingsperiode zumindest 20 Wochen betragen sollte *(H. Ehlenz/M. Grosser/E. Zimmermann)* wird in dieser und in vielen anderen kraftbetonten Sportarten meist die Methode der doppelten Periodisierung angewandt. Eine einfache Periodisierung ist ebenso möglich, wegen physiologischer und organisatorischer Begebenheiten aber nicht allzu häufig anzutreffen, zumal Leichtathleten in der Regel eine Hallensaison im Winter und eine Freiluftsaison im Sommer bestreiten. An dieser Stelle sei ausdrücklich darauf hingewiesen, dass die meisten klassischen Kraftsportarten in hohem Ausmaß auch Schnelligkeit erfordern und die meisten Schnellkraftsportarten auch in hohem Maße Maximalkraft erfordern. Würde z. B. ein Gewichtheber die Last nicht mit der notwendigen Geschwindigkeit vom Boden abheben, so könnte er sie niemals über den „toten Punkt" der abgewinkelten Arme hinausheben.

Extensive Vorbereitungsperiode, VP 1

Im ersten Teil der Vorbereitungsperiode, der allgemein extensiven VP 1, wird ein 8–12 Wochen dauerndes Muskelaufbautraining durchgeführt. Methoden und Intensitäten (8–12 Wiederholungen bei 40–70%), die zu einer Vermehrung der Muskelmasse führen, werden in dieser Zeit bevorzugt, z.B.: positiv dynamisches Krafttraining mit langsamer Bewegungsausführung, Methode der Vorermüdung, isokinetisches Training. Auch der Umfang an disziplinspezifischen Übungen (60 Stöße pro Trainingseinheit) ist in dieser Phase am größten. Der Meso- (innerhalb vier Wochen) und der Mikrozyklus (innerhalb einer Woche) müssen ebenfalls genau geplant werden. So wird von *Egger* empfohlen, in dieser Zeit innerhalb des Mesozyklus einen progressiven Belastungsverlauf von drei Wochen anzustreben, dem eine regenerative Woche von reduziertem Umfang folgt (60%, 80%, 100%, 30%). Bei der Gestaltung des Mikrozyklus ist auf ausreichende Regenerationszeiträume zwischen den Einheiten zu achten. So ist es beispielsweise bei dreimal wöchentlichem Training sinnvoll, am Montag, Mittwoch und Freitag zu trainieren. Wird fünfmal in der Woche Kraft trainiert, so empfehlen *H. Ehlenz/M. Grosser/E. Zimmermann* die Anzahl der Sätze wie folgt zu verteilen: Montag: 28, Dienstag: 32, Mittwoch: 30, Donnerstag: Ruhe, Freitag: 32, Samstag: 26. Der für diese Trainingsphase anberaumte Zeitraum von 8–12 Wochen ist darin begründet, dass eine kürzere Zeitspanne nicht ausreichen würde, um das Muskelwachstum positiv zu beeinflussen, und eine längere zu Einbußen an Schnelligkeit und Koordination führen würde.

Intensive Vorbereitungsperiode, VP 2

Im zweiten Teil der Vorbereitungsperiode, der intensiven VP 2, wird ein 3–5 Wochen dauerndes Krafttraining zur Schulung der neuromuskulären und der intermuskulären Koordination sowie zur Ausprägung des in der VP 1 begonnenen Muskelaufbaus durchgeführt. Die Gesamt-Trainingsbelastung als Produkt aus Umfang und Intensität erreicht in dieser Zeit ihren Höhepunkt. Das Krafttraining wird mit Gewichten von rund 80% der Maximalkraft und mit fünf Wiederholungen pro Satz durchgeführt. Zahlreiche Methoden des Krafttrainings werden in dieser Phase variantenreich abgewechselt und kombiniert, sodass ein größtmöglicher Trainingsreiz erzielt wird, z.B.: positiv dynamische, negativ dynamische, statische und reaktive Methode. Das disziplinspezifische Training beträgt etwa 45 Stöße pro Einheit, ebenso werden technische Übungen sowie das Schnellkrafttraining sukzessive aufgebaut. Die Gewichte der Kugel können ebenso zur Erhöhung der Reizwirksamkeit des Trainings variiert werden (10–20% schwerer oder leichter). Bei der Planung des Mesozyklus wird ein degressiver Verlauf der wöchentlichen Belastung empfohlen, da nach einer intensiven Woche kein Training mit gleicher oder höherer Intensität möglich ist (100%, 80%, 60%, 30%). Der für diese Trainingsphase anberaumte Zeitraum von vier Wochen liegt darin begründet, dass sich diese Zeitspanne als optimal erwiesen hat (*Egger*), um die neuromuskulären und intramuskulären Fähigkeiten der neu aufgebauten Muskulatur zu schulen. Man muss davon ausgehen, dass sich die leistungsfördernde Wirkung einer derart intensiven Trainingsphase erst mit einiger Latenz (~3–6 Wochen) auswirkt (*J. Weineck*, S. 363–370), da die erwünschten Anpassungsvorgänge einige Zeit benötigen.

Explosive Vorbereitungsperiode, VP 3

Im dritten Teil der Vorbereitungsperiode, der explosiven VP 3, wird ein rund vier Wochen dauerndes Training zur Ausprägung der Wettkampfleistung durchgeführt. Sportartspezifische Übungen bekommen immer mehr Priorität, der Erwerb einer guten intermuskulären Koordination (Technik) und Schnelligkeit steht im Vordergrund. Zu diesem Zweck wird auch ein Krafttraining an den Geräten fortgeführt, und zwar mit hoher Intensität und geringer Wiederholungsanzahl (80–100% und 1–3 Wiederholungen). Dynamische Methoden mit schneller Bewegungsausführung werden bevorzugt. Reaktive Methoden zur Ausnutzung der Mechanismen der Vorinnervation, des Dehnungsreflexes und der Muskelelastizität werden ebenfalls eingesetzt. Die sportartspezifische Belastung wird auf rund 30 Stöße pro Trainingseinheit reduziert. Bei der Planung des Mesozyklus wird wie in VP 2 ein degressiver Verlauf der wöchentlichen Belastung empfohlen (100%, 80%, 60%, 30%). Der für diese Trainingsphase anberaumte Zeitraum von vier Wochen liegt darin begründet, dass zum einen vier Wochen zur Anpassung an den Trainingsreiz der VP 2 notwendig sind und zum anderen, weil eine zu lange explosive Phase zur Abnahme der zuvor erworbenen muskulären Grundlagen führen könnte.

Wettkampfperiode (WKP)

Die Wettkampfperiode steht ganz im Zeichen der unmittelbaren Wettkampfvorbereitung, die ein Timing der persönlichen Höchstleistung bis hin zum Zeitpunkt des Wettkampfes zum Ziel hat. Das Training dient nur mehr dem Leistungserhalt, beziehungsweise der Vorbereitung, um vollkommen regeneriert in den Wettkampf zu gehen. Dementsprechende Regenerationszeiten werden rigoros eingehalten. Aus diesem Grund ist der Zeitraum dieser Periode auf maximal vier Wochen beschränkt. Belastende Trainingseinheiten werden stark reduziert, beziehungsweise völlig gestrichen. Es überwiegen sportartspezifische Übungen mit geringer Gesamtbelastung, die den Athleten spritzig und motiviert in den Wettkampf gehen lassen. Das Krafttraining wird mit hohen Gewichten und geringer Wiederholungsanzahl (80–90%, 1–4 Wiederholungen.), aber mit geringer Gesamtbelastung (Zahl der Sätze 10–15) durchgeführt.

Übergangsperiode (ÜP)

Auch wenn im modernen Spitzensport ein ganzjähriges Krafttraining empfohlen wird, so sollte doch in dieser Periode die Erholung und die Regeneration im Vordergrund stehen. Die wenigen Krafttrainingseinheiten dieser Periode stehen im Zeichen des Krafterhalts bei geringer Intensität und mittlerem Umfang (30–60% und 8–16 Wiederholungen., 10–15 Sätze), allgemeinere Methoden wie die positiv dynamische werden bevorzugt.

Trainingsplan: Kugelstoßen

Monat	Jan	Feb	Mär	Apr	Mai	Juni
Periode	ÜP	VP1 (extensiv)		VP2 (intensiv)	VP3 (explosiv)	WKP
Trainingsbereiche:	30–60% bei 8–16 Wh. 10–15 Sätze (gemäßigt)	40–70% bei 8–12 Wh. und 20–30 Sätze 60 Stöße/TE		70–90% bei 4–8 Wh. und 25–35 Sätze 45 Stöße/TE	80–100% bei 1–4 Wh. und 20–30 Sätze 30 Stöße/TE	80–90% bei 1–4 Wh. und 10–15 Sätze 20–30 Stöße/TE
Trainingsmethode:	z.B.: positiv dynamisch	Z.B.: positiv dynamisch (langsam), isokinetisch, M. d. Vorermüdung		z.B.: positiv-, negativ dynamisch, statisch, reaktiv	z.B.: positiv dynamisch, (schnell), reaktiv	z.B.: positiv dynamisch, (schnell), reaktiv
Ziel:	Regeneration und Krafterhalt	Muskelaufbautraining		Verbesserung der intra- und neuromuskulären Koordination	Verbesserung der intermuskulären Koordination	Stabilisierung und Ausprägung der Wettkampfform

Teil 2

1. Übersicht Anabolika

Zu den Anabolika zählt man drei unterschiedliche Substanzgruppen, die sich in ihrer Wirksamkeit deutlich voneinander unterscheiden. Während der positive Einfluss der anabolen Steroide auf die Leistungsfähigkeit als gesichert anzusehen ist, so ist das bei den anderen beiden Gruppen nicht unbedingt der Fall. Im folgenden Kapitel werden die Wirkungen und Nebenwirkungen dieser Substanzgruppen gesondert beschrieben, doch zuvor möchte ich auf die physiologische Bedeutung des wichtigsten körpereigenen Anabolikums, des männlichen Sexualhormons Testosteron näher eingehen.

Der normale Testosteronspiegel des Mannes beträgt 3–10 µg/l (10–35 nmol/l), bei Frauen etwa 10% davon. Da die Plasmahalbwertszeit nur 10–20 Minuten beträgt, ist die Bindung an Transportproteine essentiell (siehe unten). Testosteron zählt zu den Steroiden (19 C-Atome) und wird in den Leydigschen Zwischenzellen des Hodens (70% der Gesamtproduktion), beziehungsweise in der Zona reticularis der Nebennierenrinde (30%) produziert.

Die Wirkungen dieses Hormons kann man aus systematischen Überlegungen in eine androgene und in eine anabole Komponente unterteilen. Zu den androgenen Wirkungen zählt man die Ausprägung des sexuellen Verlangens, des Antriebs und Durchsetzungsvermögens sowie des aggressiven Verhaltens. Gesteigertes Selbstvertrauen und Selbstwertgefühl können ebenso die Folge eines hohen Testosteronspiegels sein. Im Verlauf der männlichen Entwicklung übernimmt das Testosteron zahlreiche Aufgaben bei der Entwicklung des Geschlechts. In der pränatalen Phase sorgt Testosteron (gemeinsam mit Dihydrotestosteron) für die Ausbildung des männlichen Genitales, der akzessorischen Geschlechtsdrüsen, für die sexuelle Differenzierung des Gehirns, die Zurückdrängung des weiblichen Phänotypus (Müller-Gänge) und weiterer geschlechtsdeterminierender Funktionen. In der Pubertät sorgt Testosteron unter anderem für die Entwicklung des männlichen Phänotypus (Genitale, Körperbehaarung, Muskelmasse, Stimmlage, Spermiogenese . . .), den Epiphysenfugenschluss sowie die Aktivierung sexualhormonabhängiger Enzyme. Im weiteren Verlauf des männlichen Lebens erhält Testosteron die psychischen und somatischen Erscheinungsformen. Im Alter fällt der Spiegel, dennoch wird eine Mitursache an Erkrankungen der Prostata (Hypertrophie, Karzinom) angenommen.

Die Regulation der Hormonsekretion erfolgt über das Hypothalamus-Hypophysen-System und unterliegt einem selbstregulierenden Feedback-Mechanismus. Wie die meisten vegetativen Funktionen wird auch die Sekretion der Androgene über den Hypothalamus zentral kontrolliert, der seinerseits von übergeordneten Zentren des Gehirns beeinflusst wird. Die Freisetzung des Gonadoliberin (Gonadotropine releasing hormone, GnRH) aus dem Hypothalamus bewirkt im Hypophysenvorderlappen die Sekretion des Follikelstimulierenden Hormons (FSH) und des Luteinisierenden Hormons (LH). Während diese Hormone bei der Frau den Zyklus steuern, wird beim Mann durch FSH die Bildung des gonadalen Testosterons aus den Leydigschen Zwischenzellen sowie die Bildung eines Androgenbindungsproteins aus den Sertolischen Stützzellen angeregt. Testosteron hemmt seinerseits auf Grund des negativen Feedback-Mechanismus die Bildung von GnRH und der Hypophysenvorderlappen-Hormone LH und FSH. Für die Regelung der FSH-Freisetzung beim Mann ist ferner ein „Inhibin" postuliert worden.

Im Blut wird Testosteron zum größten Teil (98%) an das Sexualhormonbindende Hormon (SHBG) gebunden transportiert. Nur der wesentlich kleinere Teil des freien Testosterons gelangt an seine Zielzelle. Auf indirektem Weg hat so auch das SHBG Einfluss auf die Hormonwirkungen, denn ein Anstieg (zum Beispiel bei der alkoholischen Leberzirrhose) erhöht den Anteil des gebundenen Testosterons und vermindert jenen des freien und somit die periphere Hormonwirkung. Umgekehrterweise kann bei adipösen Männern durch einen SHBG-Abfall der Testosteronspiegel trotz verminderter Testosteronproduktion im normalen Bereich bleiben.

An der Zielzelle diffundiert das lipidlösliche Steroidhormon durch die Zellmembran und bindet an den spezifischen intrazellulären Rezeptor. Es entsteht ein Hormon-Rezeptorkomplex, der nach seiner Bildung in den Zellkern wandert und dort nach der Bindung an Kernrezeptoren die vermehrte Bildung von mRNA anregt. Diese Induktion der vermehrten DNA-mRNA-Transkription bewirkt die Bildung von Proteinen, die dann zur eigentlichen Zellantwort führen. Wahrscheinlich entsteht die Wirkung durch Unterdrückung eines Repressorgens, was zur Aktivierung des zugehörigen Operatorgens führt.

Im Körper wird in der Leber und in den endokrinen Drüsen Cholesterin aus aktivierter Essigsäure (Azetyl-CoA) über die Zwischenstufen Mevalonsäure, Squalen und Lanosterin gebildet. Es stellt gewissermaßen die Ausgangssubstanz für die Synthese der Steroidhormone dar. Im Falle des Testosterons wird über die Zwischenstufen (Prohormone) Dehydroepiandrosteron (DHEA) und Androstendion mit Hilfe der organspezifischen Enzymausstattung im Bedarfsfall synthetisiert. Gesteuert wird dieser Vorgang von den weiter oben beschriebenen Hypophysenvorderlappenhormonen.

Um eine schnelle bedarfsadäquate Adaption des gonadalen Regelkreises zu gewährleisten, muss ein rascher Entzug des Hormons ermöglicht werden. Durch Veränderung am Molekül im Sinne einer Glukuronierung und Sulfa-

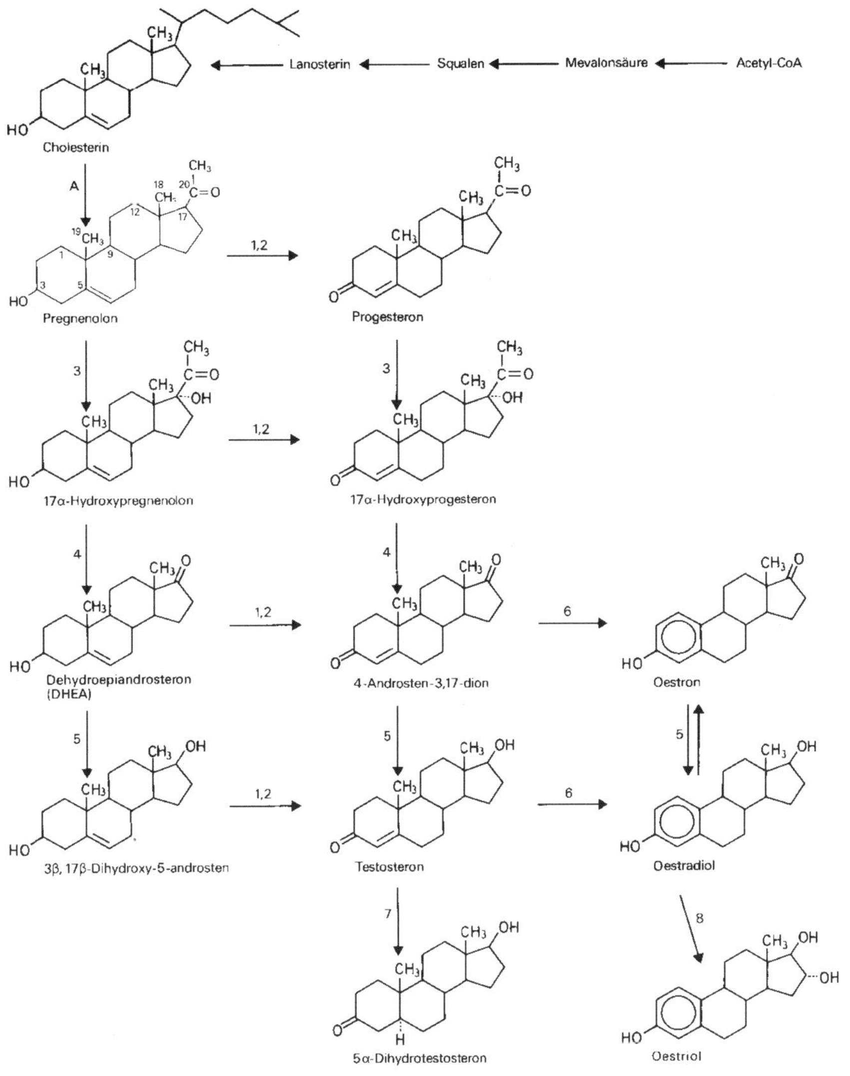
Lanosterin
Squalen
Mevalonsäure
Acetyl-CoA
Cholesterin
A
1,2
Pregnenolon
Progesteron
3
17α-Hydroxypregnenolon
17α-Hydroxyprogesteron
4
Dehydroepiandrosteron (DHEA)
4-Androsten-3,17-dion
6
Oestron
5
3β, 17β-Dihydroxy-5-androsten
Testosteron
Oestradiol
7
8
5α-Dihydrotestosteron
Oestriol

A: 20,22 Desmolase (Mitochondrien)
1,2: 3β-Hydroxysteroid-Dehydrogenase
3: Steroid-17α-Hydroxylase
4: 17,20-Desmolase
5: 17β-Hydroxysteroid-Dehydrogenase
6: Aromatase
7: 5α-Reduktase
8: P_{450}-abhängige Hydroxylierung in der Leber

Übersicht über die Biosynthese von Sexualhormonen, *Forth, W., Henschler, D., Rummel, W., Starke, K.*: Pharmakologie und Toxikologie. 7. Aufl., Spektrum-Verlag, Heidelberg 1995 tierung kann die Leber das Steroidhormon unwirksam und wasserlöslich machen. Die Ausscheidung erfolgt relativ rasch über die Nieren im Harn. Es kommt aber auch durch Aromatisierung zu Östrogenen, die ihrerseits manche Nebenwirkungen wie die Gynäkomastie (Brustdrüsenbildung beim Mann) bewirken können.

Körperliche Arbeit hat eine akute Veränderung des Testosteronspiegels zur Folge, dabei spielen Intensität, Dauer und Qualität der Arbeit eine wesentliche Rolle. Eine 45minütige Beanspruchung auf allgemeine aerobe dynamische Ausdauer mit submaximaler Belastungsintensität bewirkt Testosteronspiegelanhebungen im Blut zwischen 7 und 21% (*K. Kuoppasalmi* et al., 1980). Als Ursache wird eine verminderte Aufarbeitung seitens der Leber angesehen (*H. Galbo*, 1985). Maximale Belastungsintensitäten mit dementsprechend kurzer Dauer scheinen kaum eine Testosteronreaktion auszulösen. Handelt es sich um die trainingsbedingten regelmäßigen Wiederholungen von täglich oder mehrfach wöchentlich vorgenommenen Beanspruchungen auf allgemeine aerobe Langzeitausdauer, wird eine Verminderung des Testosteron-Ruhewertes um bis zu 30% beschrieben (*B. Dufaux e*t al. 1981; *G. Wheeler* et al., 1984). Als Ursache wird eine Verminderung der testikulären Sekretion entsprechend dem körperlichen Stress angesehen.

Anabole Steroide

Folgende Substanzen werden in diesem Kapitel exemplarisch behandelt:

Testosteron

Nandrolon

Stanzolol

Halotestin

Vebenolol

Oral Turinabol

Substanzen

Die orale Applikation der anabolen Steroide stellte die Chemiker zuerst vor das Problem, dass diese Verbindungen einem sehr hohen First-pass-Effekt in der Leber unterliegen. So bleibt die 100fache Tagesdosis von Testosteron oral auf einmal verabreicht nahezu ohne Einfluss auf den Plasmaspiegel *(Gluud)*. Erst durch den Einbau einer Alkyl-Gruppe an C17 gelang es, das synthetische Hormon vor den Leberenzymen und somit vor einer vorzeitigen Metabolisierung zu schützen. Dennoch ist die intramuskuläre Injektion eines Steroid-Depotpräparates die gängigste Form des Anabolikadopings. Während Kraftsportler schon fast 40 Jahre mit Anabolika ihre Leistung steigern, ist es in den Ausdauersportarten erst seit rund 15 Jahren bekannt, dass der regenerationsfördernde Effekt die Ausdauerleistungsfähigkeit zu verbessern vermag. Unterschiedlich ist allerdings die Dosierung, die bei den Kraftsportlern um das ca. 4–10fache größer ist. Mittlerweile gibt es unzählige approbierte, aber auch nicht approbierte Präparate am Markt, beziehungsweise Schwarzmarkt. Oft treibt der Ehrgeiz manche Sportler so weit, dass sie zu billigen anabolen Rindermastmitteln greifen. Es ist unmöglich, die Bandbreite aller Präparate zu überblicken, daher werde ich im folgenden Kapitel nur einige wichtige Substanzen näher beschreiben.

Der Einsatz von Anabolika in der Medizin wurde in der Vergangenheit wesentlich weiter gefasst als dies heute der Fall ist. Früher hat man bei schweren konsumierenden Erkrankungen wie Krebs, bei Osteoporose, bei Anämie, bei Leber- und Nierenerkrankungen, bei Strahlen- und Zytostatikatherapie, bei Muskeldystrophie und einigen anderen Erkrankungen relativ unspezifisch Anabolika zum „Wiederaufbau" eingesetzt. Heutzutage ist davon nur noch die aplastische Anämie als einzige Indikation übriggeblieben. Im Sport sind anabole Steroide jedoch weit verbreitet und garantieren somit den Weiterbestand des Profits großer Pharmaunternehmen. Für den Einsatz von Androgenen gibt es einige unumstrittene Anwendungsgebiete. Beim primären und sekundären Hypogonadismus können durch eine adäquate Androgentherapie die sekundären Geschlechtsmerkmale, die Libido und die Funktion der akzessorischen Drüsen aufrechterhalten werden. Bei der Oligozoospermie (Infertilität des Mannes) kann durch Auslösung eines Rebound-Phänomens die Spermatogenese stimuliert werden. Beim übermäßigen Hochwuchs kann durch die Gabe von Androgenen ein Epiphysenfugenschluss und somit ein Stopp des Wachstums erzielt werden. Nicht unumstritten ist hingegen der Einsatz von Androgenen beim sogenannten „Climacterium virile", dem Pendant zu den Wechseljahren der Frau. Hierbei wird versucht, durch die exogene Zufuhr von Androgenen den natürlichen Alterungs- und Abbauprozess des alternden Mannes hinauszuzögern. Ethisch vertretbar ist dieses Vorgehen wohl nur bei nachgewiesener Erniedrigung der testikulären Hormonproduktion. Streng kontraindiziert sind Androgene bei Tumoren der Prostata (fördern das Wachstum von Hyperplasie und Karzinom) und in der Schwangerschaft (führen zur Virilisierung von weiblichen Feten).

Wie bereits eingangs erwähnt, kann man anabole Wirkungen von androgenen Wirkungen unterscheiden. Beim Einsatz von Anabolika wurde nach Substanzen gesucht, deren anabole Wirkung möglichst groß und deren androgene Wirkung möglichst klein ist, damit die (androgenbedingten) Nebenwirkungen möglichst gering sind. Diesem Ziel hat man sich zwar genähert, erreicht wurde es aber bei weitem nicht.

Im Folgenden möchte ich auf die zum Teil schwerwiegenden Nebenwirkungen dieser Substanzen eingehen:

1. Bei Frauen kann es durch Anabolikaeinsatz zu Virilisierungserscheinungen kommen. Darunter versteht man das Auftreten von männlichen Gesichtszügen, Bartwuchs, Klitorishypertrophie und Veränderungen der Stimme. Durch die Unterdrückung des Hypophysen-Gonaden-Regelkreises wird die Produktion von FSH und LH gehemmt, was wiederum das Ausbleiben der Monatsblutung bedeuten kann.

2. An der Leber wirken Anabolika/Androgene toxisch. Es kann zum Auftreten eines Leberadenoms, einer Cholestase, einer Peliosis hepatis (Blutschwämmchen) sowie im schlimmsten Fall zu einem Leberzellkarzinom kommen (Anabolika als Kofaktor in der Karzinogenese).

3. Durch den Anstieg des LDL- bei gleichzeitiger Senkung des HDL-Cholesterinspiegels wird die Entstehung von Arteriosklerose begünstigt.

4. Auf die Herzmuskelzelle wirken Anabolika zum einen direkt toxisch, zum anderen kann die induzierte Muskelhypertrophie ein relatives O_2-Defizit zur Folge haben. In Summe wird das Herz anfälliger auf Entzündungen und Infarkt.

5. Die exogene Zufuhr eines Anabolikums hemmt die körpereigene Hormonproduktion derart, dass es nach Absetzen des Anabolikums zu einer Hodenatrophie kommen kann. Unter Anabolikaeinfluss kommt es zu

einer Reduktion der Spermatogenese mit Veränderungen des Ejakulats. Die Infertilität des Mannes kann durch die verminderte Spermienzahl sowie durch die erhöhte Viskosität der Samenflüssigkeit hervorgerufen werden. An der Prostata kann es zu einer Hypertrophie kommen, deren Wachstum vor allem durch das aus Testosteron hervorgehende Dihydrotestosteron entsteht.

6. An der Haut kann es durch vermehrte Talgproduktion zum Auftreten von Akneerscheinungen kommen, und ein genetisch vorbestimmter Haarausfall kann beschleunigt werden.

7. Ein erhöhter Testosteronspiegel verändert die Psyche insofern, dass das Wohlbefinden gesteigert wird, die Aggressionsbereitschaft zunimmt und das Selbstvertrauen erhöht wird. Da diese Effekte nach dem Absetzen unter den Ausgangswert zurückgehen, ist im Bereich des Sports eine gewisse psychische Abhängigkeit durchaus vorstellbar (*K. B. Khaskin* et al.).

8. In einer erst kürzlich veröffentlichten Fallstudie (*M. Froehner* et al., 1999) wurde bei einem erst 32 Jahre alten Gewichtheber der ehemaligen DDR ein intratestikuläres Leiomyosarkom entfernt. Der Verdacht liegt nahe, dass das über Jahre durchgeführte Doping mit Oral-Turinabol ein entscheidender Faktor in der Entstehung dieses ernsten Krankheitsbildes gewesen sein mag.

Testosteron

Da reines Testosteron von der Leber gleich nach der Magen-Darmpassage zum größten Teil eliminiert wird, verabreicht man diese Substanz an einen Rest gebunden. Dafür werden Propionat, Decanoat, Enantat und Phenylpropionat mit Testosteron verestert. Testosteronpropionat ist vor allem wegen seiner kurzen Nachweisbarkeit und dem schnellen Wirkungseintritt stark verbreitet.

Summenformel
C19-H28-O2

Bereits 1–2 Tage nach der ersten Injektion merkt der Athlet eine gesteigerte Motivation und die Bereitschaft, längere und härtere Trainingseinheiten zu absolvieren. Die Regenerationszeit wird verkürzt. Die Dosierungen schwanken rund um 25 mg pro Tag. Die Wasserretention hält sich im Vergleich zu anderen Anabolika in Grenzen. Maximale Konzentrationen von Wirkstoff und Metaboliten werden für zum Beispiel Testosteronenantat nach etwa acht Tagen erreicht. Das freigesetzte Testosteron wird wie das endogene Hormon metabolisiert. Die terminale Halbwertszeit entspricht der Freigabegeschwindigkeit aus dem intramuskulären Depot. Sie beträgt etwa 12 Tage. Die Ausscheidung von Wirkstoff und Metaboliten erfolgt zu 90% renal und zu 10% mit dem Stuhl.

Einige Präparate):*

Testoviron®	*10 mg/ml, 25 mg/ml, 50 mg/ml*	*Schering*
Adrolan	50 mg/ml, 100 mg/ml	Lannet
Viromone	25 mg/ml, 50 mg/ml, 100 mg/ml	Paines & Byrne

Nandrolon

Nandrolon wird auch an einen Rest gebunden verabreicht. Dafür kommen Decanoat, Propionat, Phenylpropionat und Cypionat in Frage. Das unter dem Handelsnamen Deca Durabolin® der Firma Organon bekannt gewordene Präparat enthält den Wirkstoff Nandrolondecanoat und ist schon seit mehr als 30 Jahren unter Sportlern ein Begriff. „Deca", wie es im Jargon genannt wird, ist vor allem wegen der starken anabolen und der stark regenerations-

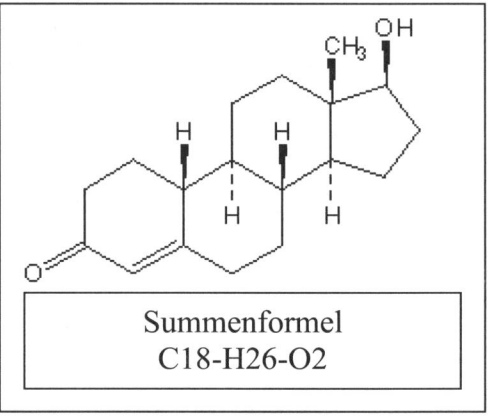

Summenformel
C18-H26-O2

fördernden Wirkung bekannt geworden. Deca-Durabolin ist das weitestverbreitete und benutzte injizierbare Steroid. Auf Grund der vermehrten Wassereinlagerung kann es zu einem „verwässerten" Aussehen kommen. Davon können vor allem Sportler mit Gelenkproblemen profitieren, da die vermehrte Wassereinlagerung das Gelenk schont und vor Verletzungen schützt. Es gibt kaum eine Wirkung auf die Psyche; die androgene Wirkkomponente ist ebenso gering. Die Nachweisbarkeit ist vergleichsweise lange gegeben.

Einige Präparate:

Deca-Durabolin®	*25 mg/ml, 50 mg/ml, 100 mg/ml*	*Organon*
Anaboline	50 mg/ml	Adelco
Tetabolin	50 mg/ml	Medexpor
Sterbolin	50 mg/ml	Orion

---

*) Die kursiv gedruckten Präparate sind in Österreich zugelassen.

Stanzolol

Stanzolol rangiert hinter Nandrolon und Testosteron an der dritten Stelle der bei Dopingtests nachgewiesenen Steroide (*D. Clasing*, S. 129f). Obwohl die anabole Wirksamkeit deutlich hinter der des Testosterons zurückliegt, greifen viele Sportler zu diesem Präparat, da es neben der für Anabolika typischen Kraftsteigerung und beschleunigten Leistungsentwicklung durch eine erhöhte Thermogenese zu einem verstärkten Fettabbau kommt. Die Athleten haben somit einen geringen Fettanteil, was zu einem austrainierten Äußeren und zu besseren Resultaten in bestimmten Sportarten führt. Bekannt wurde diese Verbindung nicht zuletzt durch den Dopingfall Ben Johnson in Seoul 1988.

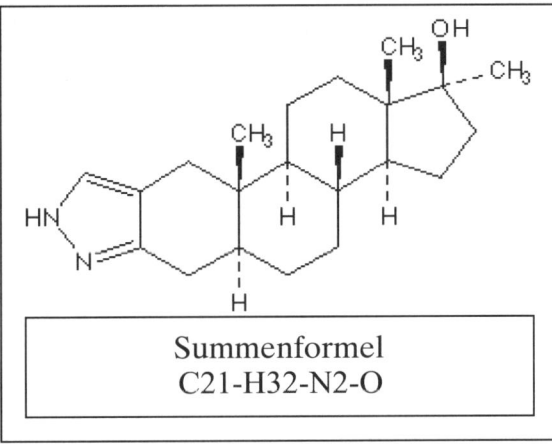

Summenformel
C21-H32-N2-O

Einige Präparate

Winstrol Depot	50 mg/ml	Zambon
Stromba	50 mg/ml	Sterling Research
Winstrol®	*2 mg Tbl.*	*Zambon*

Halotestin (Fluoxymesterone)

Diesem Steroid schreibt man eine sehr starke androgene (17mal stärker als Testosteron) bei relativ geringer anaboler Komponente zu. Es kommt vor allem bei Sportarten, bei denen ein Kraftzuwachs ohne wesentlichen Gewichtszuwachs gewünscht ist, zum Einsatz. Die stark ausgeprägte psychotrope Komponente ermöglicht ein oftmaliges intensives Training sowie das Bestehen in harten Wettkampfsituationen. Durch vermehrte Glykogeneinlagerung im

Summenformel
C20-H29-F-O3

Muskel steigt parallel der intramuskuläre Druck durch die damit verbundene Wassereinlagerung. Es kann somit zu einer ungewünschten O_2-Mangel-Versorgung kommen. Daher wird eine Kohlenhydratmast vor Ausdauer-Wettkämpfen vermieden. Halotestin ist außerdem stark lebertoxisch; es kann zum Anstieg der Leberwerte kommen.

Einige Präparate:

Halotestin	10 mg	Upjohn
Android F	10 mg	Brown
Ultandren	1mg/5 mg	Ciba

Vebenolol

Dieses aus der Veterinärmedizin stammende Präparat ist in der Kraftsportszene wegen seiner anabolen Wirkungen schon seit langem im Einsatz. Erst in jüngerer Vergangenheit stellte man fest, dass diese Verbindung auch einen positiven Effekt auf die Blutbildung hat, was vor allem die Ausdauerathleten dazu bewegte, zu dieser Substanz zu greifen. Verglichen mit Erythropoetin ist diese Wirkkomponente aber als gering, verglichen mit den andere Anabolika aber als groß einzustufen.

Einige Präparate:

Vebonol	25 mg/ml	Ciba-Geigy
Equipoesie	25 mg/ml	Squibb
Equipoesie	50 mg/ml	Ciba

Oral Turinabol (Dehydrochlormethyltestosteron)

Dieses Präparat wurde in den 60er Jahren von der Pharmafirma Jenapharm gezielt zur Leistungssteigerung der damaligen DDR-Athleten entwickelt. Es ist heute nicht mehr auf dem Markt, soll aber dennoch wegen seiner historischen Bedeutung hier kurz erwähnt werden. Bei geringer androgener und mittlerer anaboler Wirkkomponente vermag Oral-Turinabol die Trainingsadaptionen zu beschleunigen. Brigitte *Berendonk* hat in ihrem Buch: „Doping. Von der Forschung zum Betrug" die Machenschaften der ehemaligen DDR gründlich durchleuchtet und gibt einen guten Einblick in die Verabreichungspraktiken der damaligen Zeit.

Da Testosteron sowohl beim Mann als auch bei der Frau physiologischerweise vorhanden ist, hat man zum Dopingnachweis der verbotenen Testosteron-Präparate ein Verhältnis von 6 : 1 zwischen Testosteron und Epitestosteron als Grenzwert festgesetzt. Bei Epitestosteron handelt es sich um eine Substanz, die ebenfalls physiologischerweise im gesunden Körper gebildet wird.

Sie reflektiert in gewissem Sinn die Produktionsleistung, ohne selbst nennenswerte anabole Effekte zu besitzen. Führt man exogen Testosteron zu, so erhöht sich die Relation über den kritischen Grenzwert und der Test gilt als positiv. Bei den anderen, physiologischerweise nicht, beziehungsweise nur in Spuren im Körper vorkommenden Substanzen weist man die Verbindung selbst oder deren Metabolite direkt im Urin nach. Man bedient sich zu diesem Zweck hochentwickelter technischer Geräte, wie des Hochleistungs-Flüssig-keits-Gaschromatographen. Für die unterschiedlichen Substanzen gibt es ebenfalls einen Grenzwert: wird er überschritten, gilt die Probe als positiv. In der jüngeren Vergangenheit wurden Methoden entwickelt, die eine Verlängerung der Nachweisbarkeitszeit bewirkt haben, wie zum Beispiel die Kohlenstoff-Isotopen-Massenspektrometrie. Ändert sich das Verhältnis von dem mehrheitlich vorkommenden C12 zu dem in geringen Spuren vorkommenden C13, so kann eine lange zurückliegende Anabolikaeinnahme nachgewiesen werden *(W. Schänzer)*.

Aus verschiedenen Gründen ist es aber nicht möglich, die Dauer der Nachweisbarkeit einer verbotenen Substanz genau festzulegen. Individuelle Faktoren, wie die Metabolisierungsrate sind von Mensch zu Mensch unterschiedlich. Trotzdem können dopende Sportler aus den Faktoren: Dosis, Halbwertszeit, Körpergewicht und Kenntnis der eigenen Metabolisierungsgeschwindigkeit die Dauer ihrer „positiven" Zeitspanne recht gut einschätzen. Es ist ihnen daher möglich, die Blut- und/oder Urinkonzentration bis zum Zeitpunkt einer zu erwartenden Dopingkontrolle unter den festgesetzten Grenzwert zu „timen". Aus diesem Grund ist eine negative Dopingprobe nicht zwingend mit einem „sauberen" Athleten gleichzusetzen und nicht voraussehbare Kontrollen werden erforderlich. Die Hauptaufgabe der vorliegenden Arbeit ist, die gängigen Dopingpraktiken genauestens zu durchleuchten, um die Durchführbarkeit von effizienten Trainingskontrollen zu gewährleisten.

Wissenschaftliche Untersuchungen

Die Quantifizierung des Einflusses von Anabolika auf die sportliche Leistungsfähigkeit im Allgemeinen und **auf die Kraft** im Speziellen wurde in der Vergangenheit sehr widersprüchlich bewertet. Der Grund dafür mag wohl in den unterschiedlichen Testmethoden liegen.

Eine sehr umfassende Studie zu diesem Thema wurde von *S. Bhasin* und seinen Mitarbeitern durchgeführt und 1996 in dem bekannten „New England Journal of Medicine" veröffentlicht. Man teilte 43 Nicht-Wettkampfsportler mit Erfahrung im Gewichtheben in vier unterschiedliche Gruppen: die erste bekam über zehn Wochen 600 mg Testosteron(-enantat) wöchentlich intramuskulär injiziert und absolvierte ein standardisiertes Trainingsprogramm, das dem persönlichen Trainingszustand angepasst wurde (dreimal pro Woche). Der zweiten Gruppe injizierte man hingegen ein wirkungsloses Placebopräparat und ließ sie ebenfalls das gleiche Trainingsprogramm absolvieren. Der dritten Gruppe wurden wie der ersten wöchentlich 600 mg Testosteron injiziert, jedoch kein Trainingsprogramm verordnet, im Gegenteil, diese Gruppe sollte sich nicht großen Belastungen aussetzen. Der vierten Gruppe injizierte man wie der zweiten ein Placebopräparat und sie durften ihren Körper, wie Gruppe drei, nicht belasten. Die Nahrungsaufnahme wurde für alle Gruppen mit gleicher Menge an Eiweiß (1,5 g/kg) und Kalorien (36/kg) ebenso vereinheitlicht. Das Ergebnis war nicht in seiner Art, dafür aber in seinem Ausmaß überraschend: Gruppe eins hatte nach nur zehn Wochen Training und Testosteron-Einnahme einen Zuwachs von durchschnittlich 6,1 kg zu verzeichnen, der nahezu ausschließlich aus fettfreier Masse bestanden hat. Die Maximalgewichte beim „Bankdrücken" stiegen um 22% im Vergleich zum Ausgangswert vor dem Test und bei der Beinpresse gar um 38%. Die Placebogruppe mit Trainingsprogramm hatte im Vergleich dazu einen Anstieg der fettfreien Körpermasse um 1,9 kg. Beim Bankdrücken stieg das maximale Gewicht um 11% und bei der Beinpresse um 21% – also rund der halbe Kraftzuwachs wie von Gruppe eins. Erstaunlich waren die Veränderungen bei der Gruppe mit Testosteron und ohne Training. Die fettfreie Körpermasse stieg um 3,2 kg und die Werte der Maximalkraft waren fast gleich mit Gruppe zwei nach einem 10wöchigen Training! Die Kraft beim Bankdrücken stieg um 19%, jene bei der Beinpresse um 10%. Die Veränderungen in Gruppe vier waren – wie zu erwarten – marginal.

Vergleicht man den Kraftzuwachs in Korrelation zum Muskelmassezuwachs zwischen der Gruppe 2 (Training ohne Testosteron) mit Gruppe 3 (Testosteron ohne Training), so erkennt man, dass der nahezu gleiche Kraftzuwachs auf Seiten der Testosterongruppe mit deutlich mehr Massezuwachs (3,2 kg) als bei der Trainingsgruppe (1,9 kg) verbunden war. Dieses Phänomen lässt sich vermutlich dadurch erklären, dass die durch Training ausgebildete Muskulatur in ihrer Effizienz der durch Testosteronbehandlung entstandenen Muskulatur überlegen ist, vermutlich wegen der verbesserten intramuskulären Koordination.

Eine von *R. Wolfe* et al. durchgeführte Studie untersuchte den Einfluss von Testosteron auf den Proteinmetabolismus. Es wurde der Einfluss von einer einmaligen Testosteronspiegelerhöhung (einmalige Injektion) auf die Eiweißsyntheserate mit jenem einer langfristigen Erhöhung (Injektion eines Depotpräparats) verglichen. Dabei zeigte sich deutlich, dass eine einmalige Gabe die Netto-Eiweißsynthese nicht beeinflusst. Die Gabe eines Depotpräparats führt jedoch zu einer markanten Zunahme der Netto-Eiweißsynthese. Der Autor interpretierte diese Erkenntnis mit der Annahme, dass dieser Effekt ein Resultat einer vermehrten mRNA-Transkription zuzuschreiben ist anstatt einer Translation von mRNA in Aminosäuren.

54

Die positive Wirkung der anabolen Steroide auf die **sportliche Ausdauer-Leistungsfähigkeit** gilt mittlerweile als gesichert. Erst lange nachdem man diese Substanzen in Kraftsportarten nahezu „routinemäßig" zum Einsatz brachte, erkannte man das leistungssteigernde Potential auch für die Ausdauersportarten. Der Hauptgrund für dieses Phänomen liegt in der anabolikainduzierten Einflussnahme auf den Proteinstoffwechsel. Bei andauernden intensiven Belastungen muss der menschliche Organismus auf Proteine zur Energiegewinnung zurückgreifen. Auch wenn der Anteil der Kalorienbereitstellung aus Proteinen nur rund 10% des gesamten Energieflusses beträgt (*G. Smekal* et al.), so hat der Verlust von Strukturproteinen doch einen entscheidenden Einfluss auf die Entwicklung der Leistungsfähigkeit im Gesamten. Arbeitsmuskulatur geht verloren und muss in der Regenerationsphase wiederhergestellt werden. Dieser Vorgang wird durch Anabolika massiv beschleunigt und ermöglicht dem Athleten somit, hohe Anforderungen besser zu verkraften. Die Dosierungen sind wesentlich niedriger als im Kraftsportbereich, will man ja lediglich die Herstellung von verlorengegangenem Eiweiß, nicht jedoch einen Muskelzuwachs erreichen.

In den von *B. Berendonk* veröffentlichten Textdokumenten finden sich Untersuchungen des Einsatzes der anabolen Steroide Oral-Turinabol (M 1) und Steroidsubstanz STS 646 (M 2) im Mittel- und Langstreckenlauf sowie im Marathon und der Leichtathletik (*A. Lehnert* et al., 1988). Das Ergebnis war folgender Vorschlag zum Einsatz der Anabolika M 1 und M 2:

1. Alleiniger Einsatz von M 1 in Trainingsphasen mit GA 2/KA-Charakter mit einer Dosishöhe von 5 mg/Tag. Kombinierter Einsatz von M 1 und M 2 in Trainingsphasen mit zunehmend wettkampfspezifischem Charakter (GA 2/SA/WKA) mit einer Dosishöhe von 2 mg M 1 und 5 mg M 2 pro Tag.

2. Kombinierter Einsatz von M 1 und M 2 sowie einer anschließenden Woche mit ausschließlich M 2 in Trainingsphasen mit leistungsprägendem Charakter (SA) mit einer Dosishöhe von 2 mg M 1 und 5 mg M 2 sowie abschließend 10 mg M 2 pro Tag.

3. Der Einsatz von unterstützenden Maßnahmen (Doping, Anm. des Verfassers) innerhalb eines Trainingsjahres sollte zwei bis vier Zyklen über zwei bis drei Wochen nicht überschreiten.

4. Sprunghafte Erhöhungen der Jahresdosierung sind bei der Zweit- bzw. Mehrjahresanwendung nicht notwendig. Auf der Basis eines wirkungsvollen langfristigen Leistungsaufbaus sind bereits Jahresdosierungen von 600 mg leistungswirksam geworden.

[Zur Erklärung: GA = Grundlagenausdauer, SA = Schnelligkeitsausdauer, KA = Kraftausdauer, WKA = Wettkampfausdauer]

Aus diesem oder ähnlichen Berichten der damaligen DDR wird deutlich, dass Anabolikadoping im Ausdauersport seit den 80er Jahren systematisch betrieben wurde. Der erzielte Leistungsgewinn ist als groß einzustufen. Einige Anabolika besitzen auch eine erythropoetische Wirkung. Durch die vermehrte Anzahl roter Blutkörperchen erhöht sich die O_2-Transportkapazität im Blut und somit die maximale Sauerstoffaufnahme. Dieser Effekt ist in seiner Art mit Erythropoetin vergleichbar, wenngleich das Ausmaß hinterherhinkt.

M. Alen untersuchte dieses Phänomen nach exogener Zufuhr von Testosteron. Das Blut von fünf Gewichthebern wurde nach 26 Wochen Training und Testosterongabe untersucht. Der Hämatokrit ist im Mittel um 9,6% gestiegen. Die Anzahl der roten Blutkörperchen stieg bei unverändertem mittlerem Erythrozytenvolumen. Die Blut-Hämoglobinkonzentration änderte sich wenig (vgl.: Vebonol).

Zahlreiche Studien belegen, dass anabole Steroide **die menschliche Psyche** beeinflussen können. Die Bandbreite der Wirkungen reicht von: erhöhter Trainingsmotivation, gesteigerter Libido, Stimmungsschwankungen bis hin zu: erhöhter Gewaltbereitschaft, manischen Episoden, Depression und Abhängigkeit. Die Art und die Dosis des Anabolikums scheinen dabei eine wichtige Rolle zu spielen, so ziehen 17α-alkylierte Substanzen mehr psychotropische Effekte nach sich, als 17β-veresterte (*M. S. Bahrke* et al.). Die Höhe des Testosteronspiegels steht in positiver Relation zu bestimmten aggressiven Verhaltensweisen, zu einer gesunkenen Toleranzgrenze und einer erhöhten Impulsivität (*B. Gladue*). Die gewonnenen Erkenntnisse sind auch von forensischer Relevanz, denn man hat bei Kriminalverbrechern erhöhte Testosteronwerte im Speichel festgestellt (*Dabbs* et al.). Ob die psychotropen Wirkungen einen direkten positiven Einfluss auf die sportliche Leistung in Training und Wettkampf haben, ist zwar nicht restlos bewiesen, aber höchst wahrscheinlich. Das Ausmaß ist aber sicher um vieles geringer als jenes der Stimulantien. Es muss in Erwägung gezogen werden, dass der „psychisch stimulierende Effekt" auch über den Umweg einer verbesserten Leistungsentwicklung und ein verbessertes Aussehen zustandekommt.

Außerdem weisen Anabolikakonsumenten oftmals von vornherein eine bestimmte Persönlichkeitsstruktur auf. Zum Beispiel sind unter Bodybuildern häufig narzisstische Wesenszüge sowie fehlendes Einfühlungsvermögen zu finden (*Porcerelli, Sandler*).

Missbräuchliche Verwendung

Der Gebrauch von Dopingsubstanzen, insbesondere der anabolen Steroide ist kein auf den Leistungssport begrenztes Phänomen. So hat zum Beispiel eine Umfrage in 24 kommerziellen norddeutschen Sportstudios gezeigt, dass 24% der befragten Männer und 8% der befragten Frauen nach eigenen Angaben Anabolika zu sich nehmen. In 94% der Fälle handelte es sich um potentiell lebertoxische Substanzen, die hauptsächlich auf dem Schwarzmarkt besorgt und zu 14% von Ärzten verschrieben wurden (*C. Boos* et al.). Die Gründe für dieses gesundheitsschädliche Verhalten sind meist narzisstischer Natur. Der Sportler möchte durch eine vermehrte Muskelmasse zu einem „kräftigen Äußeren" gelangen, um so sein Selbstwertgefühl zu steigern. Mangelnde Information über Wirkungen und Nebenwirkungen der zugeführten Präparate führt zu einer fehlenden oder falschen Risikoeinschätzung seitens des Sportlers.

Während im Hochleistungssport die Verabreichung derartiger Substanzen unter strenger medizinischer Aufsicht und nach Abstimmung mit den Trainingsplänen geschieht, ist im Freizeitbereich meist keine Strukturierung dieser Form gegeben. Daraus resultiert ein verminderter Leistungs- und Kraftzuwachs bei erhöhtem Gesundheitsrisiko, das im Unterschied zum Leistungssport nicht durch finanzielle Einnahmen aufgewogen wird. Als Arzt sehe ich meine Aufgabe auch darin, diese Personengruppe durch Aufklärung vom Anabolikadoping abzuhalten.

Seit Mitte der 50er Jahre sind Anabolika fester **Bestandteil des Hochleistungssports**. Prof. *L. Prokop* brachte 1962 als erster Keimdrüsen- und Nebennierenrindenhormone in die Dopingdiskussion. Er erkannte, dass es durch die mangelnden Nachweismöglichkeiten bei Absetzen des Präparats drei Wochen vor der Kontrolle schwierig wird, einen mit Anabolika gedopten Sportler zu überführen. Die ausreichende und sichere Identifizierung der Anabolika war erst zu den olympischen Sommerspielen 1976 in Montreal möglich. Der Missbrauch von anabolen Steroiden wurde von den sogenannten „Sportärzten" oftmals mit abenteuerlichen Begründungen gerechtfertigt. Zum einen verstand man die Testosterongabe als Substitution nach harten Trainingseinheiten, zum anderen wollte man Chancengleichheit mit anderen dopenden Konkurrenten. In der ehemaligen DDR sprach man von „unterstützenden Maßnahmen". Diese Ansichten machen wohl jeden Kommentar entbehrlich. Der illegale Gebrauch von anabolen Steroiden ist sowohl im Kraft- als auch im Ausdauersport kaum mehr wegzudenken. Spitzenleistungen sind ohne diese pharmakologischen Interventionen meiner Meinung nach nicht mehr möglich. Anhand der Anzahl der positiv getesteten Athleten kann man nur kaum Rückschlüsse auf das generelle Vorkommen von Anabolikadoping ziehen. Epidemiologische Daten sind fast nicht zu erheben, doch der Verdacht liegt nahe, dass Anabolikadoping weiter verbreitet ist als man es annehmen würde.

In dem Buch: „Doping" von *Clasing, Donike* wird eine interessante Überlegung zur Rekordentwicklung im Kugelstoßen der Männer angestellt. Man stellte fest, dass sich die Weltrekordleistung bis zum Jahr 1976 kontinuierlich verbesserte, in den darauffolgenden Jahren war die Verbesserung aber markant geringer. Er führte diesen Knick richtigerweise auf die Einfuhr von

Dopingkontrollen zurück. *W. Franke* und *B. Berendonk* haben in ihrem Artikel in dem Journal „Clinical Chemistry" dargestellt, dass die Jahresweltbestleistungen der Speerwerferinnen, Diskuswerferinnen und Kugelstoßerinnen in den vergangenen Jahren nicht mehr an die der frühen 80er herangekommen sind. Diese Beispiele zeigen deutlich, dass in den kraftbetonten Sportarten die Leistungsentwicklung stark mit Dopingmissbrauch verknüpft ist.

Das Autorenehepaar *W. Franke* und *B. Berendonk* hat auch die geheimen Machenschaften der ehemaligen DDR genauestens durchleuchtet. Seit Mitte der 60er Jahre wurden Sportler systematisch mit anabolen Steroiden, allen voran Oral-Turinabol der Firma Jenapharm, gedopt. Man wollte durch sportliche Erfolge das kommunistische System vor der Welt rechtfertigen und schreckte zu diesem Zweck vor keinem Mittel zurück. So begann man schon, Schwimmerinnen im Alter von 14 Jahren mit Anabolika zu manipulieren, ungeachtet der schwerwiegenden Nebenwirkungen. Die Mädchen mussten sogenannte „Vitaminpillen" unter der strengen Aufsicht ihrer Trainer einnehmen und durften, unter Androhung des Rausschmisses, nicht mal mit ihren Eltern darüber reden. Erst kürzlich musste sich der ehemalige DDR Sportarzt Höppner wegen dieser Form der Körperverletzungen vor einem Gericht verantworten. Die hormonelle Manipulation bei Frauen hat dazu geführt, dass die Athletinnen überdurchschnittlich häufig Kinder mit Fehlbildungen zur Welt brachten (Spiegel 9/2000). Eine Sammelklage ist anhängig. In dem Buch „Doping. Von der Forschung zum Betrug" schreckte die Autorin Brigitte *Berendonk* auch nicht davor zurück, die Namen der gedopten Sportler, die Höhe ihrer Dosierungen und deren Einnahme-Schemata zu nennen. Praktiken, wie das „Überbrückungsdoping" vor Wettkämpfen, werden in allen Einzelheiten beschrieben und beweisen, dass Lug und Betrug das Ostdeutschland dieser Jahre beherrscht haben. Von Ländern wie China kann man annehmen, dass derartiges auch noch heute praktiziert wird. (Man beachte die Dopingfälle unter den Schwimmerinnen).

Die Entwicklung von anabolen Steroiden mit immer kürzerer Nachweisbarkeitszeit hat den heutigen Spitzensport zu einem grotesken Katz- und Mausspiel zwischen Dopingfahndern und dopenden Sportlern verkommen lassen. Wird heute ein Athlet als positiv getestet, so ist das eher als „Dopingunfall" zu werten, entstanden aus fehlerhafter Berechnung. Die Zahl der komplett „sauberen" Athleten in den stark kraftbetonten Sportarten würde ich eher als gering einstufen. Antidopingkommissionen sind meist einen Schritt hinten nach, nicht weiter verwunderlich, wenn man sich vergegenwärtigt, wie unterschiedlich das Budget von Anabolika-Produzenten und deren Kontrolloren ist.

Prohormone

Prohormone sind Substanzen, die im Körper teilweise zu anabolen Steroiden umgewandelt werden. Folgende werden exemplarisch dargestellt:

Dehydroepiandrosteron (DHEA)

Androstendion

Androstendiol

Norandrostendion

Norandrostendiol

Substanzen

Wenn man die offizielle Dopingliste genauer betrachtet, fällt auf, dass die Steroide in zwei Untergruppen geteilt sind. Unter Punkt a.) sind alle synthetischen anabolen Steroide aufgelistet, die physiologischerweise nicht im Körper vorkommen und unter Punkt b.) sind die Vorstufen des Testosterons sowie Testosteron selbst zusammengefasst, also jene Verbindungen die physiologischerweise im Körper vorkommen. Im Zusammenhang mit der Bedeutung der Substanzen als Dopingmittel ist es besser, die eigentlichen anabolen Steroide von den sogenannten Prohormonen zu unterscheiden. Während erstgenannte schon seit langem bekannt und weit verbreitet sind, sind die Prohormone erst seit einigen Jahren im Handel.

Hinsichtlich der Wirksamkeit dieser beiden Substanzgruppen muss man doch von einem sehr großen Unterschied sprechen! Sowohl in Wirkung als auch in Nebenwirkung haben Prohormone deutlich schwächeres Potential. Es handelt sich im Falle von Androstendion und DHEA um an sich wirkungslose Vorstufen des körpereigenen Testosterons; im Falle von Norandrostendion handelt es sich um eine wirkungslose Vorstufe des körperfremden Nandrolons. Durch die Metabolisierung der körpereigenen Enzyme werden diese zu Testosteron, beziehungsweise zu Nandrolon metabolisiert. Die somit endogen synthetisierten anabolen Steroide sollen die eigentlichen Wirkungen, wie den Eiweißaufbau herbeiführen. Dass Testosteron, beziehungsweise Nandrolon dazu in der Lage ist, ist unbestritten und ist im Kapitel 2a nachzulesen. Sehr fraglich ist allerdings, ob Prohormone überhaupt einen Konzentrationsanstieg dieser Substanzen bewirken können (vgl. Research).

Prinzipiell können Prohormone die gleichen Nebenwirkungen hervorrufen wie anabole Steroide (siehe dort). Hervorzuheben ist aber die Tatsache, dass es durch die Verabreichung von Prohormonen zu einem Anstieg der Östrogenkonzentration kommen kann, der seinerseits zu Nebenwirkungen führen kann. Zu nennen wären in diesem Zusammenhang die Möglichkeit einer Brustdrüsenbildung beim Mann (Gynäkomastie) sowie die vermehrte

Wassereinlagerung, die mit einem unerwünschten Gewichtszuwachs verbunden sein kann. Ähnlich liegt die Problematik mit Nebenwirkungen bedingt durch einen Anstieg der Dihydrotestosteron-Konzentration (DHT), welche ebenso aus Testosteron hervorgeht. Diese Substanz wird maßgeblich für die Entstehung einer Prostatahyperplasie verantwortlich gemacht. Vorbelastete Personen sind besonders gefährdet. Haarausfall und Akne können auch durch DHT hervorgerufen werden.

Dehydroepiandrosteron (DHEA)

Die vorliegenden Untersuchungen bringen keinen eindeutigen Beweis der Leistungssteigerung durch diese Substanz, trotzdem wäre es denkbar, dass vor allem ältere Athleten durch DHEA einem vorzeitigen Leistungsabbau entgegenhalten könnten.

Einige Präparate

DHEA	50/100 mg	Ultimate Nutrition
DHEA	25/50/100 mg	AST Sport Science
Maxi Life DHEA	50 mg	Twinlab

Androstendion

Das Enzym 17β-Hydroxysteroid-Dehydrogenase macht aus Androstendion Testosteron. Die metabolische Reserve dieses Enzyms ist aber begrenzt, so ist ab einer gewissen (rund 100–300 mg) Dosis die Kapazität des Enzyms erschöpft und jede weitere Gabe nutzlos. Glaubt man den Versprechungen der amerikanischen Supplementhersteller, so kommt es zu einem Anstieg der körpereigenen Testosteronproduktion um bis zu 250%. Die erwünschten Wirkungen wären eine beschleunigte Regeneration, erhöhte Trainingsmotivation sowie eine positive Stickstoffbilanz (Anabolie).

Einige Präparate:

Androstendinone	100 mg/Kapsel	AST Sport Science
Androstendinone	100 mg/Kapsel	Ultimate Nutrition
Andro Fuel	100 mg/Kapsel	Twinlab

Androstendiol

Diese Substanz wirkt nach dem gleichen Prinzip wie der Vorgänger Androstendion. Angeblich ist der durch Androstendiol hervorgerufene Testosteronspiegelanstieg beständiger und die Halbwertszeit soll länger sein. So nehmen die Athleten Androstendiol regelmäßig in harten Trainingsphasen, während

Androstendion zur kurzen, aber intensiven Testosteron-Spiegelanhebung knapp vor einem Wettkampf genommen wird. Androstendiol bindet auch an Östrogenrezeptoren, ohne jedoch eine Östrogenwirkung herbeizuführen. Daraus resultiert eine kompetitive Hemmung, die eine verminderte Fettspeicherung und Wassereinlagerung zur Folge hat. Laut Empfehlung des Herstellers wird die Tagesdosis auf 2–3 Gaben verteilt.

Einige Präparate:

4-Andro-diol	100 mg/Kapsel	Ultimate Nutrition
Diol 4	100 mg/Kapsel	Spots One
Androdiol	100 mg/Kapsel	Substrate Solutions
Androdiol	100 mg/Kapsel	GEN

Norandrostendion

Diese Substanz und Norandrostendiol wird im Unterschied zu DHEA, Androstendion und Androstendionon durch Leberenzyme nicht zu Testosteron, sondern zu Nandrolon umgewandelt. Aus diesem Grund gehören sie der Gruppe a) der Liste für verbotene Anabolikasubstanzen an, denn es handelt sich bei Nandrolon um eine körperfremde Substanz. Die Wirkungen, die man dem Nandrolon zuschreibt, wie Eiweißaufbau, verkürzte Regeneration und Wassereinlagerung sollen in stark abgeschwächter Form auch für Norandrostendion und Norandrostendiol zutreffen. Schlüssige Beweise dazu fehlen aber noch. Da die Wirksamkeit von diesen Prohormonen von körpereigenen Enzymen abhängt, ist die Gefahr von Nebenwirkungen ebenso geringer (im Unterschied zu Nandrolon) und die Gefahr der Überdosierung eher nicht gegeben.

Einige Präparate:

Nor 4 Dione	100 mg Kapsel	HiTec
19 Nor	100 mg Kapsel	Maximuscle
Diol Stack	je 100 mg Kapsel	Substrate Solutions
Nor Complex	je 50 mg Kapsel	Maximuscle

Norandrostendiol

Dieses jüngste aller Prohormone ist, glaubt man den Angaben des Herstellers, zugleich das wirksamste. Angeblich werden 5,61% des zugeführten Norandrostendiol im Körper zu Nandrolon konvertiert. Es kommt zur Wassereinlagerung in den Gelenken, zu einer beschleunigten Regeneration und zum Abbau von Körperfett.

Einige Präparate:

Nor 4 Diol	100 mg Kapsel	Sport One
Norandrodiol	100 mg Kapsel	Substrate Solutions

Seit Ende 1998 sind die Prohormone auf der Dopingliste. Für sie gelten die gleichen Gesetze wie für die anabolen Steroide. Im Falle der Andro-Prohormone ist das Verhältnis von Testosteron zu Epitestosteron entscheidend. Ist es größer als 6 : 1, so gilt der Test als positiv. Im Falle der Norandro-Prohormone wird der gleiche Metabolit wie bei Nandrolon nachgewiesen, nämlich Norandrosteron. Ist die Konzentration über dem Grenzwert von 2 ng/ml, so gilt der Test als positiv. Ob Nandrolon oder Norandro-Prohormone zu diesem Wert geführt haben, kann seitens des Dopinglabors nicht festgestellt werden, was aber ohnehin keinen Einfluss auf die zu erwartenden Sanktionen hat *(W. Schänzer)*. An dieser Stelle sei erwähnt, dass an sich erlaubte Nahrungsergänzungsmittel im Handel sind (vorwiegend aus den USA), die durch Spuren von Prohormonen kontaminiert sind. So konnten *H. Geyer* et al. nachweisen, dass sich in drei unterschiedlichen Produkten Spuren von Prohormonen gefunden haben, die zu einem positiven Dopingtest führten. Vor dem Gebrauch solcher Produkte sei also gewarnt.

Wissenschaftliche Untersuchungen

Schon im Jahre 1981 hat man in der damaligen DDR Untersuchungen zur Wirksamkeit dieser Substanzen angestellt. In den von *Berendonk* veröffentlichten Stasiakten findet sich das Protokoll eines Kolloquiums zum Thema: „Androgene und synthetische Steroide im Prozess der sportlichen Leistungsentwicklung", unter der Leitung von *W. Schäker* (S. 370). Dabei berichtete man von einer kurzfristigen Anhebung des Testosteronspiegels, die einer verbesserten Leistungsentwicklung zuträglich sein könnte und man überlegte, diese Substanz im Besonderen knapp vor Wettkämpfen, wegen der damals nicht gegebenen Nachweisbarkeit zum Einsatz zu bringen. Die Wirkungen der Prohormone sind nach wie vor umstritten, doch das Aufscheinen auf den internationalen Dopinglisten impliziert zumindest die Möglichkeit einer Leistungssteigerung durch diese Substanzen.

Eine von *D. S. King* et al. 1999 durchgeführte Studie untersuchte den Einfluss von Androstendion (300 mg/d) auf die Muskelkraft und auf den Testosteronspiegel. Nach der achtwöchigen Untersuchungsperiode, während der die Probanden (n = 20/~25 Jahre alt) ein Krafttraining zu absolvieren hatten, wurden die Werte der Androstendion-Gruppe mit jenen der Placebo-Kontrollgruppe verglichen. Es hat sich weder ein Anstieg der Testosteronkonzentration noch ein Zuwachs der Kraft gezeigt.

Eine vergleichbare Untersuchung führten *M. B. Wallace* et. al. mit Männern mittleren Alters (n = 40/~48 Jahre alt) durch, bei denen sie ihren Probanden täglich entweder 100 mg Androstendion, 100 mg DHEA oder ein Placebopräparat verabreicht haben. Sie konnten ebenfalls keinen Leistungsgewinn und keine Testosteronspiegel-Erhöhung messen.

B. Z. Leder et al. kamen bei ihren Untersuchungen zu der Erkenntnis, dass Androstendion mit einer täglichen Dosis von 300 mg bei einigen Probanden (n = 42/~30 Jahre alt) sehr wohl in der Lage ist, den Testosteronspiegel zu heben (AUC um 34% erhöht). In dieser Studie hat man das Präparat über den Zeitraum einer Woche zugeführt und mit Hilfe der häufigen Proben die Fläche unter der Konzentrationsfunktion berechnet. Diese „area under curve" (kurz: AUC) repräsentiert viel besser die Summe der Einzelkonzentrationen und ermöglicht das Erkennen einer geringen, aber konstanten Testosteronspiegelerhöhung, die bei einer Einzelmessung als nicht signifikant beurteilt werden würde. Dosen von 100 mg/d blieben ohne Erhöhung der AUC. Inwieweit dieser Testosteronanstieg in der Lage ist, die Kraftentwicklung und die Regeneration positiv zu beeinflussen, bleibt fraglich. Parallel zu den Testosteronwerten wurde auch der Östrogenspiegelanstieg gemessen. Dieser ist sowohl in der 100 mg/d- als auch in der 300 mg/d-Gruppe signifikant angestiegen, und das sogar mehr als die Werte für Testosteron (AUC: + 42% bzw. + 128%).

Missbräuchliche Verwendung

In den Vereinigten Staaten von Amerika sind diese Substanzen teilweise in normalen Einkaufshäusern für jedermann leicht erhältlich. Neben den Sportlern zählen die Produzenten dieser „Nahrungsergänzungen" auch jene Leute zu ihren Kunden, die sich dadurch einen verzögerten Alterungsprozess erhoffen. In Europa unterliegen diese Substanzen, im Unterschied zu den USA, strengeren Richtlinien und sind daher etwas seltener anzutreffen. Das Medium Internet eröffnet dem Handel auf diesem Sektor neue Möglichkeiten und trägt zu einer verstärkten Verbreitung bei. Der größte Markt für diese Produkte ist vermutlich nicht der Hochleistungssport, sondern der Breiten- und Fitness-Sport. In vielen Fitnessstudios werden Prohormone empfohlen und auch „unter der Hand" verkauft. Gerade jener Personengruppe, denen die Verabreichung der anabolen Steroide als zu gefährlich erscheint, wird die Einnahme von Prohormonen zum Zwecke der Steigerung der Muskelmasse nahegelegt. Wie weiter oben schon beschrieben, ist die Wirkung der Prohormone als fraglich einzustufen. Was bei all den wissenschaftlichen Untersuchungen aber nicht berücksichtigt wurde, ist der Umstand, dass Prohormone meist in Form eines Kombinationspräparates zugeführt werden. Darin sind neben den Prohormonen auch Verbindungen, wie zum Beispiel Chrysin enthalten, die eine Aromatisierung von Testosteron zu Östrogen verhindern sollen. Außerdem sind Verbindungen wie zum Beispiel Tribulus terrestris beigemengt, die eine vermehrte hypophysäre Freisetzung von Steuerungshormonen bewirken sollen. Ob derartige Kombinationen die Wirkungsweise der Prohormone verstärken, ist zwar denkbar, wissenschaftliche Untersuchungen wurden dazu aber noch nicht veröffentlicht.

Beta-2-Mimetika

Folgende Substanzen werden in diesem Kapitel exemplarisch behandelt:

Clenbuterol
Salbutamol
Terbutalin

Substanzen

Beta-2-Mimetika finden sich gleich zweimal in der Dopingliste, zum einen als Stimulans, zum anderen als Anabolikum. In dem folgenden Kapitel soll die Bedeutung dieser Substanzen als Anabolikum sowie deren Einfluss auf die Lipolyse genauer betrachtet werden, im Kapitel 4 kann über deren Bedeutung als sympathomimetisches Stimulans nachgelesen werden. Innerhalb der hier behandelten Substanzgruppe nimmt Clenbuterol eine Sonderstellung ein. Diese Verbindung hat durch den Dopingfall Kathrin Krabbe und durch die Verwendung als Rindermastmittel in den letzten Jahren immer wieder für Schlagzeilen gesorgt. Im Bezug auf die potentiell anabolen Wirkungen der Beta-2-Mimetika ist Clenbuterol die am besten untersuchte Substanz. Im Tierversuch konnten deren proteinanabole und deren lipolytische Wirkungen schon wiederholt nachgewiesen werden (s. Wissenschaftliche Untersuchungen). Salbutamol, Terbutalin und Salmeterol unterliegen einem gewissen Dopingsonderstatus, denn sie sind für die Applikation in Form von Dosieraerosol für Sportler mit nachgewiesener Asthmaerkrankung zugelassen. Die orale sowie die intravenöse Applikation ist für alle Beta-2-Mimetika laut Dopinggesetz generell verboten.

Clenbuterol, Fenoterol, Salbutamol, Terbutalin und verwandte Substanzen wurden speziell für Asthmatiker entwickelt. Durch die Bindung an die Beta-2-Rezeptoren des sympathischen Nervensystems kommt es im Bereich der Bronchien zu einer Dilatation. Ein Asthmaanfall kann so beendet oder verhindert werden. Weitere Indikationen sind Atemwegserkrankungen, die mit einer reversiblen Verengung der Atemwege einhergehen. Dazu zählt man zum Beispiel: die chronisch-obstruktive Bronchitis, die asthmoide Bronchitis, die Emphysembronchitis sowie andere Erkrankungen mit asthmatischer Komponente. Die Applikation erfolgt entweder oral in Form von Tabletten oder als Spray in Form eines Dosieraerosols. Die intravenöse Verabreichung wird nur in seltenen Fällen angewandt und bleibt dem stationären Krankenhausbetrieb vorbehalten. Die üblichen Dosierungen für zum Beispiel Clenbuterol sind morgens und abends eine Tablette zu 0,02 mg, wobei es sich empfiehlt, den gewünschten Effekt mit einer Peak-flow-Messung zu überprüfen.

Die Wirkung der Beta-2-Mimetika kommt durch direkte Bindung an den Beta-2-Rezeptor der Bronchien zustande. Über die Vermittlung des Secondmessenger-Systems kommt es zu einer Erschlaffung der glatten Bronchialmuskulatur und somit zur Bronchospasmolyse. Außer dieser Hauptwirkung können Beta-2-Mimetika die Tätigkeit des Flimmerepithels fördern und die Mediatorfreisetzung aus den Mastzellen verhindern. Diese antientzündliche Wirkkomponente ist aber nicht mit jener der Glukokortikoide oder der Degranulationshemmer zu vergleichen. Die gesteigerte Lipolyse kommt durch die verstärkte Thermogenese und durch die zentral appetithemmende Wirkkomponente der Beta-2-Mimetika zum Tragen. Über die Art und Weise, wie diese Substanzen die Proteinsynthese beeinflussen können, herrscht in der Wissenschaft noch nicht Klarheit. Beim Rind scheinen Beta-3-Rezeptoren eine Rolle zu spielen, diese sind beim Menschen aber nur in geringer Zahl vorhanden. Es wird spekuliert, dass Beta-2-Mimetika in der Lage sind, Kortisonrezeptoren zu blockieren und auf diesem Weg einen Proteinabbau verhindern. Man spricht in diesem Zusammenhang von einer antikatabolen Wirkkomponente.

Durch die Einnahme von Beta-2-Mimetika kann es zu einer Reihe von Nebenwirkungen kommen: feinschlägiger Tremor, Muskelkrämpfe, Myalgie, Nervosität, Ruhelosigkeit, Übelkeit, Schwindelgefühl, Hyperglykämie, Hypokaliämie, Palpitationen; gelegentlich Arrhythmie und Tachykardie. Bei Überdosierungen kann es zu Blutdruckschwankungen, anginalen Beschwerden und zu Veränderungen des Blutdrucks kommen. Außerdem kann es im Bereich des Sports durch die permanente Stimulation des sympathischen Nervensystems wegen fehlender Regeneration zu einem progredienten Überlastungssyndrom kommen. Werden Beta-2-Mimetika kontinuierlich verabreicht, kommt es zu einer Down-Regulation der Beta-Rezeptoren, wie Tierversuche gezeigt haben (*M. A. McElligot* et al.). In der etwas unseriösen „Untergrundliteratur" ist zu lesen, dass unter dem Einfluss von Beta-2-Mimetika möglicherweise Glykogenreserven früher mobilisiert werden, was das vorzeitige Ende einer langen Ausdauerbelastung bedeuten kann. Zudem sollen die Blockade der Kortisonrezeptoren und das vermehrte Auftreten von Muskelkrämpfen einen negativen Effekt auf die Ausdauerleistungsfähigkeit haben.

Nach oraler Gabe tritt die bronchodilatorische Wirkung, im Falle des Clenbuterol (Spiropent®), nach 5–20 Minuten ein und hält bis zu 14 Stunden an. Bei einer Einmalgabe werden nach 2–3 Stunden die höchsten Plasmaspiegel erreicht. Die Ausscheidung erfolgt zum überwiegenden Teil über die Nieren (87%) in Form der unveränderten Muttersubstanz. Die terminale Halbwertszeit beträgt 34 Stunden. Nach wiederholter Anwendung therapeutischer Dosen kommt es nach zirka vier Tagen zu einem steady state. Bei normaler Nierenfunktion kommt es auf Grund der dosislinearen Pharmakokinetik auch bei wiederholter Anwendung zu keiner Kumulation der Substanz. Clenbuterol (Spiropent®) unterscheidet sich von anderen Beta-2-Mimetika durch eine rasche und vollständige Absorption nach oraler und inhalativer Gabe, einer niedrigen wirksamen Dosis, einer langen biologischen Halbwertszeit und niedriger Metabolisierungsrate.

Clenbuterol

Einige Präparate:

Spiropent® 0,02 mg
Boehringer Ingelheim

Spasmo Mucosolvan 0,02 mg
Thomae

Spirobent mite 0,01 mg
Thomae

Clenasma 0,02 mg
Biomedica Foscama

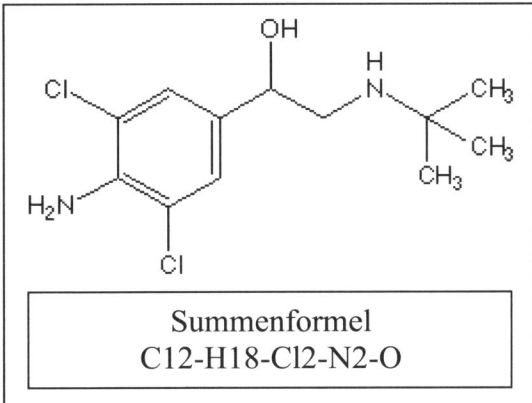

Summenformel
C12-H18-Cl2-N2-O

Salbutamol

Einige Präparate:

Salbutamol® 8 mg
Atid Pharma

Apsomol 8 mg
Farmasan

Sultanol® 4 mg
Glaxo Welcome

Salmudin 4 mg
Mundipharma

Summenformel
C13-H21-N-O3

Terbutalin

Einige Präparate:

Terbutalin AL 2,5 mg
Aliud Pharma

Terbutalin ratiopharm 2,5 mg
Ratiopharm

Bricanyl-forte® 5 mg
Pharma Stern

Arubendol 2,5 mg
Iris Pharma

Summenformel
C12-H19-N-O3

Wissenschaftliche Untersuchungen

Im Unterschied zur Humanmedizin wurde der Einfluss der Beta-2-Mimetika auf den **Proteinstoffwechsel** in der Veterinärmedizin schon sehr genau und ausgiebig erforscht. In vielen Tierstudien wurden die anabolen Wirkungen dieser Substanzen, allen voran die des Clenbuterols nachgewiesen.

Zum Beispiel haben *J. Cartana* et al. bereits nach 15 Tagen Behandlung mit Clenbuterol (1 mg/kg/d) an der Ratte einen Zuwachs der Muskelmasse um 8% messen können. Die Masse der subkutanen Fettpolster ist während dieser Behandlung um 39% geschrumpft.

W. J. Carter und *M. E. Lynch* haben in ihren Untersuchungen den proteinanabolen Effekt von Clenbuterol und Salbutamol verglichen (an der Ratte). Nach einer Behandlungsdauer von drei Wochen bei einer Dosierung von 1 mg/kg/d wurde gleich im Anschluss der Massenzuwachs in einigen Muskeln gemessen. Die Zuwachsraten betrugen durchschnittlich +20% bei Salbutamol und +30% bei Clenbuterol. Junge Ratten hatten größere Zuwächse als alte.

Beim Menschen wurden bislang nur wenige brauchbare Untersuchungen in diesem Bereich durchgeführt. *C. Spann* und *M. E. Winter* haben in ihrem Rückblick darauf hingewiesen, dass es auch beim Menschen zu einer Erhöhung der Muskelkraft in bestimmten Fasertypen kommen kann, diese ist jedoch um vieles kleiner als die beim Tier. Inwieweit sich dieser geringe Kraftzuwachs auf die zu erbringende Wettkampfleistung auswirken kann, bleibt fraglich.

Interessant sind die Erkenntnisse einer Untersuchung, die von *R. J. Zeman* et al. an Ratten durchgeführt und 1988 publiziert wurde. Sie konnten feststellen, dass schnelle Muskelfasern (Typ-II-Fasern) wesentlich stärker in ihrem Wachstum durch Clenbuterol beeinflusst wurden, als dies bei langsamen Muskelfasern (Typ-I-Fasern) der Fall war. Würden diese Untersuchungsergebnisse auch auf den Menschen zutreffen (was aber bisher nicht bestätigt ist), so könnte man behaupten, dass Schnellkraftsportarten besonders von diesen verbotenen Substanzen profitieren könnten.

Die gleiche Forschergruppe hat herausgefunden, dass Clenbuterol den Abbau denervierter Muskeln massiv verzögern kann (95–110%). Diese Erkenntnis nährt die Annahme der antikatabolen Wirkung des Clenbuterols, unabhängig davon, ob diese durch Beta-2-Rezeptor-Interaktion oder durch Blockade von Kortisonrezeptoren zustande kommt (*R. J. Zeman* et al).

Die weit verbreitete Meinung, dass Clenbuterol die **Lipolyse** fördert, konnte in einigen Tierversuchen bestätigt werden. *N. J. Rothwell* und *M. J. Stock* haben nachgewiesen, dass Clenbuterol die Thermogenese fördert und die Effizienz der Nährstoffverwertung senkt. Beim Menschen dürfte es ebenfalls zu einer gesteigerten Lipolyse kommen. *C. Hollenga* et al. haben gezeigt, dass die Bindung der Beta-2-Mimetika an ihren Rezeptor eine verstärkte Utilisation von Fetten bewirkt.

Missbrauch

Clenbuterol ist bei weitem das am häufigsten missbrauchte Beta-2-Mimetikum. Nicht zuletzt durch den Skandal um die deutsche Sprintdoppelweltmeisterin Kathrin Krabbe kam diese Verbindung ins Gerede. Im Vorfeld der Olympischen Sommerspiele von Barcelona 1992 wurde Krabbe gemeinsam mit ihren Trainingskolleginnen Grit Breuer und Manuela Derr positiv auf Clenbuterol getestet. Im gleichen Jahr wurden die britischen Gewichtheber Saxton und Davies, der amerikanische Hammerwerfer Logan und die Kugelstoßerin Dasse der Einnahme von Clenbuterol überführt. Von da an nahm die weite Verbreitung dieser Verbindung ihren Lauf, ungeachtet der Tatsache, dass Clenbuterol seit 1993 auf der Dopingliste geführt wird. Es hat den Anschein, dass Kraft- und Ausdauersportarten gleichermaßen von der Wirksamkeit dieses Medikaments profitieren, denn in beiden Lagern kommt es immer wieder zu positiven Befunden. In der jüngsten Vergangenheit wurde im Zusammenhang mit dem Gerichtsverfahren des französischen Straßenradprofis, Richard Virenque, aus der Equipe Festina (Tour-de-France-Skandal 1998) auf die Verbreitung dieser Substanz im Radsport aufmerksam gemacht.

Im Kraftsport werden Clenbuterol-haltige Präparate in erster Linie im Anschluss an eine Steriodkur genommen, um auf Grund der angeblich antikatabolen Wirkkomponente den darauffolgenden Kraftverlust zu verzögern. Eine ausreichende Eiweißversorgung ist aber auch hier die Grundvoraussetzung. Zudem profitieren Kraftsportler einer bestimmten Gewichtsklasse von der lipolytischen und der appetithemmenden Wirkung. Der zentral stimulierende Effekt, der härteres Training ermöglichen soll, ist im Vergleich zu Ephedrinen aber als gering einzustufen.

Im Ausdauersport wird Clenbuterol vorwiegend in der wettkampffreien Zeit genommen, um das Körpergewicht nicht in die Höhe steigen zu lassen und um eine bessere Adaption an das Grundlagentraining zu erreichen. Besonders in der Zeit 2–3 Monate vor Beginn der Wettkämpfe, während der Übergang vom Grundlagentraining zum wettkampfspezifischen Training erfolgt, kann der Sportler von den Wirkungen des Clenbuterols profitieren. Die erforderliche Regenerationszeit wird verkürzt, und der Sportler spricht auf das begleitende Krafttraining unter Clenbuterol besser an. Wegen der guten Nachweisbarkeit wird diese Substanz während der Wettkampfzeit eher seltener genommen, da hier die Wahrscheinlichkeit einer Kontrolle wesentlich größer ist. Ähnlich den anabolen Steroiden sind Trainingskontrollen erforderlich, um eine verbotene Leistungssteigerung nachweisen zu können.

Üblicherweise wird bei der illegalen Einnahme von Clenbuterol ein rigides Einnahmeschema eingehalten, um eine Rezeptoren-Down-Regulation zu verhindern. In der einschlägigen Literatur werden verschiedene Dosierungsschemata vorgeschlagen, deren gemeinsames Grundprinzip die Einhaltung von On- und Off-Phasen ist *(M. Bachmann)*.

Exemplarisch möchte ich an dieser Stelle ein Missbrauch-Beispiel anführen: Es wird mit einer Tablette (0,02 mg) begonnen und täglich um eine Tablette gesteigert, bis die endgültige Dosis erreicht ist. Diese kann zwischen fünf bis zehn Tabletten (0,1–0,2 mg) liegen. Ab Tag zehn wird die endgültige Dosis im Zweitagesrhythmus alternierend genommen, beziehungsweise nicht genommen, und das ungefähr acht Wochen lang. Nach dieser Zeit wird vier Wochen komplett pausiert, um anschließend einen neuen Zyklus zu beginnen. *L. A. Thein* et al. haben in ihren Untersuchungen ebenso auf ein derartiges Einnahmeschema hingewiesen.

Es sei hier nur kurz erwähnt, dass Clenbuterol-Missbrauch kein auf den Menschen beschränktes Phänomen ist. Wie die Zeitschrift Stern in ihrer Ausgabe vom 8. April 1999 berichtet hat, wird diese Substanz in der Rinderzucht dazu verwendet, um das Vieh „fleischiger" und somit schneller schlachtreif zu machen. In einem laufenden Verfahren hat ein ehemaliger Lieferant berichtet, Clenbuterol in Säcken zu 100 Kilo! an seine Abnehmer nach Deutschland geliefert zu haben, um den Züchtern große Profite zu garantieren.

2. Übersicht Peptidhormone
sowie alle entsprechenden Freisetzungsfaktoren und deren Analogsubstanzen

Testosteronliberatoren (hCG, LH)

Wachstumshormone (GH, STH; GHRH; IGF-1)

Erythropoetin (EPO)

Insulin

Adrenocorticotropes Hormon (ACTH)

Einleitung

In der internationalen Liste der verbotenen Dopingsubstanzen findet man unter dem Punkt E. der verbotenen Wirkstoffklassen eine verhältnismäßig inhomogene Gruppe. Es werden hier die Hypophysenhormone: STH, LH, ACTH mit Hormonen aus anderen Organen (z.B.: EPO aus der Niere) auf Grund von chemischen Gemeinsamkeiten zusammengefasst. Alle Substanzen bestehen aus einer Aminosäurekette unterschiedlicher Länge. Einige haben auch einen Kohlenhydratanteil und sind daher als Glykoproteine zu bezeichnen. Vergleicht man diese Gruppe mit den Steroiden, so kann man einige grundlegende Unterschiede erkennen. Die Peptidhormone entfalten ihre Wirkung über einen membranständigen Rezeptor und ein daran angeschlossenes Second-messenger-System, da sie die Zellwand nicht durchdringen können. Die Wirkungen sind meist von kurzer Dauer und die Halbwertszeit der Hormone beträgt nur Minuten bis Stunden. Die Synthese wird durch die Transkription genetisch gesteuert und der Transport im Blut ist nicht von Transportproteinen abhängig. Die Steroidhormone können wegen ihrer Lipidlöslichkeit die Zellwand frei passieren und entfalten ihre Wirkung über die Bindung an einen Rezeptor im Zellkern. Die Wirkung hält einige Stunden bzw. Tage an. Die Halbwertszeit bewegt sich meist im Bereich von mehreren Stunden. Die Hormonsynthese wird enzymatisch gesteuert, da Steroide aus inaktiven Vorstufen gebildet werden. Der Transport im Blut ist an Plasmaproteine oder an spezielle Transportproteine gebunden.

Die Hypophyse ist das zentrale Bindeglied zwischen dem Nerven- und Hormonsystem und ist in der Hierarchie der Drüsen an der obersten Stelle. Im Hypothalamus werden verschiedene Releasing- und Inhibiting-Hormone gebildet, die ihrerseits die Freisetzung der Hypophysenvorderlappenhormone steuern. Mit Hilfe des Portalblutkreislaufes gelangen sie sehr rasch zu den Zielzellen der Adenohypophyse, wo jedes Hormon spezifisch in einer eigenen Zellpopulation gebildet wird. Die Hormone des Hypophysenhinterlappens (ADH, Oxytocin) werden entlang des Axons transportiert und direkt freigesetzt. Der Vollständigkeit halber sei an dieser Stelle erwähnt, dass in der ehe-

maligen DDR Neuropeptide eingesetzt wurden in der Absicht, die Leistungsbereitschaft und Konzentrationsfähigkeit zu erhöhen *(B. Berendonk)*. Diese
Verbindungen sind aber heute nicht auf der Dopingliste. Man unterscheidet
glanduläre Hormone – wie zum Beispiel ACTH – von nichtglandulären Hormonen, wie zum Beispiel STH. Während die erstgenannten periphere Drüsen
zur Hormonsekretion anregen, um die eigentliche Wirkung zu erzielen, können die letztgenannten direkt an den verschiedenen Zielzellen ihre Aufgabe
erfüllen. Die Regulation der peripheren Hormonsekretion erfolgt über multi-
ple Feedback-Mechanismen; so kommt es bei der negativen Rückkopplung
durch Hormonsekretion zur Hemmung der übergeordneten Hormondrüsen.
Die prinzipielle Wirkung der Hormone besteht darin, den Stoffwechsel dieser
Zellen auf drei Wegen regulierend zu beeinflussen:

1. Konfigurationsänderung an den Enzymen (sog. allosterische Mechanismen);
2. Hemmung oder Förderung der Enzymsynthese (Induktion);
3. Änderung der Substratbereitstellung für die enzymatischen Reaktionen,
   etwa durch Änderung der Durchlässigkeit der Zellmembran (Beeinflussung der Carrierdichte oder -affinität).

Sportliches Training ist zwangsläufig immer mit einer vorübergehenden
Veränderung der Stoffwechselvorgänge verbunden. Die Hypophyse nimmt
bei der Koordination der trainingsbedingten Adaptionen eine zentrale Stellung ein. Sie steuert maßgeblich den Proteinmetabolismus und somit den
Kraftaufbau und die Regeneration. Es ist daher nicht weiter verwunderlich,
dass die Hypophysenhormone zur illegalen Leistungssteigerung missbraucht
werden.

Erythropoetin ist ein Glykoprotein der Niere und regt die Bildung der roten Blutkörperchen an. In den letzten Jahren hat diese Substanz regen Absatz
unter den Ausdauersportlern gefunden. Ursprünglich zur Behandlung von
Nierenkranken hergestellt, ermöglicht es dem Sportler, mehr Sauerstoff ins
Gewebe zu transportieren. Ein neu entwickelter Test könnte den gefährlichen Missbrauch dieser Substanz eindämmen.

Insulin ist das Hormon der Bauchspeicheldrüse und regelt gemeinsam mit
Glukagon den Kohlenhydratstoffwechsel. Außerdem sorgt Insulin für die
Speicherung von Aminosäuren in Form von Protein im Skelettmuskel (Ana-
bolismus), fördert das Wachstum und beeinflusst die Kaliumverteilung im
Körper. Wegen der anabolen Wirkung ist der Gebrauch von Insulin nur Dia-
betikern vorbehalten, wird aber trotzdem zur illegalen Leistungssteigerung
missbraucht.

Aus didaktischen Überlegungen werde ich im Folgenden funktionelle
Aspekte der Hormone in den Vordergrund stellen, um auf deren sportphysio-
logische Bedeutung näher eingehen zu können.

Testosteronliberatoren

Peptidhormone, die zu einer Anhebung der Testosteronproduktion führen.

hCG (human chorionic gonadotropine)

LH (Luteinisierendes Hormon = Lutropin = ICSH = Zwischenzellstimulierendes Hormon)

An dieser Stelle werden wegen funktioneller Gemeinsamkeiten auch die **Antiöstrogene** (z.B.: Clomifen) beschrieben, sie zählen aber nicht zur Gruppe der Peptidhormone und stehen nicht auf der Dopingliste.

Physiologische Bedeutung

Seit dem Jahr 1989 sind Peptidhormone auf der Liste der verbotenen Substanzen des IOC. Die in diesem Kapitel beschriebene Gruppe der „Testosteronliberatoren" sind in gewissem Sinn eine Besonderheit, da sie **nur für Männer verboten** sind. Bei Frauen sind diese Hormone natürlich auch vorhanden, die Aufgaben, denen sie im weiblichen Organismus nachkommen, sind aber mit keiner Leistungssteigerung verbunden. Beim Mann beeinflussen sie als übergeordnete Steuerungshormone die Testosteronproduktion, das bekannterweise die Proteinsynthese fördert. Ein weiteres Hormon, das hier behandelt wird, ist das hCG. Es ist dem LH in seiner Wirkungsweise sehr ähnlich und wird bei der schwangeren Frauen in der Plazenta gebildet. Dieses Hormon erhält in der Schwangerschaft den Gelbkörper, der für die Produktion von Progesteron und Östradiol sorgt. hCG steigert die Schilddrüsenaktivität der Mutter, bei männlichen Feten wird die Testosteronbildung gefördert, was wiederum zur Geschlechtsdifferenzierung notwendig ist.

Aus dem Urin von Schwangeren gewonnenes hCG wirkt sich beim Mann förderlich auf die Testosteronproduktion aus. Bestimmte Antiöstrogene, wie z.B. Clomifen, binden an den Östrogenrezeptor ohne nennenswerte Wirkung. Die eigentliche Östrogenwirkung wird somit stark vermindert. Wegen der Aufhebung der negativen Rückkopplung an der Hypophyse kommt es zu einer verstärkten GnRH-Bildung (A. *Pfleiderer* et al.). Über eine daraus resultierende vermehrte LH-Freisetzung wird die endogene Testosteronproduktion stark angekurbelt. Das beim Mann in physiologischerweise vorkommende Östrogen wird zusätzlich an seiner Wirkung gehindert, was sich in einem verminderten Körperfettgehalt äußern kann. Antiöstrogene stehen nicht auf der Dopingliste.

Die Regulation der Hormonsekretion erfolgt über das Hypothalamus-Hypophysen-System und unterliegt einem selbstregulierenden Feedback-Mechanismus. Wie die meisten vegetativen Funktionen, wird auch die Sekretion der Gonadotropine über den Hypothalamus zentral kontrolliert, der seinerseits von übergeordneten Zentren des Gehirns beeinflusst wird. Die Freisetzung des Gonadoliberin (GnRH) aus dem Hypothalamus bewirkt im Hypophysen-vorderlappen die Sekretion des Follikelstimulierenden Hormons (FSH) und des Luteinisierenden Hormons (LH). GnRH wird alle 60–90 Minuten in Stö-ßen von etwa einer Minute Dauer abgegeben. Die regelrechte hypophysäre Hormonsekretion der Gonadotropine (LH und FSH) ist von der Pulsatilität der GnRH-Freisetzung abhängig. Bei nicht pulsatiler GnRH-Zufuhr kommt es zu einer Abnahme (engl. down regulation) der GnRH-Rezeptoren in den gonadotropen Zellen der Hypophyse, es fehlt der Stimulus für die Gonadotro-pinsynthese und -sekretion, die Gonaden stellen folglich die Synthese von Se-xualhormonen ein (dieses Phänomen wird in der Tumortherapie genutzt). Aus diesem Grund ist dieses Hormon für Dopingzwecke ungeeignet. Spitzfin-dige Athleten könnten mit Hilfe eines rechnergesteuerten Infusionsgeräts den physiologischen Verlauf der endogenen Hormonsekretion nachahmen (diese Behandlungsform wird bei hypothalamisch bedingten Fertilitätsstörungen ein-gesetzt), doch würde hier der Aufwand den Nutzen sicherlich übersteigen.

Während die Gonadotropine bei der Frau den Zyklus steuern, wird beim Mann die Bildung des gonadalen Testosterons aus den Leydigschen Zwi-schenzellen sowie die Bildung des Androgenbindungsproteins aus den Serto-lischen Stützzellen angeregt. Die Testosteronproduktion schwankt im tageszeitlichen Verlauf und ist in den frühen Morgenstunden am höchsten. Im Verlauf des männlichen Lebens steigt die Hormonproduktion bis zum 20. Lebensjahr an und fängt ab dem fünfzigsten Lebensjahr langsam an zu sinken, ohne jedoch auch im hohen Alter völlig zu erlöschen. Eine Abnahme des Testosterons kann Beschwerden hauptsächlich psychischer Art verursa-chen (Climacterium virile). Testoste-ron hemmt wegen des negativen Feedback-Mechanismus die hypo-thalamische Bildung von GnRH und die hypophysäre Bildung von LH und FSH. Für die Regelung der FSH-Freisetzung beim Mann ist fer-ner ein „Inhibin", also ein hemmen-des Steuerungshormon postuliert worden. Die vielfältigen Wirkungen und Nebenwirkungen des Testo-sterons werden im Kapitel „Anabo-lika" ausführlich erklärt und sind dort nachzulesen.

Gonadotropine sind hochmoleku-lare Glykoproteide. hCG hat ein Molekulargewicht von ca. 38.600 D und der Zuckeranteil beträgt 33%.

Clomifen

Summenformel
C26-H28-Cl-N-O

LH hat ein Molekulargewicht von 29.400 D und einen Zuckeranteil von 23%. Der isoelektrische Punkt der beiden Moleküle divergiert sehr und ermöglicht eine elektrophoretische Trennung (hCG: pH: 2,95 gegenüber LH: pH: 7,5). Die Moleküle bestehen aus zwei dissoziierbaren Ketten, die als α- und β-Einheit bezeichnet werden. Die α-Ketten von hCG, LH, FSH und TSH sind identisch, wohingegen die β-Kette hormonspezifisch ist. Unter den Antiöstrogenen gibt es verschiedene Substanzen (z.B.: Aromatasehemmer, Tamoxifen, Clomifen). In dem hier behandelten Zusammenhang ist aber nur Clomifen zu nennen, da es als einziges Antiöstrogen zu einer nennenswert vermehrten GnRH-Sekretion führt. Chemisch gesehen handelt es sich um ein Derivat des Diethylstilbestrol (*W. Forth* et al.).

Aus meiner Sicht wäre es sehr wünschenswert, das Potential dieser Substanz zum Zweck des Dopingmissbrauchs näher zu untersuchen, um sie gegebenenfalls auf die Dopingliste zu setzen.

Substanzen

Da die Moleküle der Gonadotropine relativ groß sind, ist eine synthetische Gewinnung in absehbarer Zeit nicht zu erwarten. hCG kann relativ billig aus dem Urin von Schwangeren extrahiert, gereinigt und einem therapeutischen Einsatz zugeführt werden. LH steht nur in Ausnahmefällen zur Verfügung und kann ebenso aus dem Urin Schwangerer gewonnen werden. Die Gewinnung der Gonadotropine aus der Hypophyse von Leichen ist zwar möglich, wird aber nicht mehr praktiziert. hCG wird dem LH in der Praxis vorgezogen, da es wesentlich billiger ist und sich in der Wirkung von LH nicht unterscheidet. Die vorwiegende Applikation erfolgt nach Zugabe des Lösungsmittels zu dem gefriergetrockneten Wirkstoff. Es existieren auch Sprays zur intranasalen Anwendung; diese werden aber nur selten eingesetzt (auch für GnRH).

Einige Präparate mit dem Wirkstoff hCG:

Pregnyl®	*100, 500, 1500, 5000, 10000 IE*	*Organon*
Biogonadyl	500, 2000 IE	Biomed
Primogonyl®	*1000, 5000 IE*	*Schering*
Profasi®	*2000, 5000, 10000 IE*	*Serono*
Choragon	1500, 5000 IE	Ferring

Zu den therapeutischen Anwendungsgebieten von hCG zählen die hypophysär bedingte weibliche und männliche Sterilität. Durch die vermehrte Stimulation der Gonaden kann bei der Frau eine Ovulation und beim Mann eine vermehrte Spermienproduktion erzielt werden. Beim Mann liegt die Dosierung der Sterilitätsbehandlung im Bereich 2.500–5.000 IE zweimal wöchentlich. Der Kryptorchismus (Hoden ist beim Kleinkind nicht bis in den Skrotalsack gewandert) stellt eine weitere Indikation dar. Wird nach zwei Wochen kein Descensus testiculorum erzielt, so ist eine Operation indiziert. hCG wird auch zur Funktionsdiagnostik der männlichen Sterilität genutzt. Anhand des Testosteronspiegels nach hCG-Verabreichung, kann ein Maldescensus von einer Anorchie unterschieden werden. Bei einer geplanten Eizellentnahme zwecks In-vitro-Fertilisation kann man mit Hilfe von hCG den Eisprung besser timen. Clomifen wird ebenfalls zur weiblichen Sterilitätsbehandlung eingesetzt.

Die möglichen Nebenwirkungen von hCG sind: Hautausschläge, Akne, Kopfschmerz, Schwindel, Müdigkeit, depressive Verstimmungen, Ödeme, Übelkeit, Erbrechen und vorübergehende Vergrößerung von Penis und Hoden. Bei Langzeittherapie kann es durch Antikörperbildung zum Nachlassen der Hormonwirkung kommen. Bei der Verwendung von Clomifen beim Mann kann es zu folgenden Nebenwirkungen kommen: vasomotorischer Flush, Sehstörungen, Ikterus, Dermatosen, Benommenheit, Müdigkeit, Nervosität, Schlafstörungen und depressive Verstimmungen.

Obwohl die Peptidhormone schon seit 1987 auf die Liste der verbotenen Substanzen gesetzt wurden, ist bis heute kein anerkanntes Nachweisverfahren beim IOC zulässig. Ein Testverfahren, wie es vom IOC gefordert wird, muss alle Eventualitäten, die zu einem falsch-positiven Befund führen, ausschließen. Die Angst vor horrenden Regressansprüchen hat dazu geführt, dass Athleten, deren hCG-Spiegel mit einer Wahrscheinlichkeit von 99,9% durch Manipulation erhöht wurde, nicht des Dopings überführt werden. Die zweifelsfreie Feststellung von hCG-Doping ist aus mehreren Gründen sehr schwierig. Männer und „nichtschwangere" Frauen produzieren ebenso in sehr geringen Mengen hCG. Die Unterscheidung von körperfremdem und körpereigenem hCG ist derzeit nicht möglich. Aus diesem Grund hat man versucht, einen höchstzulässigen Grenzwert der hCG-Konzentration im Urin festzusetzen. *P. Laidler* et al. haben eine große Anzahl von Probanden untersucht und sind zu dem Schluss gekommen, dass eine hCG-Urinkonzentration von 5 IE/l extrem ungewöhnlich ist. Um dem Wunsch nach größerer Sicherheit gerecht zu werden, haben sie einen Grenzwert von 10 IE/l vorgeschlagen. Das hier verwendete Nachweisverfahren beruht auf immunologischer Grundlage (Antikörper gegen Teile der β-Kette).

Einige Zeit nach Veröffentlichung dieser Studie haben *F. T. Delbeke* et al. das Ergebnis ihrer Studie präsentiert, die 5.663 Urinproben von männlichen Athleten untersuchte. Diese Forschergruppe eines belgischen, IOC-akkreditierten Dopinglabors hat einen Grenzwert von 5 IE/l vorgeschlagen.

Trotz dieser umfangreichen Untersuchungen wurde kein Grenzwert festgesetzt, da der Immunnachweis noch einige Schwankungen aufweisen kann. Im Urin einer Dopingprobe können proteolytische Fragmente das Testergebnis beeinflussen (*U. Stenman* et al.). Die gleiche Autorengruppe konnte feststellen, dass nach einmaliger Gabe von 10.000 IE hCG (Pregnyl®), 7–11 Tage eine erhöhte Urinkonzentration gemessen werden kann.

Ein weiterer Ansatz zu einem erfolgreichem hCG-Nachweis ist die Einführung eines Testosteron/Lutropin-Index. Schon bei den Untersuchungen bezüglich des Testosteronnachweises hat sich gezeigt, dass dieser Wert von diagnostischer Bedeutung sein kann. Im Falle des hCG-Dopings ändert sich dieser Index sehr stark, während der T/E (Testosteron/Epitestosteron-)-Wert unverändert bleibt (*D. Cowan* et al.).

Wissenschaftliche Untersuchungen

Der Einfluss von hCG auf die Testosteronproduktion manifestiert sich in einem zweigipfeligen Anstieg. Nach der Verabreichung einer Dosis von 6.000 IE i.m. kommt es bereits zwei Stunden danach zu einem ersten Testosteronanstieg um 50%. Zu diesem Zeitpunkt ist auch die hCG-Konzentration am höchsten, nimmt aber von da an gleichmäßig ab. Der Testosteronspiegel verringert sich nach dem ersten Peak geringfügig, um nach 2–4 Tagen seinen zweiten Gipfel zu erreichen. Dieser ist mit 100% wesentlich höher als der erste. Betrachtet man die Fläche unter der Kurve (entspricht der Summe der Testosteronspiegelerhöhung), so kann man von einer beträchtlichen Produktionssteigerung von Testosteron sprechen. Man nimmt an, dass der Grund dieses zweigipfeligen Verlaufs in der Aktivierung der Aromatase in den Leydigzellen des Hodens liegt. Dieses Enzym überführt bekanntlich Testosteron in Östradiol und steht vermutlich in Abhängigkeit zur hCG-Konzentration. Die Aktivierung dieses Enzyms vermindert so den Testosterongehalt und steigert den für Östradiol. Mit der zunehmenden Abnahme von hCG reduziert sich die Enzymaktivität, was wiederum zu einem Testosteronanstieg (nach 2–4 Tagen) führt (*A. T. Kicman* et al.). Diese spezielle Kinetik hat dazu geführt, dass sich die Athleten in Kenntnis dieser Umstände, alle 5–6 Tage eine Injektion verabreichen. Soll ein zentralnervöser Stimulus erzielt werden, erfolgt die Verabreichung zwei Stunden vor dem Wettkampf. Es ist diese Verbindung somit als Trainings- und Wettkampfdopingsubstanz zu bezeichnen. Die Folgen und Wirkung eines Testosteronanstiegs sind im Kapitel Anabolika detailliert dargestellt und sind dort nachzulesen (siehe Seite 49, 53).

Epidemiologie

Es ist natürlich sehr schwierig, Aussagen über die Verwendung einer Substanz zu tätigen, wenn diese noch nicht einmal zu einem positiven Dopingbefund führt. Aus den spärlichen Daten über hCG-Verwendung und aus der „einschlägigen" Literatur kann man aber dennoch Rückschlüsse auf den Stellenwert dieses Hormons für den Kraftsport ziehen. *B. Berendonk* hat in ihren Enthüllungen über die Dopingpraktiken der damaligen DDR diese Verbindung des öfteren genannt. Sie war gewissermaßen zentraler Bestandteil des „Überbrückungsdopings". Darunter verstand man die Überbrückung des Zeitraums nach Absetzen der Anabolika bis zum Wettkampf, bei dem man „clean" sein musste. hCG verhinderte durch die Ankurbelung der körpereigenen Testosteronproduktion einen Leistungsverfall, wie er sonst oft nach einer Steroidkur vorkommt. Mit der gleichen Intention hat man auch Clomifen eingesetzt. Es sprechen viele Indizien dafür, dass hCG flächendeckend bei allen Anabolikakonsumenten zum Einsatz gebracht wurde und wird. Zu den bekannteren hCG-Dopingsündern zählt zum Beispiel der Bronzemedaillengewinner im Weitsprung, Borut Bilac. Er wurde bei der EM 1990 in Split wegen eines positiven Dopingtests nachträglich disqualifiziert. Im Mai 1991 wurde er vom Europäischen Verband wieder rehabilitiert mit der Begründung, es könne nicht zweifelsfrei ausgeschlossen werden, dass der erhöhte hCG-Gehalt von einem Tumor herrührt. *Berendonk* hat beweisen können, dass in der ehemaligen DDR vor allem von Ruderern und Gewichthebern Clomifen zur illegalen Leistungssteigerung im Anschluss an eine Steroidkur eingesetzt wurde. Unter ihnen zwei Ruderer des späteren Goldmedaillensiegers bei den Olympischen Spielen 1980 in Moskau im Achterboot, Hans-Peter Koppe und Jens Doberschütz.

In der Bodybuildingszene wird die Einnahme von hCG im Anschluss oder während einer Anabolikakur eingesetzt, um einer Abnahme der körpereigenen Testosteron-Produktionskapazität vorzubeugen. Eine unerwünschte Nebenwirkung der Steroideinnahme ist die Hodenatrophie, die neben den aufgeblasenen Muskelbergen besonders eklatant imponiert. Für den ohnehin mit narzisstischen Zügen ausgestatteten Sportler kann dies eine schwere psychische Belastung darstellen. Persönlichen Mitteilungen zufolge ist der alleinige Einsatz von hCG zur Steigerung der Muskelmasse nicht geeignet.

Im Ausdauersport wird ebenso mit hCG gedopt, wenngleich die Bedeutung dieser Verbindungen für die Ausdauersportler nicht ganz den Stellenwert wie für die Kraftsportler erreicht. Der jüngste Fall ist der deutsche Profiradfahrer Dirk Müller. Er wurde während der Regio-Tour im August 2000 in A- und B-Probe positiv auf hCG getestet.

Die förderlichen Effekte von hCG sind zweierlei:

1. Die Verabreichung führt kurz darauf zu einem signifikant erhöhten Testosteronanstieg, der mit einer zentralnervösen Stimulation einhergeht. Die Bereitschaft, sich zu überwinden, wird verbessert und die „Wettkampfhärte" steigt.

2. Der zweite Testosteronkonzentrationsgipfel wird ca. 2–4 Tage nach hCG-Verabreichung erreicht. Dieser Anstieg bleibt einige Zeit bestehen und

führt zur Testosteron-typischen Steigerung der Regenerationsfähigkeit (siehe Wissenschaftliche Untersuchungen).

In Flandern wurden in der Zeit von 1993–1994 741 Radfahrer auf verbotene Dopingmittel kontrolliert. Nur zwei der Proben hatten einen verdächtig hohen Wert. Dieses Ergebnis deutet darauf hin, dass hCG im Ausdauersport nicht besonders weit verbreitet ist. Außerdem konnte von dieser Forschergruppe festgestellt werden, dass 97% einen Wert unter 2 mIE/l Urin hatten (*F. T. Delbeke* et al.).

Wachstumshormone

GHRH (Growth hormone releasing hormone)
GH   (Growth hormone = STH = Somatotropin)
IGF-1 (Insulin-like growth factor = Somatomedin C)

Physiologische Bedeutung

Die Wachstumshormone regulieren verschiedene essentielle Stoffwechsel-vorgänge im Körper. Dazu zählt man das Wachstum, die Entwicklung, den Proteinstoffwechsel, den Kohlenhydratstoffwechsel, reparative Prozesse und wahrscheinlich auch das Altern. Insbesondere ist das Längenwachstum der langen Röhrenknochen in der juvenilen Phase von dem Vorhandensein von Somatotropin abhängig. Ein STH-Mangel in der Wachstumsphase führt zu einem hypophysären Zwergwuchs, eine Überproduktion zu einem Gigantismus. Nach der Pubertät entwickeln Patienten mit einem STH-produzierenden Tumor eine Akromegalie. Das Hormon IGF-1 wird in der Leber gebildet und gilt als mitogener Faktor. Die Komponenten des komplexen Wachstumshormon-Regelkreises bestehen aus drei unterschiedlichen Kategorien: Hormone, Rezeptoren und Bindungsproteine.

Die hormonellen Bestandteile der Wachstumshormon-Achse sind der hypothalamische Freisetzungsfaktor GHRH, der hypothalamische Hemmfaktor GHIH (growth hormone inhibiting hormone = Somatostatin), das eigentliche Wachstumshormon GH (STH) und der Insulin-like growth factor, IGF-1 aus der Leber. Die beiden hypothalamischen Hormone vermitteln die Signale des Zentralnervensystems und regeln die Freisetzung des GH aus den adenophysären somatotropen Zellen, die auf die Produktion dieses einen Hormons spezialisiert sind. **GHRH** regt die somatotropen Zellen zur Hormonfreisetzung und zur Hormonneubildung an, wohingegen das Somatostatin die GH-Sekretion hemmt. **GHIH** wird im Unterschied zu GHRH in verschiedenen Organen gebildet und erfüllt zudem eine Menge von Aufgaben, die in keinem Zusammenhang zur Wachstumshormon-Achse stehen. Jedes der beiden Hormone hat eine Prohormonform und jedes existiert in zwei unterschiedlichen Formen, deren Bedeutung bis heute unbekannt ist. Auch das eigentliche Wachstumshormon, **GH,** ist in zwei unterschiedlichen Formen vorhanden, die eine mit einer Größe von 20.000 D die andere mit 22.000 D. Die biologische Aktivität der beiden ist identisch und die Kenntnis ihres gemeinsamen Vorkommens wird in einem neuen Nachweisverfahren ausgenutzt. Die Länge der Peptidkette beträgt 191 Aminosäuren. Die Zielzellen dieses Hormons sind in nahezu allen Geweben verstreut und die Wirkungen auf sie sind vielfältig. Es wird angenommen, dass die Zielzellen auf die Zellteilung vorbereitet werden. Durch die Kontrolle der Proto-Onkogene wird die Gentranskription beeinflusst. Auf diesem Weg wird gesteuert, welches Gen wann und in welchem Ausmaß transkribiert werden soll. In der Leber regt GH die Bildung des Hormons **IGF-1** an, welches als mitogener Faktor identifiziert wurde. GH und IGF-1 erhöhen somit gemeinsam die Zellteilungsrate, was für den Sportler eine Erhöhung der Anpassungsfähigkeit des Organismus an das Training bedeutet.

Die Rezeptoren der Wachstumshormone unterscheiden sich ziemlich stark voneinander. Die Signale der hypothalamischen Hormone werden über den G-Protein-gekoppelten Rezeptor vermittelt, der die AMP-Konzentration erhöht und die Proteinkinase-A aktiviert. Der GH-Rezeptor zählt zu einer Rezeptorfamilie, der auch die Rezeptoren für Prolaktin, Interleukin 4 und epidermal growth factor (EGF) angehören. Die Wirkungen werden über die Phosphorylierung von Proteinen und über die Proteinkinase-C-Aktivierung erzielt. Der Rezeptor von IGF-1 besitzt strukturelle Ähnlichkeiten mit dem Insulinrezeptor, an welchen IGF-1 auch bindet, allerdings mit geringerer Affinität als Insulin.

Bindungsproteine existieren nur für GH und IGF-1. Der Umstand, dass für die beiden hypothalamischen Hormone keine Bindungsproteine existieren, liegt vermutlich an der Tatsache, dass diese Hormone nur einen sehr kurzen Weg über den Portalkreislauf der Hypophyse zurücklegen müssen. GH ist das einzige hypophysäre Hormon, für das es ein Bindungsprotein gibt. Das sogenannte GH-BP, growth hormone binding protein. Beim Menschen entsteht es durch Abspaltung vom GH-Rezeptor und es vermag die Zirkulationszeit des GH im Blut zu verlängern. Ansonsten sind die Kenntnisse über die Funktion des GH-BP noch gering. Für IGF-1 existieren gleich sechs unterschiedliche Bindungsproteine, die man einem bestimmten Gewebe oder einer bestimmten Altersperiode zuordnen kann. Beim Erwachsenen treten vorwiegend IGF-BP 3 und IGF-BP 1 auf. Wenn IGF-1 an IGF-BP 3 bindet, entsteht mit einer säurelabilen Untereinheit (ALS) ein Komplex, den man auch zum Nachweis nutzen möchte. Die Bindungsproteine haben die Aufgabe, die Wirkungsdauer zu verlängern und einen vorzeitigen Abbau zu verhindern. Die Höhe der Bindungsproteinspiegel sind für den Anteil am wirksamen freien IGF entscheidend. Auf diesem Weg sind die BP an der Hormonregulation beteiligt.

Ein wesentliches Charakteristikum der Wachstumshormon-Freisetzung ist die Pulsatilität. Die beiden hypothalamischen Hormone GHRH und GHIH bewirken an der somatotropen Adenohypophysenzelle eine intermittierende Freisetzung mit 8–12 Gipfeln in 24 Stunden. Betrachtet man die Hormonfreisetzung im Zusammenhang mit dem Lebensalter, so kann man auch hier einen inhomogenen Verlauf erkennen. Der erste Gipfel an Wachstumshormon-Konzentrationen ist kurz nach der Geburt. Während der kindlichen Entwicklungsphase geht der Spiegel ein wenig zurück, um in der Pubertät einen zweiten Gipfel zu erreichen. In einem Alter von ungefähr vierzig Jahren beginnt der Hormonspiegel kontinuierlich langsam abzunehmen. Dieses Phänomen wird mit dem altersbedingten Verlust an Muskelmasse und den Vorgängen der sichtbaren Alterung in Zusammenhang gebracht. Ob man diese Erscheinung durch eine Hormonersatztherapie verzögern kann, und ob eine solche Therapie ethisch vertretbar ist, wird zur Zeit kontroversiell diskutiert.

Umwelteinflüsse scheinen die Hormonsekretion ebenso zu beeinflussen. Langer Schlaf, kurzes intensives Training, Fasten, Stress und die Zufuhr von bestimmten Aminosäuren (Arginin, Glutamin) können zu einer Erhöhung der Hormonkonzentration führen, wohingegen sich ein erhöhter Blutzuckerspiegel negativ auswirkt.

Die Rückwirkungen im Sinne eines negativen Feedback-Mechanismus kommen sowohl auf der Höhe des Hypothalamus als auch auf Höhe der Hypophyse zur Geltung. So kann man zur Diagnosestellung eines hypophysären Zwergwuchses einen erhöhten GHRH-Spiegel heranziehen und andererseits kann man eine GH-Verabreichung an vermindertem GHRH- und einem erhöhten GHIH-Spiegel erkennen. Systemische IGF-1-Verabreichung scheint keinen Einfluss auf die hypothalamischen Hormone auszuüben, dafür wird aber die GH-Sekretion gedrosselt.

Die Wirkungen der Wachstumshormone sind sehr vielfältig und manifestieren sich durch Interaktionen in unterschiedlichen Geweben. Die Angaben darüber sind in der Literatur sehr unterschiedlich, vor allem was die sportliche Leistungsfähigkeit betrifft. Ich werde versuchen, die aktuellen Erkenntnisse zu diesem Thema objektiv darzustellen, um dem Leser die Möglichkeit einer Meinungsbildung zu geben.

Der Eiweißstoffwechsel wird durch GH positiv beeinflusst. Durch die erhöhte Einschleusung von Aminosäuren in die Zelle resultiert eine anabole Wirkung. Mehrere Studien belegen allerdings, dass die Muskelzellen davon kaum beeinflusst werden (s. Einfluss auf die Kraft). Mit der erhöhten Stickstoffretention geht auch eine Zunahme von Natrium, Kalium, Calcium, Phosphat, Chlorid und anderen Elementen einher. Die Lipolyse wird stark angekurbelt. Man kann GH auch als „Sparhormon" bezeichnen, da vermehrt Fette zur Energiegewinnung herangezogen werden. Die fettfreie Körpermasse wird durch die anabolen Effekte erhöht und die Lipolyse wird angekurbelt. Daraus resultiert eine Veränderung des äußeren Erscheinungsbildes, das man in Sportlerkreisen als „definiert" bezeichnet. Das Wachstum von inneren Organen wie z.B.: Herz, Leber und Nieren wird angeregt. Im Bereich des Herzens kann das zu einer vergrößerten Auswurfleistung führen (s. Einfluss auf die Ausdauer). Die vermehrte Lipolyse bewirkt auch eine Einsparung von Kohlenhydraten, was sich unter Belastung durch eine geringe Anhebung der anaeroben Schwelle bemerkbar machen kann. Das Immunsystem wird gestärkt und die Haut wird dicker und elastischer. Der Haarwuchs kann unter Umständen dichter werden. Das Körperwachstum wird vor dem Epiphysenschluss günstig beeinflusst, danach kommt es zu einem

Wachstum der Akren, was man als häufigste Nebenwirkung beobachten kann. Die Glukoseutilisation wird verschlechtert (s. Nebenwirkungen), was zu einem Anstieg der Insulinproduktion führt. Schilddrüsenhormonspiegel sinken durch GH-Verabreichung (*R. Deyssig* et al.). Die Kapillarisierung der Muskulatur wird möglicherweise gefördert.

Substanzen

Die Herstellung des Wachstumshormons ist seit 1985 gentechnologisch möglich. Mit Hilfe von E. coli-Bakterien kann man große Mengen herstellen. Tierisches Wachstumshormon unterscheidet sich, im Gegensatz zu Insulin, stark vom menschlichen und ist daher therapeutisch nicht einsetzbar. Früher hat man aus Leichen die Hypophyse entnommen und daraus das Hormon extrahiert.

Die Verabreichung von Fremdeiweiß ist sehr gefährlich und birgt neben dem Risiko einer allergischen Reaktion die Gefahr, ein Prion zu übertragen, das die Creutzfeldt-Jakob-Krankheit induziert. Es ist nicht auszuschließen, dass in Präparaten, die am Schwarzmarkt kursieren, nach wie vor GH aus menschlichen Leichen enthalten ist. Das biosynthetisch hergestellte GH ist strukturell und in seiner pharmakologischen Wirkung mit dem in der Hypophyse sezernierten menschlichen Wachstumshormon ident. Es wird von den Herstellern empfohlen, das Medikament täglich abends vor dem Schlafengehen subkutan zu injizieren, um den endogenen zirkadianen Rhythmus zu imitieren. Von Sportlern weiß man allerdings, dass sie meist eine morgendliche und eine abendliche Dosis injizieren. Meist ist der Wirkstoff in einer Trockensubstanz enthalten und muss vor der Injektion mit dem beigefügten Lösungsmittel schonend vermengt werden. Die im Ausdauersport üblichen Dosierungen schwanken im Mittel zwischen 4 und 8 IE pro Tag, in dem für hohe Dosen bekannten Bodybuilding gibt es Berichte über Sportler, die sich bis zu 36 IE pro Tag verabreichen *(J. Hoffmann)*. Eine irrsinnige Menge, wenn man sich vergegenwärtigt, dass die körpereigene Produktion 1–1,5 IE, aufgeteilt auf 7–8 Intervalle beträgt. Der Zeitraum der Anwendung ist zumindest vier Wochen und wird in der Praxis meist durch die enormen Kosten limitiert, muss man doch für beispielsweise 4 IE Genotropin® rund 1.200,– Schilling bezahlen. Die Halbwertszeit dieser Hormonpräparate ist mit rund 20 Minuten sehr gering, was ein Mitgrund für den schwierigen Nachweis und somit für den regen Absatz ist.

Einige Präparate:

Humatrope®	*Eli Lilly*
Genotropin®	*Kabi Pharmacia*
Umatrope	Lilly
Norditropin®	*Novo Nordisk*
Genotonorm	Pharmazia

Growth Hormon (GH)
Summenformel C990-H1528-N262-O300-S7

Die Herstellung von IGF-1 ist heute ebenso gentechnisch möglich. Vermehrt setzen Sportler GH in Kombination mit IGF-1 ein, um die Wirkung zu verstärken. In der jüngsten Vergangenheit hat man eine Möglichkeit der Gentherapie mit IGF-1 entwickelt (*Barton Davis E.* et al.). Diese Art der Anwendung könnte möglicherweise die Dopingpraktiken revolutionieren.

Mit Hilfe eines in den Muskel injizierten Schnupfenvirus ist es gelungen, die Produktion von körpereigenem IGF-1 stark zu erhöhen. Im Tierexperiment führt diese Behandlung zu einem Zuwachs der Muskelkraft um 14%. Der Nachweis solch einer Anwendung wird vermutlich Jahre dauern und verringert die Chancen auf eine dopingfreie Zukunft (s. Teil 2, Kapitel 6, Zukünftiges Doping).

Zuletzt möchte ich auf die Gruppe der synthetisch hergestellten GHRH sowie deren Analoga hinweisen. Der illegale Einsatz dieser Substanzen dürfte sehr deutlich unter jenem von GH und IGF-1 liegen. GHRH führt in der Hypophyse zu einer starken Rezeptor-Downregulation, was im zeitlichen Verlauf zu einem großen Wirkungsverlust dieser Präparate führt.

Indikation zur Wachstumshormontherapie mit GH ist vor allem der hypophysäre Zwerg- und Minderwuchs. Wird die Erkrankung rechtzeitig erkannt, so kann mit geeigneter Therapie ein annähernd normales Wachstum erzielt werden. Die erforderlichen Dosen liegen bei 0,05–0,1 IE/kg/d. Erkennt man durch Chromosomenanalyse das Vorliegen eines Ullrich-Turner-Syndroms, so stellt das auch eine Behandlungsindikation dar, sofern die Wachstumsphase noch nicht abgeschlossen ist. Bei einer seltenen Form des Minderwuchses, bei der GH-Rezeptoren fehlen (Larron-Syndrom), kommt es zum Einsatz von IGF-1. Als umstritten gilt der Einsatz dieser Präparate bei Zuständen ausgeprägter Katabolie, wie zum Beispiel: Verbrennungen, AIDS oder Krebserkrankungen. Meist sind hier Wirkungen auf den Zuckerstoffwechsel, die eine Behandlung limitieren (*R. Hintz*). Der Einsatz bei Personen, die unter altersbedingten Schwächeerscheinungen leiden, ist zum heutigen Zeitpunkt medizinisch nicht fundiert. Ob es in Zukunft eine Therapie der „Andropause" mit Wachstumshormonen geben wird, bleibt abzuwarten.

Zu den augenscheinlichsten Nebenwirkungen zählt die Akromegalie. Darunter versteht man das übermäßige Wachstum von Fingern, Zehen, Kinn, Jochbogen, Augenwülsten und Nase. Bei manchen Sportlern verändern sich im Laufe einer langjährigen Wachstumshormonkur die Gesichtszüge sehr deutlich. Schwimmer, bei denen GH und IGF-1 häufig anzutreffen sind, können von dieser meist unerwünschten Wirkung sogar einen Vorteil bei der Ausübung ihres Sports erzielen. Die vergrößerte Angriffsfläche des Wassers an Händen und Füßen ermöglicht einen besseren Vortrieb. Häufig kommt es zu Muskelverhärtungen, sogenannten Myogelosen. Diese sind für den Athleten sehr unangenehm und können zudem die Leistungsfähigkeit beeinträchtigen. Auf Grund der fehlenden Langzeitergebnisse kann man noch keine detaillierten Aussagen über das teratogene Potential treffen. Bei Kindern, die wegen hypophysären Zwergwuchses mit Wachstumshormonen behandelt wurden, kam es vermehrt zum Auftreten von Leukämie. Auch wenn Beweise noch ausständig sind, so kann man von einem erhöhten Krebsrisiko sprechen. Diese Annahme wird auch durch den erst kürzlich publizierten Fall eines Radsportprofis, der nach starkem Wachstumshormon-Missbrauch ein Lymphom entwickelt hat, erhärtet (*Magnavita* N. et al.). GH bewirkt eine Verschlechterung der Glukoseutilisation. Der dadurch ständig erhöhte Blutzuckerspiegel führt zu einer steten Reizung des Inselorgans der Bauchspeicheldrüse. Nach längerer Anwendung kann es somit zum Entstehen eines Diabetes mellitus kommen. IGF-1 unterscheidet sich von GH hinsichtlich der Wirkung auf den Kohlenhydratstoffwechsel, da es den Zuckerspiegel senkt und die Insulinempfindlichkeit im Körper erhöht. Es kann daher kurz nach der Verabreichung zu einer Hypoglykämie kommen. Da man früher auf den Einsatz von GH aus Leichen angewiesen war, ist es nicht auszuschließen, dass noch manche GH-assoziierte Creutzfeld-Jakob-Erkrankungen auftreten werden. Diese tödlich endende Gehirnerkrankung hat eine Inkubationszeit von 15–20 Jahren und wird durch Fremdeiweiß, einem sogenannten Prion, übertragen. Zu den „weniger gewichtigen" Nebenwirkungen zählt man: Kopfschmerzen, Stimmungsschwankungen, Hautverfärbungen, Karpaltunnelsyndrom (mechanische Kompression des N. medianus im Karpaltunnel), Muskelschmerz und Parästhesien.

Zur Zeit ist kein Nachweisverfahren für Wachstumshormone beim Internationalen Olympischen Komitee zugelassen. Obwohl man vor einigen Jahren ein internationales Konsortium von Wissenschaftlern ins Leben gerufen hat (GH-2000), ist es nicht gelungen, bis zu den Olympischen Spielen von Sydney ein geeignetes Testverfahren zu entwickeln.

Die Ergebnisse der angestellten Untersuchungen haben zwar viele Erkenntnisse über den Wachstumshormon-Regelkreis ergeben, ein schlüssiges Testverfahren konnte aber aus folgenden Gründen noch nicht entwickelt werden:

1. Synthetisches und körpereigenes Hormon sind nahezu ident.

2. Die körpereigene Freisetzung variiert sehr stark und ist durch mehrere Faktoren beeinflussbar.

3. Die kurze Halbwertszeit und die Pulsatilität der endogenen Freisetzung erschweren den Nachweis von exogenem GH. Es wurden Versuche unternommen, die komplexen Auswirkungen einer GH-Verabreichung auf den Regelkreis zum Nachweis zu benutzen. Das Triumvirat von IGF-1, IGF-BP3 und ALS (sogenannte säurelabile Untereinheiten) scheinen ein vielversprechender Marker für Dopingmissbrauch zu sein. Alle diese Komponenten erhöhen sich im Zusammenhang mit sportlicher Aktivität. Bei einer Vorbehandlung mit GH fällt dieser Anstieg aber wesentlich größer aus

(*J. Wallace* et al.). Zu viele Variable machen den Nachweis noch nicht hundertprozentig sicher und aus Sorge über die Haltbarkeit einer solchen Methode vor Gericht muss die Einführung des Tests bis dato verschoben werden.

Für sehr großes Aufsehen hat ein im März 1999 veröffentlichter Artikel im bekannten Journal „Lancet" gesorgt. Einer Forschergruppe ist es demnach gelungen, ein immunologisches Nachweisverfahren für Wachstumshormon-Missbrauch zu entwickeln. GH kommt im menschlichen Organismus in zwei Formen vor. Die eine mit einer Größe von 20.000 D die andere mit 22.000 D. Ein selektiver Antikörper gegen das 22.000 D große GH und ein Antikörper gegen beide Formen wurden hergestellt. So ist es möglich, das Verhältnis der beiden zueinander zu bestimmen. GH-Verabreichung führt zu einem Anstieg der 22.000 D-Hormonfraktion und erhöht somit die Ratio signifikant. Bei der Selbstkontrolle wurden ausnahmslos alle exogenen GH-Gaben richtig erkannt. Der Nachteil der Methode ist, dass das diagnostische Fenster mit 36 Stunden relativ klein ist und nur erst kürzlich verabreichte GH-Dosen erkannt werden. Dieser Methode wurde bisher die Zulassung aus nicht nachvollziehbaren Gründen verwehrt (*C. J. Strassburger* et al.).

Wissenschaftliche Untersuchungen

Einfluss auf die Ausdauer

Es ist sehr schwierig, den Einfluss der Wachstumshormone auf die Ausdauerleistungsfähigkeit zu quantifizieren. Es gibt kaum Untersuchungen zu diesem Thema, die mit Sportlern durchgeführt wurden. Inwieweit man Untersuchungsergebnisse von Patienten, die an einem Wachstumshormonmangel leiden (Growth Hormone Deficiency = GHD), auf gesunde Leistungssportler übertragen kann, ist sehr fraglich. In der „Untergrundliteratur" werden diese Studien oft zitiert und suggerieren dem Sportler ein falsches Bild von der Wirksamkeit dieser Präparate.

M. L. Healy und *D. Russel-Jones* haben in ihren Untersuchungen festgestellt, dass eine GH-Ersatztherapie bei GHD-Patienten zu einer Vermehrung der Muskelmasse und der Muskelkraft, zu einer erhöhten Herzleistung und Herzmasse, zu einer erhöhten Zahl an roten Blutkörperchen sowie zu einem erhöhten Blutvolumen führt. Die Lipolyse wird stark angekurbelt und es kommt zu einer Erhöhung der fettfreien Körpermasse.

P. J. Jenkins hat in seinen Untersuchungen ebenfalls Verbesserungen der Ausdauerleistungsfähigkeit bei GHD-Patienten unter GH-Therapie feststellen können. Hämoglobingehalt im Blut und die Leistungsfähigkeit des Herz-Kreislaufsystems waren bei seinen Probanden verbessert.

J. Rodriguez-Arnao et al. untersuchten 35 GHD-Patienten im Verlauf einer GH-Ersatztherapie. Diese Forschergruppe hat die aerobe Leistungsfähigkeit mit Hilfe eines Laufbandtests quantifiziert und konnte signifikante Verbesserungen während der Therapie feststellen. Auch 12 Monate nach der Therapie waren die Werte der GH-behandelten Patienten gegenüber denen der Kontrollgruppe signifikant erhöht. Die Muskelkraft hat sich ebenso verbessert.

Da im Alter die GH-Sekretion abnimmt, kann man auch bei diesen Personen mit Hilfe einer GH-Therapie Verbesserungen der Ausdauer erzielen. *K. H. Lange* et al. haben bei älteren Damen (75a) eine 18-prozentige Verbesserung der maximalen Sauerstoffaufnahme im Zuge einer GH-Therapie messen können.

L. Sacca et al. haben die Veränderungen am Herzen von GHD-Patienten sowie von Akromegaliepatienten (GH-Überschuss) untersucht. Im Laborversuch führt GH zu einer Myozytenhypertrophie und zu einer Erhöhung der Kontraktionskraft. Bei Akromegaliepatienten entwickelt sich zuerst ein hyperkinetisches Syndrom des Herzens und geht in weiterer Folge in eine Myokardhypertrophie über. Diese Herzmuskelvergrößerung betrifft beide Herzkammern gleich und ist aber kaum mit funktionellen Verbesserungen verbunden, da sich die Wandspannung nicht ändert. Die ebenso stattfindende Bindegewebsvermehrung führt zu einer Relaxationsstörung und zu einer daraus resultierenden diastolischen Füllungsstörung. Wenn die Erkrankung unbehandelt bleibt, kommt es zu einem progredienten Krankheitsverlauf, der in ein Herzversagen münden kann. Im Gegensatz dazu kommt es bei GHD-Patienten zu einer verminderten Masse beider Kammern und zu einer verminderten Herzleistung mit niedriger Herzfrequenz (hypokinetisches Syndrom). Diese negativen Veränderungen führen zu einer eingeschränkten physischen Leistungsfähigkeit, die gemeinsam mit einer geschwächten Skelettmuskulatur in Erscheinung tritt. Die Studie belegt eindrucksvoll den Einfluss des GH auf die regelrechte Textur des Herzmuskelgewebes.

In Anbetracht dieser Tatsachen fällt es schwer, den unseriösen Angaben diverser „Dopingbücher" zu glauben, wonach sich die Herzleistung durch das GH massiv verbessert. In dieser Literatur ist auch häufig von einem, die Gefäßneubildung im Skelettmuskel fördernden Effekt der Wachstumshormone zu lesen. Dieser Vorgang, auch Kapillarisierung genannt, ist ein Ziel des Grundlagenausdauertrainings, das den größten Anteil des Vorbereitungstrainings ausmacht. Eine Bestätigung dieser These konnte ich in der wissenschaftlichen Literatur nicht finden.

Unumstritten scheint hingegen der lipolytische Effekt, von dem manche Sportarten, wie z.B. Mountainbiken oder Berglauf stark profitieren. Vermindertes Gewicht bedeutet weniger Kraftaufwand beim Bergauffahren/-laufen. Zahlreiche Untersuchungsergebnisse belegen, dass die Lipolyse sowohl bei Gesunden als auch bei GHD-Patienten durch Wachstumshormone angeregt wird. Daraus resultiert ein verminderter Körperfettanteil und eine Erhöhung der fettfreien Körpermasse (z.B. *M. Blackman* et al., Kap.17; *P. J. Jenkins*; *M. L. Healy*; *J. Rodriguez-Arnao* et al., u.v.m.).

Abschließend möchte ich darauf hinweisen, dass es möglicherweise zu synergistischen Effekten bei der Einnahme unterschiedlicher Substanzgruppen kommen kann (*T. Karila* et al.). Diese Annahme wird durch Geständnisse mancher Sportler erhärtet, die den kombinierten Einsatz von Anabolika, Wachstumshormonen, Schilddrüsenhormonen und Kortikoiden zugegeben haben. Durch derartig massive Eingriffe in das hormonelle Gleichgewicht des Körpers wird versucht, den Zellumsatz zu steigern. Das daraus resultierende Ergebnis macht sich in einer beschleunigten Adaption an die Trainingsprozesse bemerkbar.

Einfluss auf die Kraft

Das Buch: „Anabole Steroide 1994" von *Grundig* und *Bachmann* wurde für Bodybuilder verfasst und stellt alle relevanten Dopingmittel dar. Im Kapitel über Wachstumshormone kann man auf Seite 208 Folgendes lesen: „STH hat einen starken anabolen Effekt und bewirkt eine gesteigerte Proteinsynthese, die sich in einer Muskelhypertrophie und Muskelhyperplasie äußert. Letzterer Punkt ist sehr interessant, da dies durch die Einnahme von Steroiden nicht erreicht werden kann. Wahrscheinlich ist das auch der Grund, weshalb STH als das stärkste anabole Hormon bezeichnet wird." Die hier getroffenen Aussagen wurden mit keinen Untersuchungsergebnissen belegt, vermutlich deshalb, weil es keine gibt.

Der Einfluss der Wachstumshormone auf die Kraft wird in Sportlerkreisen vielfach überbewertet. Der deutsche Doping-Experte Prof. Wilhelm Schänzer vom Institut für Biochemie der Deutschen Sporthochschule Köln wird in der Deutschen Ärztezeitung vom 7.11.1999 wie folgt zitiert: „Eine Substitution von Wachstumshormonen ist wahrscheinlich bei Personen, die an einem GH-Mangel leiden, leistungsfördernd, bei Personen mit normalem Spiegel haben diese Substanzen keinen Effekt." Wissenschaftler der Universität haben 22 Kraftsportler sechs Wochen lang mit Wachstumshormonen behandelt und die Veränderungen der Muskelkraft und der Körperzusammensetzung gemessen (*R. Deyssig* et al.). In diesem Kollektiv wurden keine Veränderungen der Kraft registriert. Die Körperkomposition der Probanden blieb ebenso unverändert.

K. E. Yarasheski zweifelt ebenso an der Wirkung der Wachstumshormone bezüglich der Kraft. Er ist nicht der Ansicht, dass die positive Stickstoffbilanz mit einer Vermehrung an kontraktilen Muskelfasern verbunden ist, vielmehr führt er dies auf eine Bindegewebsvermehrung zurück. Außerdem glaubt er erkannt zu haben, dass die ohnehin mäßigen GH-Wirkungen während des

Therapieverlaufs (nach einem Monat) durch Ausbildung einer peripheren Resistenz abnehmen.

P. J. Jenkins hat in seinem Rückblick darauf hingewiesen, dass Akromegalie-Patienten meist unter einer hypertrophen Myopathie zu leiden haben. Daraus schließt er, dass die GH-Effekte zu einer unstrukturierten Muskelhypertrophie führen, die der Muskelkraft in keiner Weise zuträglich ist. Diese Erkenntnisse könnten aber wiederum Bodybuilder bestärken, denen es bekanntlich mehr um die Masse als um die Effizienz der Muskulatur geht.

C. A. Lisset und *S. M. Shalet* haben den Effekt von Wachstumshormonen auf den Muskel von GHD-Patienten und von älteren Normalpersonen untersucht. Nach 12-monatiger Therapie haben die GHD-Patienten signifikante Verbesserungen der Muskelkraft und eine Erhöhung der fettfreien Körpermasse erreicht. Die Gruppe der Normalpersonen hatte ebenso Fettmasse verloren, eine Steigerung der Kraft wurde aber nicht registriert.

Epidemiologie

Im **Ausdauersport** sind Wachstumshormone stark verbreitet. Vor allem im Radsport ist diese Substanz vermehrt anzutreffen. Da diese Athleten ihr Gewicht den Berg „hinauftragen" müssen, soll der Körperfettanteil möglichst gering sein. Zudem muss Körpermasse mit Sauerstoff versorgt werden, ein weiterer Grund, warum Radsportler meist kein Gramm zuviel am Körper tragen. In diesem Zusammenhang scheint GH und IGF-1 einen sehr günstigen Effekt auf die Körperkomposition auszuüben. Die gesteigerte Lipolyse lässt überschüssige Kilos verschwinden und der anabole Effekt wirkt sich bei Ausdauertraining vor allem durch eine verkürzte Regenerationszeit aus. Vor allem ist es aber die fehlende Nachweisbarkeit, die diese Substanzen zu einem festen Bestandteil der Dopingpraktiken im Ausdauersport gemacht haben. Bei den italienischen Olympiateilnehmern hat man vor den Spielen 2000 in Sydney Blutuntersuchungen durchgeführt. Ohne Vorankündigungen und ohne dass man die Athleten informiert hat, wurde auch nach dem illegalen Gebrauch von Wachstumshormonen gesucht. Von den 538 Athleten hatten 61 einen GH-Wert, der über dem von Endokrinologen als normal bezeichneten liegt, fünf von ihnen holten eine Goldmedaille (Der Spiegel 43/2000). Der 200 m-Lagen-Schwimmer, Massimiliano Rosolino, siegte bei der Olympiade und stellte neben seiner persönlichen Bestleistung auch den „Rekord" bei den gemessenen Wachstumshormonspiegeln auf: 17,1 ng/ml. Der Normalwert liegt bei Männern um die 0,6 ng/ml. Seine Medaille darf er aber behalten, da – wie bereits erwähnt – kein Nachweisverfahren rechtsgültig ist.

Ein weiteres Indiz für den Gebrauch von Wachstumshormonen ist der Fall des französischen Radsportlers, Richard Virenque. Ihn und seine Kollegen aus dem Festina-Rennstall hat man des Dopings beschuldigt, nachdem der

Masseur des Teams, Willy Voet, 1998 mit einer beträchtlichen Menge von Dopingsubstanzen bei der Einfuhr nach Frankreich erwischt wurde. Darunter befanden sich auch eine große Menge von Wachstumshormonen, die für den Einsatz bei der Tour de France bestimmt waren. Virenque hat nach langem Leugnen im Herbst 2000 vor dem Gericht in Lille (Frankreich) seinen Dopingmissbrauch eingestanden.

Im **Kraftsport** werden Wachstumshormone ebenso eingesetzt, wenngleich deren Wirkungen auf den Proteinstoffwechsel nicht ganz so groß sind wie die der anabolen Steroide. Oft bevorzugen Frauen diese Art des Dopings, da es nicht zu den unerwünschten Virilisierungserscheinungen kommt. Ein weiterer Grund für den Einsatz von Wachstumshormonen im Kraftsport ist die Tatsache, dass Sehnen und Bänder gestärkt werden. Das Verletzungsrisiko für den passiven Bewegungsapparat kann so deutlich verringert werden. Ben Johnson, vermeintlicher Sieger über 100 m bei den Olympischen Spielen 1988 in Seoul wurde wegen Anabolikadopings disqualifiziert. Im Zuge seines Prozesses gab er zu, auch Wachstumshormone genommen zu haben. Auch andere amerikanische Spitzenleichtathleten wurden in weiterer Folge von Johnson des Dopings mit Wachstumshormonen bezichtigt.

Der Footballprofi, Lyle Alzado, der an einem Gehirntumor verstarb, gab kurz vor seinem Tod zu, GH 16 Wochen lang genommen zu haben, und er behauptete, 80% aller amerikanischen Footballprofis würden es auch tun.

Im Bodybuildingsport werden meist Kombinationen verbotener Substanzen genommen. Wachstumshormone werden vor allem in der unmittelbaren Vor-Wettkampfphase verabreicht, um so eine bessere Definition der Muskelberge zu erzielen *(J. Hoffmann)*. Zusammenfassend kann man sagen, dass GH und IGF-1 im Kraftsport vor allem wegen der fehlenden Nachweisbarkeit eine gängige Form des Dopings ist.

Erythropoetin (EPO)

Physiologische Bedeutung

Erythropoetin ist ein Glykoprotein, das beim erwachsenen Menschen zu 90% in der Niere und zu 10% in der Leber gebildet wird. Dieses Hormon hat die Aufgabe, die Bildung der Erythrozyten zu stimulieren. Der erforderliche Sekretionsreiz ist ein O_2-Mangel im renalen Parenchym, der durch eine verminderte Anzahl von Erythrozyten oder durch einen verminderten Sauerstoffpartialdruck in der Atemluft zustandekommt. Im Knochenmark regt Erythropoetin die Bildung roter Blutkörperchen an, die ihrerseits die Sauerstoffversorgung in den Geweben gewährleisten. Somit ist dieses Hormon zentraler Bestandteil eines Regelkreises, dessen Aufgabe die lebensnotwendige O_2-Versorgung des Körpers ist.

Der genaue Bildungsort der Erythropoetin-Produktion ist bis heute nicht restlos aufgeklärt. Mit Hilfe der In-situ-Hybridisierung (gentechnisches Verfahren zum Nachweis von mRNA, die das EPO-Protein codiert) konnte man die Zahl der Zellen, die für eine EPO-Produktion in Frage kommen, aber deutlich einschränken. Es sind dies die in den Nierenrinden lokalisierten peritubulären Endothelzellen und/oder die Interstitiumzellen des Nierenbindegewebes. Für letztere spricht die Tatsache, dass sich deren Struktur bei Zuständen vermehrter Produktion ändert (*M. Le Hir* et al.). Als gesichert gilt jedoch die Art und Weise, wie diese Zellen die Produktion steigern. Es kommt zu einer vermehrten Rekrutierung von EPO-produzierenden Zellen und nicht zu einer vermehrten Produktion der Einzelzelle.

Unter normalen Steady-state-Bedingungen reicht ein EPO-Serumspiegel von 10–20 mU/ml, um den Bestand der Erythrozyten konstant im erforderlichen Bereich von 4,2–5,5 Mio/ml bei Männern bzw. 3,6–5,0 Mio/ml bei Frauen zu halten. Dieser Wert erhöht sich bei Anämie um das 100fache und mehr. Im histologischen Präparat sieht man nach In-situ-Hybridisierung und anschließender Färbung eine deutliche Veränderung des Verteilungsmusters der EPO-produzierenden Zellen. Im Normalzustand sind vor allem die an der Nierenrindenpyramidenspitze lokalisierten Zellen aktiv, während es bei Anämie zu einer homogenen Verteilung von EPO-produzierenden Zellen in der gesamten Nierenrinde kommt. Es muss daher eine Art On/off-Mechanismus vorherrschen, der erst bei einem bestimmten O_2-Schwellenwert die EPO-Produktion in Gang setzt (*M. Le Hir* et al., *M. Koury* et al.). Im Unterschied zur Fetalzeit ist beim Erwachsenen die hepatogene EPO-Produktion von eher untergeordneter Rolle. Hier sind sowohl Hepatozyten als auch sinusassoziierte Interstitiumzellen an der Produktion beteiligt.

Miyake et al. konnten 1977 erstmals das Erythropoetinmolekül aus dem Urin anämischer Patienten isolieren und teilweise deren Aminosäuresequenz entschlüsseln. Erst einige Jahre später gelang es, das zugehörige Gen auf dem langen Arm des Chromosoms 7 zu lokalisieren. Auf der Grundlage dieser Erkenntnisse gelang es *Jacobs* et al. sowie *Lin* et al. 1985, das humane EPO-Gen zu klonen und sie ermöglichten somit die gentechnologische Herstellung des rekombinanten humanen Erythropoetin. Die Molekülstruktur besteht aus einer 165 Aminosäuren langen Peptidkette und 4 Zuckerresten. Die gesamte Masse beträgt 30.400 D, davon entfallen 18.240 D (60%) auf die Peptidkette. Ein Zuckerrest hängt an einem Sauerstoff in Position 126, die drei anderen Zuckerreste hängen jeweils an einem Stickstoff in Position 24, 38, 83. Disulfidbrücken bestehen zwischen Cys 7 und Cys 161 und zwischen Cys 29 und Cys 33. In der Tertiärstruktur bildet das Molekül vier antiparallele α-Helices, deren Zuckerreste nach außen ragen. Während die Peptidkette für die hormonspezifischen Funktionen verantwortlich ist, sind die Zuckerreste für die Löslichkeit und Haltbarkeit im Organismus zuständig (*M. Koury* et al.).

Der Regelkreis der Erythropoetin-Sekretion ist sehr komplex und noch nicht restlos aufgeklärt. Vor allem die „Messung" des O_2-Partialdrucks und die anschließende Signaltransduktion, die zu vermehrter Hormonproduktion führt, lassen noch einige Fragen offen. Die Niere ist „luxuriös" mit Blut versorgt und die Sauerstoffextraktion beträgt in Ruhe lediglich rund 8%. Außerdem ist die Niere hinsichtlich ihrer Blutversorgung massiv autoreguliert, was die Frage in den Raum stellt, warum gerade dieses Organ der Messfühler für die Sauerstoffversorgung des Gesamtorganismus sein soll. Untersuchungen haben ergeben, dass paradoxerweise der lokale O_2-Partialdruck im Nierenparenchym durchaus sehr niedrig sein kann, obwohl zur gleichen Zeit der gemessene O_2-Partialdruck im abgehenden venösen System hoch ist. Als Grund dafür werden arteriovenöse Shunts oder arteriovenöser Gasaustausch angenommen. Die Empfänglichkeit der Niere gegenüber Schäden, die durch Sauerstoff-Schwankungen bedingt sind, ist sehr hoch und verdeutlicht einmal mehr die Sensibilität dieses Organs in Bezug auf den O_2-Partialdruck. Auf der Suche nach der Lokalisation eines hypothetischen Sauerstoffsensors erkannte man die Bedeutung des proximalen Tubulusabschnitts. Nach Verabreichung eines Diuretikums, welches selektiv im proximalen Tubulus die sauerstoffverbrauchende Natriumrückresorption hemmt (Acetazolamide), führte im Experiment zu einer um 50% verminderten Erythropoetinproduktion. Da durch die fehlende Aktivität der Natriumrückresorption weniger O_2 verbraucht wurde, war der O_2-Partialdruck im Nierenparenchym höher und somit fehlte der EPO-Sekretionsreiz. In den anderen Nephronabschnitten konnte man keine Hemmung der EPO-Produktion durch selektive Diuretika feststellen (*M. Le Hir* et al.). Ob die EPO-produzierenden Zellen selbst den O_2-Partialdruck messen, oder ob ein Signal diese Information weiterleitet, ist unklar.

Zusammenfassend steht die Erkenntnis im Vordergrund, dass niedriger O_2-Partialdruck viele Zellen zur EPO-Produktion anregt und hoher O_2-Partialdruck wenige Zellen zur EPO-Produktion anregt. Der durch Erythropoetin erzielte Anstieg der roten Blutkörperchen verbessert mit einiger Verzögerung die Sauerstoffversorgung durch erhöhte Transportkapazität, sodass die EPO-Produktion wieder abnimmt und sich somit der Regelkreis schließt.

Das Erythropoetin gelangt über den Blutkreislauf zu den Zielzellen im Knochenmark und in der Milz, den erythropoetischen Vorläuferzellen. Dort ist es gemeinsam mit dem Interleukin 3 (IL-3) maßgeblich für die Bildung der roten Blutkörperchen verantwortlich. Die Entwicklung von der Knochenmarkstammzelle zum Erythrozyten verläuft über mehrere Zwischenstufen, von denen vermutlich nur zwei relativ frühe Stadien EPO-sensitiv sind. Es sind dies die reifen BFU-E (burst forming unit erythroid)- und die CFU-E (colony forming unit erythroid)-Zellen. Sie sind rein quantitativ betrachtet in nur geringer Menge vorhanden (rund 0,5 %), trotzdem sind sie die Vorstufen von einer täglich gebildeten Menge von rund einer Billion Erythrozyten. Sie besitzen den hochaffinen EPO-Rezeptor, der zur Hämatopoetinfamilie der Zytokinrezeptoren gehört *(I. Roitt)*. Während die Zytokinproteine keinerlei strukturelle Ähnlichkeiten aufweisen, haben deren Rezeptoren gewisse strukturelle Gemeinsamkeiten. Zur Hämatopoetinfamilie zählen weiters die Rezeptoren von: IL-3, G-CSF, GM-CSF, IL-4, IL-2, IL-5, IL- 6 und IL-7. Die Mechanismen, die einer Hormonrezeptor-Bindung folgen, sind nicht genau bekannt. In Frage kommt die Phosphorylierung bestimmter Proteine, ein schneller cAMP-Anstieg oder ein Anstieg der freien intrazellulären Calciumkonzentration. In jedem Fall kommt es zu einer erhöhten RNA-Synthese, zu einem erhöhten Glukosetransport in die Zelle und zum vermehrten Schutz der zelleigenen DNA *(J. Koury* et al.*)*. Diese Vorgänge bereiten die Zellteilung vor, die dann in großem Ausmaß stattfindet. Es wird angenommen, dass bestimmte Vorstufen der Erythrozyten (BFU-EC oder CFU-EC) in einer gewissen Entwicklungsphase von der Anwesenheit von EPO abhängig sind. Vermutlich initiiert EPO ein genetisch festgelegtes Entwicklungsprogramm und unterdrückt gleichzeitig die Einleitung eines Zelltodprogramms. Die Bedeutung des Hormons Erythropoetin kann man auch daran ermessen, dass zwischen der exogenen Verabreichung und dem daraus resultierenden Hämatokritanstieg ein direkter Zusammenhang besteht *(J. Allan* et al.*)*. Hat der entstehende Erythrozyt seine gesamte Entwicklung durchlaufen, verlässt er das Knochenmark als kernloser Retikulozyt. Das netzartige Gebilde seines Zytoplasmas verkörpert Reste des Zellkerns und verschwindet in den darauffolgenden Tagen. Die Zahl der Retikulozyten beträgt rund 1–2 % und ermöglicht dem Diagnostiker, den Grad der neuen Blutbildung einzuschätzen. Der Erythrozyt legt in seiner 120 Tage dauernden Lebenszeit rund 300 km durch das Gefäßsystem zurück und transportiert Sauerstoff in die Gewebe. Durch die verminderte Elastizität seines Zytoskeletts bleibt er dann in der engen Milzpassage hängen und wird phagozytiert.

An dieser Stelle sei auch erwähnt, dass die Anpassung des Organismus an die Bedingungen großer Höhe ebenso von dem oben beschriebenen Mechanismus abhängt. Das im Spitzensport weit verbreitete Höhentraining führt zu muskulären und hämatopoetischen Adaptionen, die in Summe den erwünschten leistungssteigernden Effekt bewirken.

Substanzen

Nachdem *Miyake* 1977 das Hormon Erythropoetin aus dem Urin anämischer Patienten isoliert hat, machten sich Forscher zweier biotechnologischer Unternehmen (Genetics Institute und Amgen) daran, deren Aminosäuresequenz zu entschlüsseln, um mit dieser Information nach dem dafür codierenden Genabschnitt zu suchen. So fand man heraus, dass am langen Arm von Chromosom 7 die zugehörige Erbinformation gelegen ist. In einem weiteren Schritt klonte man das Gen und verpflanzte es in die Eizelle eines Hamsters, die von da an das EPO-Hormon produzierte. Dieses gentechnische Verfahren gab dem künstlich hergestellten Hormon den Namen: „rekombinantes humanes Erythropoetin", kurz: „rhEPO". Bedeutungsvoll ist auch der Umstand, dass die Hamstereizelle nach der Aminosäuresynthese die posttranslatorische Glykosylierung bewerkstelligt, die für die Löslichkeit und Haltbarkeit des Hormons im menschlichen Organismus verantwortlich ist. Seit 1985 ist diese Verbindung im therapeutischen Einsatz, die missbräuchliche Verwendung im Sport existiert vermutlich ebenso lang.

Einige Präparate:

Recormon®	*1000/2000/4000/10000*	*Boehringer Mannheim*
Erypo®	*1000/2000/4000/10000*	*Janssen*
Procrit	Amgen	
Eprex	Cilag	
Globuren	Dompe Biotec	

Summenformel (Beta)
C809-H1301-N229-O240-S5

Entwickelt wurden diese Substanzen in erster Linie zur Behandlung der chronischen renalen Anämie. Dreiwöchentliche subkutane Injektionen mit einer Dosis von jeweils 100 IE/kg gelten bis heute als Standard. Der Wirkungseintritt findet rund vier Wochen nach Therapiebeginn statt und das gewünschte Therapieziel wird erst nach ca. 8–12 Wochen erreicht; es ist als Hämatokritwert von 30–35% definiert. Weitere Anwendungsgebiete sind die Frühgeborenenanämie, die Tumoranämie und die Steigerung von spendbarem Eigenblut vor bestimmten Operationen (autologe Blutgewinnung). Die Voraussetzung für einen Therapieerfolg sind ausreichende Eisendepots; es ist daher notwendig, den Eisenspiegel ständig zu kontrollieren und gegebenenfalls Eisen zu supplementieren. Die pharmakokinetischen Untersuchungen zeigen, dass die Halbwertszeit von intravenös verabreichtem Erythropoetin zwischen 4 und 12 Stunden liegt. Nach subkutaner Verabreichung wird der maximale Serumspiegel nach 12–28 Stunden erreicht, die terminale Halbwertszeit liegt bei 13–28 Stunden. Die Bioverfügbarkeit von beispielsweise Recormon® beträgt 23–42% im Vergleich zur intravenösen Gabe. Die Bedeutung des Hormons zur illegalen Leistungssteigerung ist weitreichend bekannt und wird im Folgenden genau beschrieben.

Mit dem Anstieg der Zahl roter Blutkörperchen erhöht sich die Viskosität des Blutes und die Gefahr einer Thrombosebildung steigt. In den kleinen und kleinsten Blutgefäßen kann es zu einem „Sludge-Phänomen" kommen, was nichts anderes als eine Art Verklumpung der Blutsäule bedeutet. Durch Gerinnung sind die nachfolgenden Gewebeabschnitte minderperfundiert und drohen einen Schaden zu erleiden. Diese Nebenwirkung ist vor allem bei illegal dopenden Sportlern von Relevanz, erreichen sie doch Hämatokritwerte von bis zu 60%. Das führt dazu, dass sich diese Sportler gerinnungshemmende Mittel verabreichen, um einer Thrombose vorzubeugen. In dem Buch „Gedopt" von *W. Voet* wird beschrieben, dass mit EPO gedopte Sportler ihren Pulsmesser in der Nacht tragen und ihn mit einem Wecker koppeln, um bei zu niedriger Herzfrequenz aufgeweckt zu werden. Sie befürchten zurecht die Entstehung einer Thrombose durch verminderte Blutflussgeschwindigkeit. Blutgerinnungen bei anämischen Patienten mit einem Hämatokrit von 30 oder weniger sind wesentlich seltener. Diese Patienten neigen wesentlich öfter zur Entwicklung bzw. zur Verstärkung eines vorbestehenden Bluthochdrucks. Vereinzelt können auch Verwirrtheitszustände, Kopfschmerzen oder generalisierte tonisch-klonische Krampfanfälle auftreten (Grand Mal).

Der Nachweis einer illegalen Leistungssteigerung durch Erythropoetin ist aus zwei Gründen sehr schwierig.

1. Die Substanz hat mit 6–10 Stunden eine kurze Halbwertszeit und ist zum Zeitpunkt des erwünschten Wirkungseintritts schon lange aus dem Körper eliminiert.

2. Das gentechnologische und das natürliche Hormon unterscheiden sich nur geringfügig in der Ladung der Zuckerketten.

Schon seit langer Zeit sind die Dopingkontrollore daran gebunden, den Hämatokritwert als Grenze zwischen erlaubt und unerlaubt heranzuziehen. Im Profiradsport der Männer hat man diese Grenze mit 50% festgesetzt, während im Biathlonsport 52% erlaubt sind. Aus rechtlichen Gründen ist ein Sportler mit erhöhten Hämatokritwerten aber nicht des Dopings überführt, sondern er wird lediglich – seiner eigenen Gesundheit wegen – an der weiteren Teilnahme von Wettkämpfen gehindert. Im Radsport gilt diese Sperre für 14 Tage. Mehrere Untersuchungen haben jedoch ergeben, dass der Hä-

95

matokrit von sehr vielen unterschiedlichen Variablen abhängt und als Dopinggrenzwert nicht geeignet ist.

Vorweg möchte ich darauf hinweisen, dass es durch Ausdauertraining physiologischerweise nicht unbedingt zu einem Hämatokritanstieg kommt, wenn man von den Auswirkungen des Höhentrainings einmal absieht. *D. Shaskey* und *G. Green* haben die Entwicklung einer Verdünnungspseudoanämie beschrieben, bedingt durch Plasmavolumenexpansion. Im Anschluss an ein sportliches Training kommt es vorerst zu einem Hämatokritanstieg, der durch den Flüssigkeitsverlust zustandekommt. Darauf folgt, bei ausreichender Flüssigkeitszufuhr, eine drei bis fünf Tage dauernde Hämodilution, die 6–25% über dem Ausgangswert liegt. Dieser Anstieg des Blutvolumens hat auch einen günstigen Effekt auf die Leistungsfähigkeit (*N. Gledhill* et al.). Weiters trägt auch eine Hämolyse zum Verlust fester Blutbestandteile bei. So kann man bei Läufern ein mechanisches Zerstören der Erythrozyten durch den Schuhabdruck am Asphalt feststellen. Ein Blutverlust über den Gastrointestinaltrakt, der durch den Stress der sportlichen Belastung entsteht, existiert bei den meisten Athleten, wenngleich er rein quantitativ zu vernachlässigen ist.

W. Schmidt et al. untersuchten einige Einflüsse auf den Hämatokritwert. So konnte man nach einem 20minütigen Kopfstand einen durchschnittlich um 3,1% verminderten Wert feststellen. Als Ursache wird eine Flüssigkeitsumverteilung vom Interstitium in den intravasalen Raum angegeben. Nach der Verabreichung von einem Liter isotoner Kochsalzlösung innerhalb einer Stunde konnte man einen um durchschnittlich 3,3% gesunkenen Hämatokrit messen. Weiters untersuchte man die Auswirkungen eines Ausbelastungstests am Ergometer. Man startete mit 100 W und erhöhte die Belastung um 17 W in der Minute. Der Vergleich der Hämatokritwerte vor und nach dem Test ergab einen Anstieg von durchschnittlich 46,8 auf 51,3, was auf den belastungsinduzierten Flüssigkeitsverlust zurückzuführen ist. *P.C.J. Vergouwen* et al. untersuchten die Blutwerte von 50 männlichen Athleten, um sie anschließend mit jenen von 134 gesunden Testpersonen zu vergleichen. Die zentrale Fragestellung dieser Untersuchung war, ob durch die Hämatokritgrenze unter Umständen manche Sportler unschuldigerweise von einem Wettbewerb ausgeschlossen werden. In dem untersuchten Kollektiv gab es unter den Athleten fünf Personen mit einem Hämatokrit über 50% und bei der Kontrollgruppe fand man sechs Personen, die über dieser Grenze waren. Analog wurde diese Untersuchung mit weiblichen Probanden durchgeführt, allerdings galt hier 47% als Grenzwert. Keine der Athletinnen war über der Grenze, dafür aber fünf Personen der Kontrollgruppe.

Seit den Olympischen Spielen 2000 in Sydney wird ein neuartiges Erythropoetin-Nachweisverfahren eingesetzt. Es handelt sich hierbei um eine Kombination eines direkten und eines indirekten Tests.

96

Der direkte Test beruht auf der Tatsache, dass sich das rekombinante vom natürlichen Erythropoetin durch die Ladung der Zuckerketten geringfügig unterscheidet. Der Grund dafür liegt in der speziesabhängigen posttranslatorischen Glykosylierung. Der unterschiedliche isoelektrische Punkt von natürlichem (3,92–4,42) und gentechnischem (4,42–5,11) Hormon ermöglicht eine elektrophoretische Trennung und anschließende Darstellung mit Hilfe von chemoluminiszierenden Antikörpern. Das Ergebnis ist ein hormontypisches Verteilungsmuster, das einen Rückschluss auf einen Erythropoetin-Missbrauch zulässt. Da – wie bereits erwähnt – die Wirkung des Hormons erst nach dem Ablauf der Nachweisbarkeitszeit eintritt, ist der Test nur zum Nachweis einer relativ kurz vor der Kontrolle verabreichten Dosis geeignet. In der Praxis wäre dieser Test während des Trainings oder bei mehrtägigen Wettkämpfen wie der Tour de France sinnvoll einsetzbar. Laut Angaben des dänischen Leiters des Antidoping-Verbandes, Bengt Saltin, ist es nach drei bis vier Tagen nicht mehr möglich, EPO direkt im Urin nachzuweisen. (Der Spiegel, 14. Oktober 2000).

Der indirekte Test beruht auf der Tatsache, dass sich nach einer exogenen Hormongabe das Verhältnis einiger Blutparameter zueinander ändert. So haben in diesem Zusammenhang der serumlösliche Transferrinrezeptor, der Ferritinspiegel und der Index, der aus diesen beiden Werten gebildet wird, besondere Bedeutung erlangt. Gemeinsam mit Hämatokritwert und dem Proteinanteil des Blutes kann der Computer auf der Basis einer algorithmischen Gleichung einen Dopingnachweis erbringen (*M. Audran* et al.).

Wissenschaftliche Untersuchungen

Der Einfluss von Erythropoetin auf die Ausdauerleistungsfähigkeit ist enorm. Warum gerade diese Form des Dopings derartig effizient ist, bedarf eines Einblicks in die Physiologie des menschlichen Organismus unter Belastung: *D. Basset* und *E. Howley* suchten nach den leistungsbegrenzenden Faktoren der allgemeinen Ausdauerleistungsfähigkeit des Menschen. Die Fähigkeit des Herz-Kreislaufsystems, Sauerstoff zum arbeitenden Muskel zu transportieren, also der zentrale Teil, wurde als das leistungsbestimmende Glied der Kette identifiziert. Diese Erkenntnis wurde durch die Beobachtung gestützt, wonach ein kleiner arbeitender Muskel im Experiment mit Sauerstoff „überversorgt" wurde und eine sehr große Reserve-Kapazität für Sauerstoff aufgewiesen hat. Außerdem konnte nachgewiesen werden, dass die physiologischen Adaptionen des Ausdauertrainings mehr auf den erhöhten kardialen Output als auf die erhöhte arteriovenöse Sauerstoffdifferenz – also die periphere Utilisation – zurückzuführen sind. Diese Ergebnisse sind im Einklang mit den Beobachtungen, die einen direkten Leistungszuwachs durch Veränderungen im zentralen System (z.B.: Erythropoetindoping, Blutdoping) gezeigt haben. Wäre das periphere System, also die Arbeitsmuskulatur der leistungsbestimmende Faktor, so könnte man durch Erythropoetindoping nur einen viel, viel kleineren Leistungszuwachs erzielen.

B. T. Ekblom hat die Auswirkungen einer sechswöchigen Erythropoetin-Therapie an 24 jungen Männern untersucht. Die Ergebnisse waren erstaunlich: Bei ausnahmslos allen Probanden kam es zu einem Anstieg der Hämoglobin-Konzentration um durchschnittlich 10%. Als Maß der aeroben Kapazität hat man die maximale Sauerstoffaufnahme in Litern pro Minute gemessen (absolut). Auch hier gab es ausnahmslos nur signifikante Anstiege in der Größenordnung von rund 10%. Nach dem Absetzen des Präparats kam es mehr oder weniger schnell zu einem Verschwinden des EPO-induzierten Leistungszuwachses. Im Bereich des Spitzensports ist ein Leistungszuwachs von 10% enorm viel. Vermutlich ist EPO, von diesem Gesichtspunkt aus betrachtet, die bislang effektivste Form des Dopings im Ausdauersport.

M. Audran et al. untersuchten neben den Möglichkeiten, Erythropoetin nachzuweisen, den quantitativen Effekt des Hormons auf die sportliche Leistungsfähigkeit. Neun ausdauertrainierte Athleten wurden über 26 Tage mit einer täglichen Menge von 50 IE/kg Eprex® subkutan und 200 mg Eisensulfat per os, behandelt. Wenn der Hämatokrit 50% erreicht hat, wurde die Eprex®-Injektion abgesetzt. Das gewohnte Trainingsprogramm wurde fortgeführt und die Teilnahme an Wettkämpfen wurde untersagt. Vor und in der Woche nach der Behandlung wurde ein spiroergometrischer Leistungstest durchgeführt. Das Belastungsinkrement des Leistungstests wurde, nach einer dreiminütigen Aufwärmphase bei 60 W, mit 30 W/min veranschlagt und bis zur Erschöpfung durchgeführt. Blutkontrollen wurden am Tag 0, 10, 14, 17, 21 und 24 nach Behandlungsbeginn und am Tag 1, 3, 7, 14, 25 nach Behandlungsende durchgeführt. Ergebnis: Der Hämatokrit war in dem Zeitraum 0–14 nach Behandlung signifikant erhöht (5–7%), der Hämoglobinspiegel war von Tag 1–7 nach Behandlung erhöht. Die maximale Leistungsfähigkeit ist von durchschnittlich 346 auf 370 Watt gestiegen. Die Sauerstoffaufnahme an der anaeroben Schwelle ist von durchschnittlich 63% auf 68% der maximalen Sauerstoffaufnahme gestiegen. Absolut betrachtet ergab das einen Zuwachs von durchschnittlich 35 auf 40 ml Sauerstoffaufnahme pro Minute und Kilogramm an der anaeroben Schwelle. Markant war auch der Abfall der HF max. von durchschnittlich 177 auf 168, der durch die erhöhte Blutviskosität zu erklären ist. Für die Langzeit-Ausdauerleistungsfähigkeit ist Leistung knapp an der anaeroben Schwelle von besonderer Bedeutung, da sich der Athlet im Wettkampf genau in diesem Bereich aufhält. In der dargestellten Untersuchung kam es in diesem Bereich zu einer Verbesserung von rund 10% und das nach nur 26 Tagen. Selbst wenn man dem in dieser Zeit erfolgten Training den maximal möglichen Zuwachs von geschätzten 1–2% zuschreibt, so verbleibt immer noch ein sagenhafter Leistungszuwachs. Wird bei Ausdauersportlern nach ehrlichem systematischem Training über ein Jahr ein Leistungsgewinn von 10% erzielt, so ist das Grund zu allergrößter Freude und ist meist nur bei jungen Athleten erreichbar. Wenn man sich vergegenwärtigt, dass der in der Untersuchung dargestellte Leistungsgewinn in nur einem Monat erreicht wurde, so ist die Bedeutung des Hormons Erythropoetin für den Ausdauersport offenkundig.

Des Weiteren hat man auch den Einfluss des Hämatokritanstiegs auf den Blutdruck untersucht. Es hat sich gezeigt, dass sich die Ruhewerte des systolischen und diastolischen Blutdrucks nicht veränderten. Hingegen hat man bei submaximalen Belastungen einen systolischen Druckanstieg von über 10% festgestellt. Wenn man von der verminderten Herzfrequenz absieht, so kann man von einer erhöhten Belastung für das Blutgefäßsystem sprechen. Unabhängig davon hat man bei den Blutuntersuchungen festgestellt, dass sich die Zahl der Lymphozyten unter EPO vermindert. Das könnte eine vermehrte Infektanfälligkeit nach sich ziehen *(B. T. Ekblom)*.

Der Leiter des dänischen Anti-Doping-Verbandes, Bengt Saltin, hat in einem Interview mit dem deutschen Nachrichtenmagazin „Spiegel" (33/2000) auf eine mögliche zukünftige Form des Erythropoetindopings hingewiesen. Wissenschaftlern der Pennsylvania State University ist es gelungen, mit Hilfe eines Schnupfenvirus ein Gen in Versuchsmäuse und Affen einzuschleusen, das die Produktion von EPO in den Tieren selbst ankurbelt. Die Ergebnisse brachten eine Verdoppelung des Hämatokrits in nur zwei Wochen. Saltin glaubt, dass man die Methode bald auch beim Menschen anwenden wird.

Epidemiologie

Die Zahl der Erythropoetin-Dopingsünder ist sehr lange. Den meisten Staub hat vermutlich der Skandal der Tour de France 1998 aufgewirbelt. Damals wurde der Masseur des Profiradsportteams „Festina", Willy Voet, von Kontrolloren der französischen Zollwache bei der illegalen Einfuhr einer riesigen Menge an unerlaubten Dopingsubstanzen erwischt. Auf Grund der dortigen Gesetzeslage wurde dieses Vergehen in die gleiche Stufe wie Drogenschmuggel eingeordnet und dementsprechend geahndet. Voet wurde in Untersuchungshaft gesteckt und zu einem Geständnis gedrängt. Was darauf folgte, war der größte Skandal in der Geschichte der Tour de France. Berühmte Fahrer wie Pascal Richard und Alex Zülle wurden des massiven Dopingmissbrauchs beschuldigt. In dem Buch „Gedopt" ist nachzulesen, welche Praktiken im Profiradsport Usus zu sein scheinen. So verabreichte sich zum Beispiel Pascal Richard (mehrmaliger Bergpreissieger der Tour de France und bis 1998 französischer Nationalheld) eine Gesamtmenge von 222.000 IE(!) Erythropoetin in einem Zeitraum von nur sieben Monaten gepaart mit einer beachtlichen Menge an anabolen Steroiden, Kortikoiden, Wachstumshormonen und Stimulantien. Des Weiteren haben die Radprofis ihre eigene kleine Zentrifuge stets dabei, um über ihren Hämatokrit Bescheid zu wissen. Im Falle einer Dopingkontrolle gilt es ja, den Hämatokrit durch Infusionen und durch Hochlagern der Beine auf die erlaubten 50% zu drücken. Als Notlösung gab es immer noch die Möglichkeit, die Dopingkontrolle mit Hilfe eines mit Fremdurin gefüllten und im Anus verborgenen Kondoms zu manipulieren. Ein kleines Schläuchlein am Penisrücken ermöglichte die unerkannte Abgabe von Fremdurin. Wer nach der Lektüre dieses Buches nur die Hälfte von dem, was darin steht, glaubt, ist für immer desillusioniert. Oder wie würden Sie die Tatsache beurteilen, dass bei der medizinischen Untersuchung am Start vor der Tour de France 1998 nahezu alle Fahrer einen Hämatokritwert von 48–49 aufgewiesen haben?

Die Einführung eines EPO-Nachweisverfahrens wird der grotesken Situation Abhilfe schaffen, dass Fahrer mit überhöhtem Hämatokritwert lediglich für 14 Tage „suspendiert" werden. Prominentestes Opfer war der Italiener Marco Pantani, der 1999 den Giro d'Italia aus diesem Grund, in Führung liegend, vorzeitig beenden musste, ohne des Dopings überführt worden zu sein.

Ich möchte an dieser Stelle erwähnen, dass es für die Pharmaindustrie problemlos möglich wäre, gentechnologisch hergestelltes Erythropoetin mit einem pharmakologischen Marker zu versehen. Das wäre ohne negative gesundheitliche Folgen und würde eine billige und problemlose Dopingkontrolle ermöglichen. Wirtschaftliche Interessen werden hier wohl den Ausschlag gegeben haben, dass der Marker nicht eingeführt wurde.

Insulin

Physiologische Bedeutung

Insulin wird vom endokrinen Teil der Bauchspeicheldrüse gebildet. Die sogenannten B-Zellen der Langerhans-Inseln produzieren dieses Peptidhormon vor allem zur Regulation des Glukosestoffwechsels. Nach der Nahrungsaufnahme wird Insulin ausgeschüttet, um den ansteigenden Glukosegehalt zu senken. Ein andauernd erhöhter Zuckerspiegel, wie er beim Diabetiker vorkommt, führt zu schwerwiegenden Gesundheitsschäden (Gefäßverkalkung, Polyneuropathie, Retinopathie). Insulin beeinflusst auch die Proteinsynthese und den Fettstoffwechsel. Wegen der anabolen Wirkung gehört Insulin zu den verbotenen Dopingsubstanzen, der Gebrauch ist nur für Diabetiker gestattet. Der Einsatz dieser Verbindung beschränkt sich auf Sportarten, bei denen es vor allem auf die Muskelmasse und die Kraft ankommt. Selbst in diesen Kraftdisziplinen ist der Gebrauch von Insulin nicht Mittel der ersten Wahl, denn zum Beispiel Anabolika haben einen viel höheren Einfluss auf den Muskelaufbau. Häufig werden Wachstumshormone gemeinsam mit Insulin verabreicht, um den erhöhten Bedarf zu decken (Verschlechterung der Glukoseutilisation unter hGH) und um eine optimale Wirkung zu erzielen. Die Insulin-Verabreichung ist sehr kompliziert und potentiell gefährdend.

Insulin besteht aus zwei Peptidketten, der A-Kette mit 21 und der B-Kette mit 30 Aminosäuren. Die relative Molekülmasse beträgt 6.000 D. Die beiden Ketten sind durch Disulfidbrücken miteinander verbunden und werden aus ihrem Vorläufer, dem Proinsulin, durch proteolytische Abspaltung der C-Kette (connecting peptide) gebildet. Das Gen für die Insulinsynthese ist im menschlichen Chromosom 11 lokalisiert. Die entsprechende mRNA führt im endoplasmatischen Retikulum zur Synthese von Präproinsulin, das durch Abtrennung der Signalsequenz und der Ausbildung von Disulfidbrücken zum Proinsulin wird. Im Golgiapparat erfolgt die Abspaltung der C-Kette und so entsteht Insulin, welches bei Bedarf sezerniert wird. Die Halbwertszeit ist mit 5–8 Minuten sehr kurz.

Die Sekretion wird im Wesentlichen durch die Glukosekonzentration im Blut gesteuert. Der normale Zuckerspiegel im Körper beträgt im nüchternen Zustand 55–110 mg/dl und nach der Nahrungsaufnahme bis zu 200 mg/dl. Unter basalen Bedingungen wird Insulin im Abstand von 15–20 Minuten sezerniert. Diese pulsatile Sekretion ist wahrscheinlich für die regelrechte Funktion der Rezeptoren bedeutungsvoll. Das autonome Nervensystem greift modulierend in die Insulinsekretion ein, wobei hier das parasympathische Nervensystem stimulierend und das sympathische hemmend wirkt. Der Mechanismus der Insulinfreisetzung ist weitgehend aufgeklärt. Die vermehrte Entstehung von ATP in der B-Zelle durch die Oxidation von Glukose führt zu einer Hemmung des

Kaliumkanals. Hierdurch werden spannungsabhängige Calciumkanäle geöffnet, extrazelluläres Calcium strömt ein und aktiviert den Exozytoseprozess.

Der Wirkung an der Zielzelle geht eine Interaktion von Insulin und zugehörigem Rezeptor voraus. Letztgenannter ist ein Tetradimer und besteht aus zwei extrazellulären α-Untereinheiten mit den spezifischen Bindungsstellen für Insulin und zwei β-Untereinheiten, die einen transmembranösen und einen intrazellulären Anteil haben. Der Rezeptor gehört wegen großer Strukturähnlichkeit der gleichen Gruppe an wie jener des IGF-1. Die Signaltransduktion erfolgt auf unterschiedlichen Wegen. Die β-Untereinheiten des Rezeptors enthalten an der Zellinnenseite mehrere Tyrosinkinasen, die nach Insulinbindung zur Phosphorylierung und somit zur Aktivierung verschiedener Stoffwechselenzyme führen. Außerdem wird Insulin gemeinsam mit dem Rezeptor in die Zelle internalisiert und beeinflusst dort die Gentranskription von Proteinen. In der Skelettmuskulatur werden Glukose-Carrierproteine stimuliert, die von der Anwesenheit des Insulins abhängig sind. Auf welche Weise der Aminosäure-Transport in die Zelle funktioniert, ist nicht bekannt. Die Regulation der Insulinwirkung basiert vor allem auf dem Prinzip der Rezeptor-down-Regulation. Darunter versteht man die Abnahme von Zahl und Affinität des Insulinrezeptors. Beim Typ-2-Diabetes ist dieses Phänomen der vorwiegende Pathomechanismus.

Die Funktionen des Insulins beziehen sich auf den Glukosestoffwechsel, aber auch auf den Aminosäure- und Fettstoffwechsel. In der Leber erhöht Insulin die Glukoseaufnahme und deren Einbau in die Speicherform Glykogen. Gleichzeitig wird die Metabolisierung von Glukose in Pyruvat und Laktat angeregt. Die Glykogenolyse wird gehemmt und die Glukoneogenese aus Aminosäuren blockiert. In der Muskulatur wird die Bildung von Muskelglykogen durch den vermehrten Glukoseimport gefördert. In der Fettzelle kommt es zum einen zu einer vermehrten Einschleusung von Fettsäuren und zum anderen zu einem vermehrten Glukoseimport, ähnlich wie in der Muskelzelle (lipogene Wirkung). Die Bildung von Depotfett wird somit gefördert, parallel dazu wird die Lipolyse gehemmt. Im Muskel stimuliert Insulin die Aufnahme von Aminosäuren, vor allem der verzweigtkettigen Valin, Leucin und Isoleucin (BCAA). Hierdurch und über Effekte auf die Translation der mRNA wird die Proteinsynthese stimuliert (**anabole Wirkung**). Gleichzeitig wirkt Insulin **antikatabol**, indem die Proteolyse und die Ausschleusung von Aminosäuren blockiert wird. Die beiden letztgenannten Wirkungen werden verbotenerweise zum Muskelaufbau genutzt.

Substanzen

Insulin kann aus Bauchspeicheldrüsen von Schlachttieren gewonnen werden. Schweine-Insulin unterscheidet sich vom menschlichen nur in einer Aminosäure der B-Kette, Rinder-Insulin in zwei Aminosäuren der A-Kette und einer der B-Kette. Dank der geringen Unterschiede haben die tierischen Insuline die gleiche biologische Wirksamkeit wie das menschliche Hormon. Die Antigenität ist beim Schweine-Insulin kaum, beim Rinder-Insulin ein wenig stärker als beim menschlichen Insulin. Menschliches Insulin kann auf zwei Wegen hergestellt werden:

1. biosynthetisch, indem in Schweine-Insulin die falsche Aminosäure Alanin (30. Stelle in B-Kette) gegen Threonin ausgetauscht wird;

2. gentechnisch, indem man die für das Insulin kodierende DNS in Escherichia-coli-Bakterien einbringt, die somit zur Synthese von Insulin angeregt werden.

Um den komplexen Anforderungen einer Insulintherapie gerecht zu werden und um eine Abstimmung auf die Ernährung zu ermöglichen, steht Insulin in unterschiedlichen Zubereitungsformen zur Verfügung. Als Peptidhormon ist die orale Verabreichung nicht möglich, da die Hormonstruktur durch die Verdauungsenzyme zerstört werden würde (Peptidasen). Daher erfolgt die Verabreichung parenteral, üblicherweise mittels subkutaner Injektion.

1. Schnell wirkende Insulinlösungen enthalten Normal-, Alt- oder synthetisches reguläres Insulin. Nach der subkutanen Injektion tritt die Wirkung innerhalb von 15–20 Minuten ein, erreicht das Maximum nach ca. 3 Stunden und hält 6 Stunden an. In Ausnahmefällen (hypoglykämisches Koma) kann man Insulin auch intravenös verabreichen. Je nach Reinheit sind 26–28 IE in 1 mg Insulin-Protein enthalten. Die Halbwertszeit ist kürzer als 12 Minuten, wobei die Wirkung auf Grund der erfolgten Bindung an den Rezeptor länger anhält.

2. Intermediär wirkende Insulin-Suspensionen bestehen aus insulinhaltigen Partikeln, die sich im subkutanen Gewebe nur langsam auflösen und deshalb Insulin nur langsam freisetzen. Der Wirkungseintritt beginnt nach 1 Stunde, ist ausgeprägt nach 4–8 Stunden und klingt ab nach 12–18 Stunden.

3. Lang wirkende Insulin-Suspensionen bestehen ebenso aus schlecht wasserlöslichen Komplexen. Der Wirkungseintritt erfolgt nach 2–3 Stunden, ist ausgeprägt nach 7–24 Stunden und klingt ab nach 28–34 Stunden.

4. Kombinationsinsuline stellen eine Sonderform dar und sind eine Mischung aus Normalinsulin und Insulin-Suspension. Der Blutspiegelverlauf ergibt sich als Summe der Kurven der beiden Komponenten.

Einige Präparate:

Insulin®	*„Hoechst"*	*Hoechst*
Insulin®	*„Lilly"*	*Illy France*
Insulin®	*„Novo Nordisk"*	*Novo Nordisk*

(Auf die genaue Angabe der Präparate mit Dosis und Wirkungsdauer wurde wegen der großen Anzahl verzichtet, detaillierte Informationen siehe Austria-Codex.)

Die Indikation für Insulin ist der Typ-1-Diabetes (juveniler Diabetes) sowie der nicht mehr anders einstellbare Typ-2-Diabetes (Altersdiabetes). Erstgenannter tritt wegen der mangelnden Fähigkeit der Bauchspeicheldrüse, Insulin zu produzieren, bereits in der Kindheit in Erscheinung und erfordert eine durchschnittliche Insulinmenge von 40 IE/d. Die Zufuhr des Insulins soll möglichst gleich der endogenen Insulinausschüttung beim Gesunden erfolgen. Das bedeutet eine strikte Einhaltung von Ernährungs- und Applikationsvorgaben, um einerseits den hypoglykämischen Schock durch Unterzuckerung zu vermeiden und anderseits den Spätfolgen einer anhaltenden Überzuckerung entgegenzuwirken. Der Blutzuckerspiegel wird auch durch sportliche Betätigung beeinflusst. Aus diesem Grund ist die missbräuchliche Verwendung von Insulin im Sport sehr gefährlich und aus medizinischer Sicht purer Leichtsinn.

Zu den unerwünschten Nebenwirkungen der nicht indizierten Insulin-Verabreichung zählt die Gefahr des akuten hypoglykämischen Schocks. *J. L. Reverter* et al. haben den Fall eines neunzehnjährigen Bodybuilders beschrieben, der während des Krafttrainings das Bewusstsein in Folge von Unterzuckerung verloren hat. Er hatte sich, beeinflusst durch diverse Bodybuilding-Journale, in den vorangegangenen Tagen alle 3–4 Stunden 80 IE Insulin in den Oberschenkel injiziert. Vier Stunden vor dem Schockgeschehen hatte er sich 320 IE verabreicht, was letzten Endes zu dem erniedrigten Zuckerspiegel von 40 mg/dl geführt hat. Der Verfasser des Artikels weist zurecht darauf hin, dass bei bewusstlosen Kraftsportlern stets an die Möglichkeit der Insulin-induzierten Hypoglykämie gedacht werden sollte.

S. L. Elkin et al. haben einen anderen Fall beschrieben, in dem es infolge von Insulin-Missbrauch zu einem Hirnschaden gekommen ist. Das menschliche Gehirn ist auf Glukose angewiesen und reagiert auf eine anhaltende Hypoglykämie sehr sensibel. Weiters besteht die Möglichkeit der Induktion eines Diabetes mellitus Typ 2. Gemäß dem pathophysiologischen Prinzip der Rezeptor-down-Regulation kann die Zufuhr von Insulin die Rezeptorendichte herabsetzen und außerdem kann es bei der zur Untätigkeit verurteilten Bauchspeicheldrüse zu einer partiellen Abnahme der Insulinproduktionsfähigkeit kommen. Lokale Reaktionen an der Injektionsstelle sowie die Bildung von Antikörpern gegen Insulin sind seltener vorkommende Nebenwirkungen.

Derzeit ist der Nachweis von exogener, nicht indizierter Insulinzufuhr nach meinem Wissensstand nicht möglich. Die Gründe dafür sind die sehr kurze Halbwertszeit von nur 8–12 Minuten und die Strukturhomologie von synthetischem und körpereigenem Insulin. Wegen der geringen Bedeutung dieser

Dopingform sind die Bestrebungen, einen Test zu entwickeln, als gering einzustufen. Die Blutkonzentration von Insulin beträgt 8–24 µE/ml. Wegen der schnellen Stoffwechseldynamik des Glukosespiegels macht es aber wenig Sinn, einen Grenzwert zu bestimmen. Das proportional zum Insulin freigesetzte C-Peptid könnte für ein Nachweisverfahren dienlich sein, zum Beispiel durch die Einfuhr eines Index aus Insulin und C-Peptid.

Wissenschaftliche Untersuchungen

Der anabole Effekt des Insulins gilt heute als gesichert. Die erhöhte Einfuhr von Aminosäuren in die Muskelzelle und die Hemmung der Proteolyse führen in Kombination mit gezieltem Krafttraining und proteinreicher Ernährung zu einem Muskelwachstum. Die Wirkung auf den Muskelaufbau unterscheidet sich somit grundsätzlich von der anaboler Steroide. Letztere beeinflussen mit Hilfe eines nukleären Rezeptors die Transkription und führen so zu einer erhöhten Proteinsynthese. Insulin hingegen führt nach Rezeptorinteraktion zu einer vermehrten Einfuhr von Glukose und Aminosäuren in die Zelle und zu einer Hemmung der Proteolyse. Aus diesem Zusammenhang wird ersichtlich, warum Kraftsportler Insulin selten, und wenn dann nur zusätzlich zu Anabolika verwenden. Leider existieren keine öffentlich zugänglichen Daten (in der Medline), die den quantitativen Zusammenhang zwischen Insulin und Proteinsynthese beschreiben. Wegen den mit Insulin verbundenen Gefahren wären eine Aufklärung der offenen Fragen und weitere wissenschaftliche Untersuchungen sehr wünschenswert.

Epidemiologie

Eine in Amerika durchgeführte Untersuchung ergab, dass es immer wieder Fälle von Insulinmissbrauch unter Kraftsportlern gibt. Rund 20% der Anabolika-konsumierenden Kraftsportler gaben an, zusätzlich schon einmal Insulin genommen zu haben (*D. Josiah* et al.). Eine Internetsuche in den diversen „Muskelmagazinen" gibt ebenso Anlass zu der Vermutung, dass sich Kraftsportler mit Insulin, wenn auch wesentlich seltener als mit anderen anabolen Substanzen, dopen. Vor allem die leichte Beschaffbarkeit lässt einige Sportler zu Insulin greifen. Im Kraftsport wird Insulin wegen der anabolen und der antikatabolen Wirkkomponente verwendet. Da aber auch gleichzeitig die Fettspeicherung begünstigt wird, verwenden Kraftsportler Insulin meist in Kombination mit Wachstumshormonen. Außerdem wird durch Insulin der diabetogenen Wirkung des Wachstumshormons entgegengewirkt. hGH führt bekanntlich zu einer verschlechterten Glukoseutilisation und zwingt die Bauchspeicheldrüse zur vermehrten Hormonproduktion (hGH-Nebenwirkung: Diabetes!).

In Amerika ist der Gebrauch von Insulin wegen der leichten Beschaffbarkeit und wegen der geringen Kosten wesentlich weiter verbreitet als in Europa. Hierzulande ist Insulindoping eher selten anzutreffen und wenn, dann vorwiegend in Kombination mit hGH, Schilddrüsenhormonen oder Clenbuterol. Der alleinige Gebrauch von Insulin dürfte wohl nur in Ausnahmefällen vorkommen. Meist wird Depotinsulin in einer Dosierung von 10–30 IE früh morgens subkutan injiziert und die Einnahmedauer beträgt in der Regel nicht länger als vier Wochen. Vereinzelt erfolgt die Verabreichung nach dem Basis-Bolus-Prinzip (Depotinsulin + Normalinsulin zu den Mahlzeiten).

Kortikotropine

ACTH
Tetracosactid

Physiologische Bedeutung

Das Adrenocorticotrope Hormon (ACTH) wird von der Hypophyse freigesetzt und regt die Nebennierenrinde zur Hormonproduktion an, vor allem zur Produktion von Glukokortikoiden. Die Synthese findet unter dem stimulierenden Einfluss von CRH (corticoid releasing hormone, Corticoliberin) in den kortikotropen Hypophysenvorderlappenzellen statt. Da aus dem Vorläufermolekül von ACTH, dem Proopiomelanocortin (POMC) auch zwei andere aktive Hormone, α-MSH und β-Endorphin synthetisiert werden, ist es zutreffender, diese Zellen in POMC-Zellen umzubenennen. Während α-MSH die Melanozyten beeinflusst (Hautbräunung) und β-Endorphin als körpereigenes Opiat die Schmerzempfindung unter Belastungen senkt, reguliert ACTH die Sekretion der Kortikosteroide. Da die aus POMC hervorgehenden Hormone völlig unterschiedliche Wirkungen haben, hat man dieses Molekül genauestens erforscht, sodass es heute zu den am besten untersuchten Präkursormolekülen zählt.

ACTH besteht aus 39 Aminosäuren und hat eine Molekülmasse von 4.500 D. Pro Tag werden etwa 20 mg ACTH sezerniert. Die Halbwertszeit beträgt zirka 15 Minuten. Die ACTH-Sekretion erfolgt pulsatil in einem Tag-Nacht-Rhythmus mit einem Maximum am Morgen und einem Tiefstwert am Abend. Dieses Sekretionsmuster ist mit dem der Glukokortikoide ident, da auf einen ACTH-Anstieg ein analoger Glukokortikoid-Anstieg folgt. Man nimmt heute an, dass die ACTH-Sekretion unter Belastung zum einen Teil durch Stoffwechselprodukte anaerober Energiegewinnung und zum anderen Teil von Chemorezeptoren in der Arbeitsmuskulatur stimuliert wird (*M. Buono* et al.).

Die Regulation der ACTH-Sekretion wird durch stimulierende und hemmende Einflüsse des übergeordneten Hypothalamus gewährleistet. CRH (Corticoliberin) stimuliert und SIH (Somatostatin) hemmt. Bei umweltbedingten Veränderungen, wie zum Beispiel: Stress, Arbeit, Infektion oder Kälte, wird der erhöhte Bedarf durch vermehrte Produktion gedeckt. In solchen Fällen wird die physiologische Sekretionsperiodik durchbrochen und es kommt innerhalb von Minuten zur vermehrten Sekretion von ACTH und Glukokortikoiden. Über eine Negativ-Feedback-Schleife wird die Sekretion der Steuerungshormone durch die Glukokortikoide gehemmt.

Die Wirkungen von ACTH beziehen sich in erster Linie auf die Stimulation der Nebennierenrinde. Nach der Bindung an einen spezifischen membranständigen Rezeptor wird über cAMP die Bildung bestimmter Stoffwechsel-enzyme induziert. Vor allem wird durch ACTH der für die Biosynthese limi-tierende Schritt, die Abspaltung der Seitenkette von Cholesterin und damit die Synthese von Pregnenolon stimuliert. Daraus resultiert eine vermehrte Produktion von Glukokortikoiden, Mineralkortikoiden und Androgenen. Der Einfluss auf die Glukokortikoidbildung ist, wie bereits erwähnt, am größ-ten. Die wichtigsten extradrenalen Funktionen von ACTH sind die Stimula-tion der Lipolyse sowie die Intensivierung der Hautpigmentierung. Bei massiv erhöhter ACTH-Produktion, dem Morbus Addison, kommt es auf Grund der Melanozyten-Stimulation zu einer Bräunung von Haut und Schleimhaut (Bronzehaut).

Substanzen

Heutzutage wird bevorzugt synthetisches ACTH eingesetzt, das nur die ersten 24 der insgesamt 39 Aminosäuren des natürlichen ACTH besitzt. Dieser Wirkstoff, genannt Tetracosactid, hat die selben physiologischen Eigenschaf-ten wie ACTH. Es existiert ein kurz wirksames Präparat zur Diagnostik und ein Depotpräparat zur Therapie. Die verzögerte Abgabe von Tetracosactid in Depotpräparaten wird durch Adsorption an Zinkphosphat erreicht. Die Verabreichung dieser Form erfolgt intramuskulär. Im Serum wird der Wirk-stoff durch Proteasen zu wirkungslosen Oligopeptiden abgebaut. Die Halb-wertszeit der Elimination beträgt in der ersten Stunde 7 min, in der zweiten Stunde 37 min und ab dann ca. 3 Stunden. Nach einer intramuskulären Ver-abreichung von 1 mg Synacthen ist der Cortisolspiegel 24–32 Stunden lang er-höht.

Einige Präparate:
Synacthen®
25 IE
Ciba
Synacthen Depot®
50 IE/100 IE
Ciba

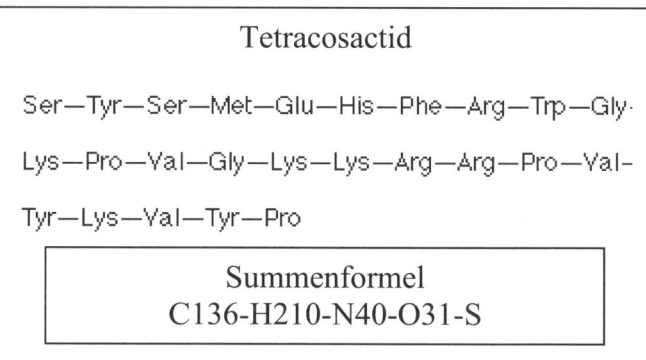

Tetracosactid

Ser—Tyr—Ser—Met—Glu—His—Phe—Arg—Trp—Gly·
Lys—Pro—Val—Gly—Lys—Lys—Arg—Arg—Pro—Val-
Tyr—Lys—Val—Tyr—Pro

Summenformel
C136-H210-N40-O31-S

Im Ausdauersport wird üblicherweise 1 mg Synacthen Depot intramuskulär injiziert. In einschlägiger Literatur wird darüber berichtet, dass Ausdauer-sportler in der Vorbereitungsphase vermehrt anabole Steroide einsetzen und je näher die Wettkämpfe kommen, werden vermehrt Kortikotropine und Glukokortikoide eingesetzt (siehe Epidemiologie der Glukokortikoide). Der durch den Glukokortikoidanstieg hervorgerufene Nutzen für den Sportler gleicht dem einer Glukokortikoidgabe und ist daher dort nachzulesen (Teil 2, Kapitel 3).

Kortikotropine werden heute fast ausschließlich zur Überprüfung der Nebennierenfunktion eingesetzt. Parameter für die Ansprechbarkeit der Nebennierenrinde ist der Anstieg der Cortisolkonzentration im Serum. Bevorzugt wird der Synacthen-Kurzzeittest verwendet. In der Therapie der sekundären Nebenniereninsuffizienz weist ACTH keine Vorteile gegenüber der Substitution mit Glukokortikoiden auf. Im Beipacktext des Präparates Synacthen Depot werden weitere Anwendungsgebiete angegeben: 1. neurologische Affektionen (akute MS-Schübe); 2. rheumatische Erkrankungen; 3. Hautkrankheiten, 4. Magen-Darm-Krankheiten (Colitis ulcerosa), 5. Krebstherapie (zum Anheben des Allgemeinbefindens). Die Dosierung für Erwachsene beträgt 1 mg/d.

Bei der Langzeittherapie mit Kortikotropinen werden prinzipiell die gleichen Nebenwirkungen beobachtet wie bei der Therapie mit Glukokortikoiden (siehe Kapitel 3). Bedingt durch eine vermehrte Sekretion von Mineralkortikoiden, kommt es aber zu einer verstärkten Natrium- und Wasserretention sowie zu stärkerer hypokalämischer Alkalose als bei der Therapie mit Glukokortikoiden. Die vermehrte Sekretion adrenaler Androgene kann außerdem bei Frauen Akne und Hirsutismus (verstärkte Körperbehaarung) hervorrufen. Selten werden allergische Reaktionen beobachtet.

Wissenschaftliche Untersuchungen

Die zeitliche Abfolge zwischen ACTH-Sekretion und Cortisolfreisetzung aus der Nebenniere ist genauestens untersucht und gilt heutzutage als bekannt. Diese Kenntnis nutzt man vor allem zur Diagnose der Nebenniereninsuffizienz. Beim sogenannten Synacthen-Kurzzeittest werden nach Messung der basalen Kortikosteroidwerte 0,25 mg Tetracosactid intravenös injiziert und nach 30 und 60 Minuten Veränderungen des Cortisolspiegels gemessen. Bei gesunden Probanden liegen bei diesem Test die Ausgangswerte im Normbereich und steigen im Verlauf signifikant auf etwa das Doppelte an. Fehlt dieser Anstieg, so liegt eine Insuffizienz der Nebennierenrinde vor. *Urquhart* and *Li* haben die Dynamik des erwarteten Anstiegs im Anschluss an eine einmalige Gabe von 1 mg ACTH genauestens untersucht. Sie konnten zeigen, dass die Sekretionsrate der Nebennierenrinde bereits nach zwei Minuten ansteigt, nach 8–13 Minuten einen Gipfel erreicht und dann über die folgenden 25–30 Minuten kontinuierlich abfällt. Es gilt als wahrscheinlich, dass dieser Anstieg eher durch eine Neusynthese als durch eine Abgabe von gespeichertem Cortisol erreicht wird (*M. Buono* et al.).

3. Glukokortikoide

Cortison ist der bekannteste Vertreter der Gruppe der Glukokortikoide und wird mancherorts auch als Synonym für die gesamte Substanzgruppe verwendet.

Cortison

Summenformel
C_{21}-H_{28}-O_5

Physiologische Bedeutung

Glukokortikoide zählen im Ausdauersport zu den am meisten verwendeten Dopingsubstanzen. Sie werden vor allem direkt im Wettkampf eingesetzt, um in einen Zustand der erhöhten Leistungsbereitschaft zu gelangen. Die Gründe dafür sind unterschiedlich. Zum einen wird die subjektive Schmerzempfindung vermindert und so die Fähigkeit, seine letzten Reserven aus sich herauszuholen, verbessert. Zum anderen erhält der Stoffwechsel durch vermehrte Glykolyse, Lipolyse und Proteolyse mehr energetische Substrate zur Muskelkontraktion zur Verfügung gestellt. Teilweise werden diese Substanzen auch in der Regenerationsphase eingesetzt mit der Absicht, reparative Vorgänge zu beschleunigen (Beseitigung von abgestorbenem Zellmaterial). All diese Veränderungen bleiben aber nicht ohne Nebenwirkung. Längerfristig kann es zu einem Muskelabbau und zu einem Leistungseinbruch kommen. Im Kraftsport werden Glukokortikoide wegen der katabolen Wirkungen nicht eingesetzt, im Gegenteil, es werden sogar Cortisonblocker verwendet, um so ein vermehrtes Muskelwachstum zu erzielen.

In der Nebennierenrinde werden die sogenannten Kortikoide gebildet. Sie sind chemisch betrachtet zu den Steroiden zu zählen. In jeder der drei Nebennierenrindenzonen wird eine andere Substanzgruppe gebildet. In der äußersten, der Zona glomerulosa, werden die Mineralkortikoide gebildet; in

111

der mittleren, der Zona fasciculata, die Glukokortikoide und in der innersten, der Zona reticularis, die Androgene. Die Ausgangssubstanz der Kortikoidsynthese ist das Cholesterin. Die Quellen für Cholesterin sind die im Blut zirkulierenden Lipoproteine, daneben gibt es aber auch eine De-novo-Synthese ausgehend vom Acetyl-Coenzym-A. Die meisten Enzyme für die Biosynthese gehören zu den Cytochrom-P_{450}-Mischoxygenasen und katalysieren verschiedene Hydroxylierungen am Vorläufermolekül. Die entscheidende, die Syntheserate limitierende Reaktion ist die Umwandlung von Cholesterin zu Pregnenolon durch eine Desmolase in den Mitochondrien. Die einzelnen Syntheseschritte werden durch die Anwesenheit von ACTH stimuliert. **Cortisol** macht 95% und **Corticosteron** macht 5% der gebildeten Glukokortikoidmenge aus.

Im Kontext der vorliegenden Arbeit werden die sportadäquaten Wirkungen der Glukokortikoide mit Priorität behandelt. Der Grund für den häufigen therapeutischen Einsatz dieser Präparate ist aber meist ein anderer, nämlich jener der Immunsuppression. Die Glukokortikoide entfalten ihre Wirkungen in unterschiedlichen Geweben. Wegen der lipophilen Eigenschaften der Steroide können Glukokortikoide die Zellmembran durchdringen. In der Zielzelle binden sie an spezifische Rezeptoren im Zytoplasma und im Zellkern, um in weiterer Folge die Transkription bestimmter DNA-Sequenzen zu stimulieren. Die so entstandenen Proteine sorgen für die eigentlichen Wirkungen. Wegen ihres Einflusses auf den Glukosestoffwechsel haben die Glukokortikoide ihren Namen bekommen. Die durch den **Abbau von Proteinen** frei werdenden Aminosäuren werden zur Glukoneogenese herangezogen. Daneben werden auch der Glukosetransport und die Glukoseverwertung gehemmt. Diese Mechanismen führen zur **Erhöhung des Blutzuckerspiegels** und können so auch diabetogen wirken. Das abgebaute Protein stammt aus den Muskeln, dem lymphatischen Gewebe, den Knochen und der Haut. Bei längerem Gebrauch resultiert eine katabole Stoffwechsellage, die zu einem progredienten Verlust an Körpermasse führt. Glukokortikoide beeinflussen auch den Fettstoffwechsel, indem sie die **lipolytische Wirkung** von Katecholaminen und lipolytischen Peptiden des Hypophysenvorderlappens (z.B. hGH) erhöhen. Anderseits führen hohe Konzentrationen von Glukokortikoiden zu einer charakteristischen Umverteilung von Körperfett. Dies führt zu dem typischen Bild der **Stammfettsucht** mit dünnen Extremitäten und Fettzunahme an Stamm, Nacken und Gesicht. Teilweise haben die Glukokortikoide auch **mineralkortikoide Wirkung**. Das führt zu einer vermehrten Natriumretention und zu vermehrter Ausscheidung von Kalium. Im ZNS führen Glukokortikoide zu einer gesteigerten Erregbarkeit des Gehirns, die Reizschwelle für verschiedene Stimuli wird gesenkt und im EEG treten Veränderungen auf. Aus diesem Grund und wegen der gesteigerten Ansprechbarkeit der Katecholamine Adrenalin und Noradrenalin kann es zu einer euphorisierenden

Wirkung kommen. Vor allem, wenn diese Substanzen mit Stimulantien kombiniert werden, kommt es zu gesteigerter Vigilanz und erhöhter Leistungsbereitschaft. Manchmal können wegen der **Einflüsse auf das ZNS** Stimmungsschwankungen und andere psychische Symptome auftreten. Glukokortikoide haben auch Auswirkungen auf das kardiovaskuläre System. Durch die Natriumretention (mineralkortikoide Wirkung) kommt es zu einem **Blutdruckanstieg** und durch die verbesserte Ansprechbarkeit der Katecholamine resultiert eine **positiv inotrope Wirkung** (Erhöhung der Schlagkraft des Herzens). Es kann durch Glukokortikoide auch zu einer **Zunahme der Hämoglobinkonzentration und der Erythrozytenzahl** kommen, vermutlich durch einen verzögerten Abbau (*W. Forth*, S. 617). Der Grund für den medizinisch indizierten therapeutischen Einsatz von Glukokortikoiden liegt aber an den **antiinflammatorischen und immunsuppressiven Wirkungen**. Unabhängig von der auslösenden Ursache hemmen sie die frühe und die späte Entzündungsreaktion. Durch die ubiquitäre Hemmung der Immunreaktionen (Stabilisierung der Membran von Lysosomen; Hemmung der Bildung von Entzündungsmediatoren; Migrationshemmung u.v.m.) können die unterschiedlichsten Krankheiten behandelt, beziehungsweise deren Symptome gemildert werden. Für den dopenden Sportler kann es zu einer Infektanfälligkeit kommen.

Die Sekretion der Glukokortikoide unterliegt einem zirkadianen, pulsatilen Rhythmus mit einem steilen Anstieg zwischen drei und zehn Uhr am Morgen und einem Konzentrationsabfall im Lauf des Nachmittags. Zwischen Mitternacht und 3 Uhr morgens unterschreitet die Konzentration oft die Nachweisbarkeitsgrenze der üblichen RIA-Tests. Beim gesunden Menschen beträgt die Sekretionsrate von Cortisol 12–30 mg/d (30–80 µmol), die von Corticosteron 1–4 mg/d (3–12 µmol). Die Cortisolkonzentration im Blut schwankt, je nach Tageszeit zwischen 5 und 25 µg/100ml (138–690 µmol/l).

Im Blut werden mehr als 90% des Cortisols an Proteine gebunden, davon etwa 75% an ein spezifisches Transportprotein, das Transcortin (CBG), 15% an Albumin und nur rund 10% zirkulieren frei. Synthetische Glukokortikoide werden mit Ausnahme von Prednisolon nicht an Transcortin gebunden. Die Inaktivierung der Glukokortikoide erfolgt überwiegend in der Leber. Die Cortisolmetaboliten werden zu über 99% als Glukuronide über die Nieren ausgeschieden, weniger als 1% erscheint im Urin als freies Cortisol.

Die Regulation des Glukokortikoidspiegels wird zentral, von der Hypophyse und dem Hypothalamus kontrolliert und gesteuert (siehe: Kapitel ACTH). Sowohl Sekretion als auch Synthese werden durch ACTH stimuliert. Die ACTH-Sekretion unterliegt der Regulation durch das hypothalamische Freisetzungshormon CRH, welches seinerseits von übergeordneten Hirnregionen reguliert wird. Zwischen den einzelnen Zentren und den zirkulierenden Glukokortikoiden besteht ein negativer Rückkopplungsmechanismus, das heißt Glukokortikoide können an übergeordneten Zentren inhibierend wirken. Die Empfindlichkeit der übergeordneten Zentren des Rückkopplungssystems schwankt in Analogie zu dem Sekretionsrhythmus. Bei der Umstellung auf eine andere Zeitzone (Jetlag) kann es einige Zeit dauern, bis sich dieser sensible Regelkreis wieder normalisiert.

Bei körperlicher Belastung kommt es zu markanten Veränderungen des Glukokortikoidspiegels. **Langanhaltende Ausdauerbelastungen** führen zu einem Anstieg der Plasmakonzentrationen von CRF, ACTH und Cortisol. Eine japanische Forschergruppe hat diese Hormonveränderungen unter Belastung mit dem Abfall der Blutglukosekonzentration in kausalen Zusammenhang gebracht (*I. Tabata* et al.). Sie haben ihre Probanden bei 50% der maximalen Sauerstoffaufnahme bis zur Erschöpfung am Ergometer belastet. Einige Zeit später wurde der Test wiederholt, allerdings mit einer kontinuierlichen Glukoseinfusion, die den Blutzuckerspiegel konstant auf dem Ausgangsniveau gehalten hat. Die Hormonspiegel von CRF, ACTH und Cortisol wurden vor, halbstündlich während und nach der Belastung gemessen und anschließend miteinander verglichen. In der ersten Testserie hat man nach ungefähr 90 Minuten den erwarteten Anstieg der Hormone messen können. In der zweiten Testserie blieb der Anstieg aber fast zur Gänze aus. Das subjektive Erschöpfungsgefühl und die Herzfrequenz waren ebenso erniedrigt. Daraus wurde geschlossen, dass der Blutzuckerspiegelabfall ein entscheidender Stimulus zur Glukokortikoidsekretion ist.

M. Buono et al. haben den Einfluss von **kurzen, intensiven Belastungen** auf den Glukokortikoidspiegel untersucht. Sie haben nach der Bestimmung der individuellen Leistungsfähigkeit ihrer Probanden eine Untersuchung mit einer Belastung von einer Minute und 120% der maximalen Sauerstoffaufnahme durchgeführt. Die daran angeschlossenen hormonellen Veränderungen wurden gemessen. Es hat sich gezeigt, dass es sofort nach dem Belastungsbeginn zu einem ACTH-Anstieg um durchschnittlich 280% gekommen ist. Der Cortisolspiegel ist ebenso angestiegen – allerdings verzögert – verglichen mit dem von ACTH. Nach rund 15 Minuten hat er den Ausgangswert ebenfalls um das Zweieinhalbfache überschritten. Es wird angenommen, dass der Cortisolanstieg durch eine ACTH-induzierte De-novo-Synthese in der Nebennierenrinde entsteht, denn vorangegangene Untersuchungen haben die gleiche zeitliche Latenz zwischen ACTH und Cortisolanstieg ergeben.

Chronische Überlastung von Sportlern durch zu umfangreiches und/oder zu intensives Training kann zu dem sogenannntes **Übertrainingssyndrom** führen. Neben zahlreichen anderen Veränderungen konnte in diesem Zustand eine verminderte Reaktion der Glukokortikoidsekretion auf eine insulininduzierte Blutzuckersenkung festgestellt werden. Es werden daher neben den muskulären auch hypothalamisch-hypophysäre Defizite als Ursache für dieses Zustandsbild angenommen (*J. Barron* et al.).

Substanzen

Die Glukokortikoide sind Derivate des Pregnans, bestehend aus 21 C-Atomen. Die physiologisch wichtigsten sind Cortisol, Corticosteron und Cortison. Cortison wird im allgemeinen Sprachgebrauch oft als Synonym für die gesamte Gruppe der Glukokortikoide verwendet, obwohl die Verbindung wegen der Ketogruppe an C-11 an sich vollständig unwirksam ist. Im Körper entsteht aber sehr schnell aus Cortison durch Reduktion das wirksame Cortisol. Viele Steroide mit glukokortikoider Wirkung sind bis heute synthetisiert worden; die Erwartungen an diese Substanzen hinsichtlich eingeschränkter Nebenwirkungen sind aber nur teilweise erfüllt worden. Es gelang, die Wirksamkeit von synthetischen Analoga gegenüber den natürlichen Glukokortikoiden zu steigern und gleichzeitig die mineralkortikoide Wirkung zu mindern. Die ersten synthetischen Verbindungen waren Prednisolon bzw. Prednison, sie werden heutzutage immer noch eingesetzt. Durch die Einführung weiterer Reste an C-9 oder C-16 gelang es, die glukokortikoide Wirkung noch mehr zu erhöhen. Bei der Einteilung dieser Substanzen wird üblicherweise die relative mineral- und die relative glukokortikoidartige Wirkung in Relation zu Cortisol angegeben, die man als Richtwert festgesetzt hat. Jüngere Substanzen, wie zum Beispiel Dexamethason erreichen die 30fache glukokortikoide Wirkung bei völlig ausgeschalteter mineralkortikoider Wirkung. Die pharmakokinetischen Eigenschaften sind von Präparat zu Präparat unterschiedlich. Die Elimination aus dem Kreislauf erfolgt in der Regel im Anschluss an die Inaktivierung über Niere und teilweise Galle.

Einige Präparate:

Berlicort® 4 mg	Berlin Chemie
Kortison®	CIBA
Decortin®	Merck
Dexamethason „Nycomed"®	*Nycomed Austria*
Fortecortin®	*Merck*
Hydrocortone®	*Merck Sharp & Dohme*
Prednisolon „Nycomed"®	*Nycomed Austria*
Syntestan®	Syntek-Roche

Bei der medizinisch indizierten Therapie mit Glukokortikoiden unterscheidet man eine Substitutions- von einer pharmakodynamischen Therapie. Erstgenannte dient zum Ersatz einer mangelhaften Produktion wie sie bei der primären Nebenniereninsuffizienz, dem Morbus Addison oder bei der hypophysär bedingten sekundären Nebenniereninsuffizienz vorkommt. Man verabreicht in diesen Fällen zwei Drittel der Dosis am Morgen und ein Drittel am Abend, um das endogene Sekretionsmuster zu imitieren. Bei Situationen erhöhter Belastung, wie zum Beispiel einer Infektionserkrankung, muss die Dosis um das 5–10fache erhöht werden. Die Mehrzahl der Indikationen für eine systemische Therapie beruhen aber auf den antiinflammatorischen und immunsuppressiven Wirkungen, wie sie im Rahmen einer pharmakodynamischen Therapie genutzt werden. Die mit Glukokortikoiden behandelbaren Erkrankungen betreffen fast alle medizinischen Teildisziplinen. Das Spektrum reicht von Erkrankungen des rheumatischen Formenkreises, Allergien, Blutkrankheiten, Tumoren, Hauterkrankungen, bis hin zur Bekämpfung von Abstoßungsreaktionen nach Transplantationen. Die moderne Medizin ist ohne diese Substanzen kaum mehr vorstellbar. Im Rahmen der Dopingrichtlinien zählen die Glukokortikoide zu den Arzneimitteln, die bestimmten Einschränkungen unterliegen (Klasse: 3). Die Lokaltherapie mit Glukokortikoiden ist in manchen medizinisch indizierten Fällen gestattet.

Zum Auftreten von unerwünschten Nebenwirkungen kommt es in der Regel nur bei langanhaltender Dauermedikation. Die einmalige Applikation selbst extrem hoher Dosen bleibt meist ohne Folgen. Die wichtigsten Nebenwirkungen sind: Vollmondgesicht, Stammfettsucht, Stiernacken, Ödeme, Hypertonie, Gewichtszunahme, Hypernatriämie, hypokalämische Alkalose, die in Summe als iatrogenes Cushing-Syndrom bezeichnet werden. Wegen der glukoneogenetischen Wirkung kann es auch zum Auftreten eines Diabetes mellitus kommen. Auf Grund der immunsuppressiven Wirkung besteht ein erhöhtes Infektionsrisiko, beziehungsweise kommt es zu einer Verschlechterung vorbestehender Infektionskrankheiten.

Unter der Therapie mit Glukokortikoiden treten verstärkt Magen-Darmgeschwüre auf, die meist symptomarm sind und leichter perforieren als solche anderer Genese. Ebenso kann es zu einer Muskelschwäche (Myopathie) der proximalen Extremitäten, von Schulter- und Beckengürtel kommen. Am Knochen kommt es wegen der katabolen Wirkung zu einem Verlust an Knochensubstanz, die zu einer generellen Bruchneigung und zum gehäuften Auftreten von Kompressionsfrakturen der Wirbelkörper führt (Osteoporose). Auch psychische Störungen können glukokortikoid bedingt sein. Nervosität, Schlaflosigkeit, Inappetenz, Antriebsstörung, Euphorie, aber auch Dysphorie kommen vor. Augenscheinlich ist das Entstehen einer Steroidakne im Gesicht. Weiters wird die Thromboseneigung erhöht und bei Kindern wird der Wachstumsprozess gestört.

Wissenschaftliche Untersuchungen

Der Einfluss der Glukokortikoide **auf die Ausdauerleistungsfähigkeit** wurde angesichts der weiten Verbreitung dieser Substanzen im Auftrag des Internationalen Radsportverbandes von einer belgischen Forschergruppe untersucht (*E. Soetens* et al.). In Absprache mit Pharmakologen, Trainern, Radprofis und Sportärzten wurde 1994 in Brüssel eine umfassende Untersuchung mit 16 Straßenradprofis durchgeführt. Das Testprotokoll wurde so gewählt, dass es den Belastungen eines Wettkampfes ähnlich ist. Nach einem Vortest wurde die individuelle Leistungsfähigkeit bestimmt, von der ausgehend man eine Belastung von 60% der maximalen Leistung festgesetzt hat. In weiterer Folge mussten die Probanden an zwei aufeinanderfolgenden Tagen den eigentlichen Test ausführen, bei dem **nach** einer einstündigen Belastung bei 60% die zu erbringende Leistung jede Minute um 10 W erhöht wurde. Die Athleten wurden dazu aufgefordert, ihre maximale Leistung zu erbringen und ihr subjektives Belastungsempfinden auf einer stufenlosen Skala von 0–90° zu quantifizieren. Dieses Testprofil sollte gewissermaßen ein Rennen mit „Endspurt" imitieren. 45 Minuten vor dem Test wurde den Sportlern 1 mg Synacthen Depot bzw. ein Placebopräparat intramuskulär injiziert. Die sportrelevante Wirkung dieser kortikotropen Substanz (Wirkstoff: Tetracosactid) wird ausschließlich über die Freisetzung von Cortisol aus der Nebennierenrinde erreicht und kann daher zur Interpretation der Glukokortikoidwirkung herangezogen werden. Bei dem hier verwendeten Depotpräparat kommt es in den darauffolgenden 24–32 Stunden zu einem signifikant erhöhten Cortisolspiegel und erlaubt so, die möglichen regenerationsfördernden Effekte zu bestimmen (Test am zweiten Tag). Es haben sich bei der Untersuchung keine Unterschiede der maximalen Leistungsfähigkeit zwischen Synacthen-Verabreichung und Placebo-Verabreichung ergeben. Im Gegensatz dazu war das subjektive Belastungsgefühl bei der submaximalen Belastung von 60% (erste Stunde) unter dem Einfluss von ACTH signifikant vermindert. Interessant ist die Tatsache, dass die Radprofis am zweiten der aufeinanderfolgenden Testtage einen höheren Maximalwert erreichen konnten. Vermutlich hat sich bei den hochtrainierten Radprofis eine Vorbelastung und eine Gewöhnung an die Testbedingungen positiv ausgewirkt. Bei denjenigen, die Synacthen verabreicht bekommen haben, ist der Leistungszuwachs am Tag zwei um 4,8% größer ausgefallen. Die Interpretation dieser Ergebnisse führt zu der Annahme, dass die weite Verbreitung von Kortikotropinen und Glukokortikoiden im Ausdauersport vor allem in der verminderten subjektiven Belastungsempfindung begründet ist. Die maximale Leistung an sich wird aber nicht beeinflusst. Der Umstand, dass der Leistungszuwachs am Tag zwei unter Synacthen größer ausgefallen ist, stärkt die Annahme, dass die katabolen Eigenschaften von Cortisol die Regeneration positiv beeinflussen können. Bei mehrtägigen Wettkämpfen könnte dieser und der „psychotrope" Effekt gewisse Vorteile bringen.

Epidemiologie

Die Verbreitung von Glukokortikoiden und Kortikotropinen beschränkt sich ausschließlich auf den Ausdauersport. Die Athleten erhoffen sich durch die Einnahme dieser verbotenen Substanzen zum einen eine verbesserte Wettkampfleistung und zum anderen eine verbesserte Trainingsadaption durch beschleunigte Regeneration. Im Wettkampf werden diese Substanzen oft in Kombination mit Amphetaminen eingesetzt, da vor allem der kombinierte Einsatz dieser beiden Wirkstoffgruppen zu einer gegenseitigen Verstärkung der Einzelwirkung (Synergieeffekt) und zu einer euphorischen Stimmungslage führt. Im Verlauf der Trainingsperiodisierung werden in der Vorbereitungsphase verstärkt anabole Steroide eingesetzt und je näher die Wettkämpfe rücken, desto mehr werden diese durch Glukokortikoide bzw. Kortikotropine ersetzt. Der Gebrauch von Anabolika führt oft zu einem erhöhten Muskeltonus, der sich bei dynamischen Belastungen durch die beeinträchtigte Blutzirkulation negativ auswirken kann. Durch Glukokortikoide (bzw. Kortikotropine) wird der Muskeltonus gesenkt und die Blutzirkulation somit verbessert. Dem oft beschriebenen Gefühl von „schweren Beinen" kann so beigekommen werden. Der regelmäßige Gebrauch dieser Substanzen führt aber zu einem Verlust an Muskelmasse. Aus diesem Grund werden sie meist in Zyklen angewendet, die mit den wichtigen Wettkämpfen abgestimmt sind. Wird eine verbesserte Regeneration angestrebt, so ist dies nur durch den gleichzeitigen Einsatz von anabolen Steroiden möglich. Durch die gleichzeitige Gabe von anabolen und katabolen Wirkstoffen werden die zellulären Stoffwechselvorgänge beschleunigt. Bei intensiven Ausdauerbelastungen kommt es unweigerlich zum Untergang von Muskelprotein. In der Regenerationsphase müssen zuerst Stoffwechselrückstände entfernt werden und anschließend wird neues Muskelprotein synthetisiert. Das erklärt, warum katabole Wirkstoffe regenerationsbeschleunigende Effekte haben können. Die im Sport verwendeten Dosierungen unterscheiden sich meist nur geringfügig von den therapeutisch empfohlenen Dosen, müssen wegen der unterschiedlichen Ansprechbarkeit aber individuell angepasst werden. Wegen der Gefahr von schwerwiegenden Nebenwirkungen ist der Einsatz dieser Substanzen meist dem Profisport vorbehalten, und selbst da ist der Gebrauch zeitlich begrenzt.

Glaubt man den „Outings" vergangener Sportgrößen, so ist die verbotene Einnahme von Glukokortikoiden und Kortikotropinen fester Bestandteil der gängigen Doping-Praktiken. Erst kürzlich haben drei prominente niederländische Ex-Radprofis (Steven Rooks, Peter Winnen, Maarten Ducrot) in einer Fernsehsendung den Gebrauch illegaler Substanzen zugegeben und haben weiters einige ehemalige Rennställe beschuldigt, in den Achtzigern systematisch Dopingmissbrauch betrieben zu haben. In diesem Zusammenhang ist immer wieder der Gebrauch von Cortison und anderen Glukokortikoiden zugegeben worden. Um bei dem Beispiel Radsport zu bleiben, sei erwähnt, dass im Jahr 1999 der flämische Radprofi, Ludo Dierckxens, nach seinem Etappensieg wegen der Einnahme von Synacthen von der Tour de France suspendiert wurde. Weiters hat Willy Voet, der ehemalige Masseur des skandalumwitterten Festina-Rennstalls, sein Team neben der Einnahme von Wachstumshormonen, Erythropoetin, Anabolika und Amphetaminen auch der Einnahme von kortisonhältigen Präparaten beschuldigt.

Im **Kraftsport** werden diese Substanzen wegen der katabolen Wirkungen nicht eingesetzt, im Gegenteil, es werden sogar Cortisolblocker verwendet. Derartige Präparate, wie zum Beispiel Orimeten® (Wirkstoff: Aminoglutethimid) hemmen die Bildung der Nebennierenhormone, vor allem die von Cortisol, und vermindern die Aromatisierung von Androgenen zu Östrogenen. Laut Informationen aus der „einschlägigen" Literatur werden diese Substanzen aber nur in Verbindung mit anabolen Steroiden genommen, um durch die ebenso verminderte Testosteronproduktion keine Leistungseinbußen zu erleiden. Es handelt sich somit um eine Art „Zusatzstoff", der niemals alleine genommen wird.

4. Übersicht Stimulantien

Sympathomimetika (Amphetamin, Beta-2-Mimetika)
Methylxanthine (Koffein)
Kokain
[MAO-Hemmer (Selegilin®)
Konvulsiva (Strychnin)]

Einleitung

Als Stimulantien werden Stoffe mit vorwiegend erregender Wirkung auf die Psyche zusammengefasst, die den Antrieb und einige Wahrnehmungs- und Denkleistungen steigern sowie Müdigkeit verringern. Für sie gibt es nur wenige therapeutische Indikationen. Im Spitzensport werden diese Substanzen von den verschiedensten Sportarten zur illegalen Leistungssteigerung missbraucht. Die durch sie hervorgerufene Stimulation des ZNS (lat.: stimulare = antreiben, anstacheln) ermöglicht dem Sportler die Mobilisation von körperlichen Leistungsreserven, die unter normalen Umständen unangetastet bleiben. Das kann zu einer gefährlichen Überlastung und zu schwerwiegenden Gesundheitsschäden führen. Die einzelnen Untergruppen der Stimulantien bewirken zum Teil dieselben Effekte, diese werden aber auf unterschiedlichen Wegen erreicht. **Sympathomimetika** führen zu einer Aktivierung des sympathischen Anteils des vegetativen Nervensystems, indem sie direkt an den sympathischen Rezeptor binden oder die Noradrenalinmenge im synaptischen Spalt vergrößern (indirekte Wirkung). **Kokain** hemmt die Wiederaufnahme von Noradrenalin aus dem synaptischen Spalt in den Nerven; dies führt ebenso zu einer verstärkten Wirkung. **MAO-Hemmer** verzögern den Abbau von Noradrenalin, indem sie das Enzym Monoaminooxydase hemmen.

Völlig anders wirken **Methylxanthine**. Sie führen zu einer Blockade von Adenosinrezeptoren und zu einer Hemmung von Phosphodiesterasen. Zu dieser Untergruppe zählt auch das im Kaffee enthaltene Koffein, das vermutlich meistverwendete Pharmakon. Der Vollständigkeit halber sind hier auch die **Konvulsiva** (Analeptika) genannt. Sie wirken in niedrigen Dosen stimulierend, in hohen Dosen krampfauslösend. Überdosierungen führen zu einem tödlichen Krampfanfall, weshalb Strychnin auch als Mordmittel in der forensischen Medizin bekannt ist. Stimulantien zählen neben Anabolika zu den am häufigsten missbrauchten Substanzen. Sie werden in der Regel nur zum Wettkampf eingesetzt. Bei kontinuierlicher Verabreichung können sie einen verstärkten Fettabbau bewirken.

Sympathomimetika

Man unterscheidet die **indirekten** von den **direkten** Sympathomimetika:

Indirekte:

Amphetamine

Ephedrine

Direkte:

Beta-2-Mimetika

Andere

Physiologische Bedeutung

Das **sympathische Nervensystem** hat die Aufgabe, den Organismus rasch in einen Zustand höchster Leistungsbereitschaft zu versetzen. Während bei unseren Vorfahren diese Reaktionen für Kampf oder Flucht lebensnotwendig waren, so sind sie heute meist die Ursache für stressbedingte Gesundheitsschäden. Im Bereich des Sports ist die sympathische Aktivierung die Voraussetzung, um Leistung zu erbringen. Daraus wird ersichtlich, warum Sympathomimetika zur illegalen Leistungssteigerung missbraucht werden können. Unter ihrem Einfluss wird die Durchblutung der Skelettmuskulatur gesteigert. Den Muskeln müssen ausreichend Sauerstoff und Nährstoffe zugeführt werden, deshalb steigt die Frequenz und die Kontraktionskraft des Herzens, sodass mehr Blut in den Kreislauf gepumpt wird. Durch die Verengung der Blutgefäße für die Eingeweide wird der Blutstrom außerdem zu der Muskulatur umgeleitet. Da die Verdauung der Nahrung in diesem Zustand entbehrlich ist und nur stört, wird der Vorantransport des Darminhalts gebremst, indem die Peristaltik abnimmt und die Schließmuskel sich verengen. Um das Nährstoffangebot für Herz und Muskeln trotzdem zu erhöhen, müssen aus der Leber Glukose und aus dem Fettgewebe Fettsäuren abgegeben werden. Die Bronchien sind erweitert, sodass das Atemvolumen und damit auch die Sauerstoffaufnahme in das Blut steigen kann. Der antagonistische Anteil des autonom-vegetativen Nervensystems, **der Parasympathikus**, hat die Aufgabe, die Homöostase in der Ruhe wiederherzustellen. In der Regenerationsphase sorgt er für die Nährstoffverwertung und die Wiederherstellung der teilweise geschädigten Zellstrukturen. Sportler haben zum Ausgleich der bewegungsbedingt vermehrten sympathischen Innervation in Ruhe einen vergrößerten Parasympathikotonus. Dieser zeigt sich nicht zuletzt durch eine Sinusbradykardie (Herzfrequenzverlangsamung).

Das Hormon Adrenalin aus dem Nebennierenmark wird bei sympathischer Erregung direkt in den Blutkreislauf abgegeben. Es ist ebenso wie der sympathische Neurotransmitter Noradrenalin in der Lage, Adrenozeptoren zu erregen. Es vermag somit die sympathischen Wirkungen zu verstärken und ist wesentlicher Bestandteil der physiologischen „Alarmreaktion".

Am Erfolgsorgan werden die sympathischen Wirkungen durch Bindung des Neurotransmitters Noradrenalin an die Adrenozeptoren bewerkstelligt. Man unterscheidet α_1-, α_2-, β_1- und β_2-Rezeptoren. In den unterschiedlichen Geweben sind jeweils andere Subtypen vorherrschend: α_1-Rezeptoren finden sich vorwiegend an den Blutgefäßen, wo sie eine Kontraktion bewirken; α_2-Rezeptoren sind an allen adrenergen Synapsen vorhanden und hemmen durch einen negativen Feedback-Mechanismus jede weitere Noradrenalinfreisetzung; β_1-Rezeptoren finden sich vorwiegend am Herzen und wirken dort positiv inotrop (schlagkraftverstärkend) und positiv chronotrop (frequenzerhöhend); β_2-Rezeptoren befinden sich an den Bronchien, wo sie eine Dilatation bewirken, ansonsten fördern sie die Lipolyse und die Glykogenolyse. Die Wirkung des ausgeschütteten Noradrenalins klingt schnell ab: ca. 90% werden durch einen aktiven Transport rasch aus dem synaptischen Spalt zunächst in das Axoplasma und von dort in die Speichervesikel zurückgenommen (neuronale Wiederaufnahme). Ein kleiner Teil des Noradrenalins wird durch das Enzym COMT, ein anderer durch das Enzym MAO inaktiviert. Reich ausgestattet mit diesen Enzymen ist die Leber, sodass sie erheblich zum Abbau von im Blut befindlichem Noradrenalin und Adrenalin beiträgt. Endprodukt des Abbaus der Katecholamine durch COMT und MAO ist die Vanillinmandelsäure.

Substanzen

Amphetamine und Ephedrine sind wie Dopamin, Noradrenalin und Adrenalin Abkömmlinge des Phenylethylamins. Man zählt sie zu den **indirekten Sympathomimetika**, weil sie die Noradrenalinmenge im synaptischen Spalt erhöhen, ohne direkt an den Rezeptor zu binden. Sie sind schwache bis mäßige Basen, die auf Grund ihrer Lipophilie die Blut-Hirn-Schranke permeieren können. Sie konkurrieren mit Noradrenalin und Dopamin um die Wiederaufnahme in die entsprechenden Nervenendigungen. Infolge ihrer Aufnahme in die Axone führen diese Substanzen zu einer nicht-exozytotischen Noradrenalin- und Dopamin-Freisetzung, die so indirekt den Sympathikus im ZNS und in der Peripherie nachahmt. Die Adrenorezeptoren werden nicht oder nur sehr wenig direkt aktiviert. Indirekt wirkende Sympathomimetika werden wegen ihrer Wirkung auf das ZNS auch Psychostimulantien, beziehungsweise Weckamine genannt. Müdigkeitsgefühl lässt nach, Aufmerksamkeit und Leistungsbereitschaft steigen, die Atmung wird angeregt, die Motorik verstärkt, der Appetit wird gedämpft und die Stimmung ist euphorisch gehoben. Die zentrale Wirkung von Ephedrinen ist geringer als die von Amphetaminen. Die Anwendung von Amphetaminen ist nur sehr selten indiziert: bei Narkolepsie (Patient leidet unter zwanghaften Schlafanfällen), bei hyperkinetischen Verhaltensstörungen bei Kindern und besonders umstritten ist der Einsatz als Appetitzügler. Ephedrin ist in Kombinationspräparaten zur Abschwellung der Nasenschleimhaut und zur Bronchospasmolyse sowie in Expektorantien-Mischungen enthalten.

Einige Präparate:

| Mirapront N | (Norpseudoephedrin) | Pfizer |
| *Ritalin*® | *(Methylphenidat)* | *Novartis Pharma* |

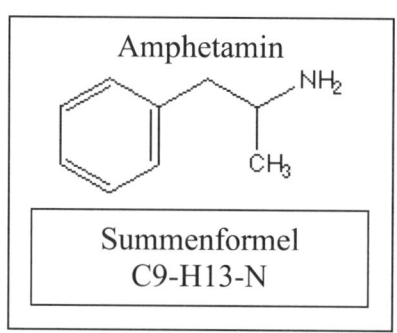

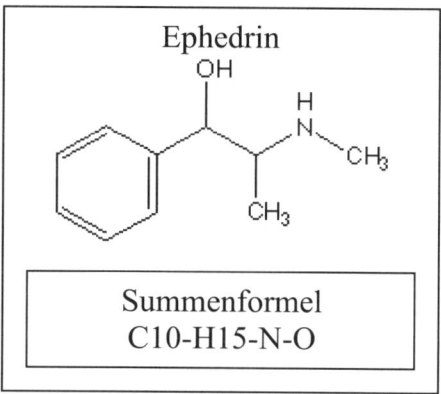

Zu den **direkten Sympathomimetika** zählt man jene Substanzen, die direkt an den Rezeptor binden. Als Dopingmittel kommen von dieser Gruppe vor allem die Beta-2-Mimetika in Frage, zumal einige dieser Substanzen auch einen proteinanabolen Effekt haben (z.B.: Clenbuterol). Wegen ihrer bronchodilatorischen Wirkkomponente werden sie als Antiasthmatikum eingesetzt.

Andere Wirkstoffe, wie z.B.: Etilefrin (Präparat: Effortil) können durch Bindung an α- und β-Rezeptoren den Sympathikus aktivieren. Sie kommen zur Stützung eines labilen Kreislaufes zum Einsatz (bei Kollapsneigung).

Einige Präparate:

Effortil®	*(Etilefrin)*	*Boehringer Ingelheim*
Bricanyl®	*(Terbutalin)*	*Astra Chemicals*
Sultanol®	*(Salbutamol)*	*Glaxo Wellcome*
Spiropent®	*(Clenbuterol)*	*Boehringer Ingelheim*
Foradil®	*(Formoterol)*	*Ciba-Geigy*

Etilefrin

Summenformel
C10-H15-N-O2

Clenbuterol

Summenformel
C12-H18-Cl2-N2-O

Die Nebenwirkungen der Sympathomimetika sind: Unruhe, Nervosität, Schlafstörungen, Tremor, Psychosen, Gewichtsverlust, Tachykardie, Hyperglykämie (Glykogenolyse in der Leber), Hypokaliämie (durch Kaliumaufnahme in die Skelettmuskulatur) und Verdauungsstörung. Außerdem hat man ein gewisses Suchtpotential feststellen können. Im Sport kann der Einsatz dieser Substanzen zu einer lebensbedrohlichen Überlastung führen. Herzkreislaufversagen kann die Folge sein. Der kontinuierliche Gebrauch von Sympathomimetika kann wegen der fehlenden Regeneration den Organismus ebenfalls schädigen. Übertraining bis hin zu einem katabolen Zustandsbild können folgen. In Kenntnis dieser Tatsachen heben sich Athleten die Verabreichung von Sympathomimetika für „besondere Anlässe", wie wichtige Wettkämpfe oder Trainingslager auf.

Sympathomimetika und deren Metabolite werden mit dem Urin ausgeschieden und können verhältnismäßig leicht und genau bestimmt werden. Mehrere Geräte und Methoden sind zum Nachweis entwickelt worden, von denen nur einige exemplarisch genannt seien: Gaschromatograph, Gas-Flüssigkeitschromatograph, Hochleistungs-Flüssigkeitschromatograph, Spektrophotometer und Immunoassay.

Für Ephedrin und Methylephedrin ist die Definition eines positiven Testergebnisses eine Konzentration von mehr als 5 μg/ml im Urin. Für Pseudoephedrin ist die Definition eines positiven Testergebnisses eine Konzentration von mehr als 10 μg/ml im Urin. Ist mehr als einer dieser Stoffe unter dem jeweiligen Grenzwert vorhanden, so sind die jeweiligen Konzentrationen zu addieren. Wenn die Summe mehr als 10 μg/ml beträgt, ist die Probe ebenfalls positiv. Einige Verbände unterscheiden zwischen „starken" (Amphetamine) und „schwachen" (Ephedrin) Stimulantien, was sich auf das Ausmaß einer Dopingsanktion auswirkt. Für einige dieser Substanzen gelten besondere Regelungen: Vasokonstriktoren (z.B.: Adrenalin) können mit Lokalanästhetika verabreicht werden (Diese Zusätze verhindern die schnelle Verteilung des Lokalanästhetikums weg vom Applikationsort). Topische Zubereitungen für die Nase oder die Anwendung am Auge sind zulässig.

Wissenschaftliche Untersuchungen

Wenn man sich über die Wirkungen der Sympathomimetika auf die sportliche Leistungsfähigkeit informieren möchte, so muss man den vielzitierten Artikel von *G. M. Smith* und *H. K. Beecher* aus dem Jahre 1959 studieren. Sie untersuchten den Einfluss der Amphetamine auf die sportliche Leistungsfähigkeit und dokumentierten ihre Ergebnisse in einer 16 Seiten umfassenden Publikation des „Journal of the American Medicine Association" (JAMA). In sechs voneinander unabhängigen Experimenten wurden Schwimmer, Läufer (Lang- und Kurzstrecke) und Kraftsportler (Gewichtheber und Kugelstoßer) untersucht. Alle Probanden haben 14 mg Amphetamin pro 70 kg Körpergewicht, beziehungsweise ein Placebopräparat drei Stunden vor der Belastung im Rahmen der Doppelblindstudie erhalten. Die Ergebnisse waren eindeutig, alle Sportarten hatten einen signifikanten Leistungszuwachs zu verzeichnen. 85% der Gewichtheber, 73% der Läufer und 67–95% der Schwimmer brachten bessere Leistungen unter dem Einfluss von Amphetaminen verglichen mit dem Placebopräparat. Kraftsportler profitierten am meisten. Sie konnten einen Leistungszuwachs von 3–4% verzeichnen. Läufer steigerten sich um durchschnittlich 1,5%; Schwimmer zeigten Zuwächse im Bereich von 0,59–1,16%. Die Studie hat gezeigt, dass in 75% der Fälle Amphetamin zu einer signifikanten Leistungssteigerung führt. 20 Jahre später untersuchten *J. V. Chandler* und *S. N. Blair* den Effekt der Amphetamine auf physiologische Parameter, anstatt die Wettkampfleistung zu messen (wie im weiter oben beschriebenen Experiment). Sie verabreichten in ihrer Doppelblindstudie sechs männlichen Probanden entweder 15 mg/70 kg Amphetamin oder ein Placebopräparat. Es zeigte sich eine signifikante Verbesserung der Kraft und der anaeroben Kapazität infolge einer Amphetamingabe. Die aerobe Leistungsfähigkeit verbesserte sich nur geringfügig, wohingegen die Schnelligkeit unbeeinflusst blieb. Die Zeit bis zur Erschöpfung sowie die maximale Herzfrequenz war erhöht. Die maximale Sauerstoffaufnahme blieb aber unverändert. Diese Ergebnisse führten zu der Annahme, dass Amphetamine zwar die Müdigkeit unterdrücken, physiologische Vorgänge während der Belastung bleiben aber unbeeinflusst. Studienergebnisse der jüngeren Vergangenheit sind sich in dem Punkt einig, dass Stimulantien zwar eine bessere Ausschöpfung der körperlichen Möglichkeiten bewirken, die Struktur als solche aber unverändert bleibt. Vergleicht man deren Wirkung mit einem Auto, so könnte man sagen, es ist als ob man den Drehzahlbegrenzer ausbauen würde. In diesem Fall bleibt die Motorleistung bekanntlich auch unbeeinflusst.

Epidemiologie

Schon zu Kriegszeiten hat man sich das leistungssteigernde Potential von Stimulantien, vor allem das der Amphetamine zunutze gemacht. Studien haben gezeigt, dass im Zweiten Weltkrieg deutsche Soldaten ihre Müdigkeit mit diesen Mitteln unterdrückt haben (*V. G. Laties* und *B. Weiss*). Im Sport sind Sympathomimetika ebenfalls schon sehr lange (50er Jahre) im Einsatz. Besonders viel Aufsehen hat der Tod des britischen Radrennfahrers, Tom Simpson erregt, der beim Anstieg zum Mont Ventoux in den 60er Jahren im Rahmen der Tour de France einem Herz-Kreislaufversagen zum Opfer fiel. In seinem Trikot hat man eine beträchtliche Menge an Stimulantien finden können. Heutzutage zählen Stimulantien im Allgemeinen und indirekte Sympathomimetika im Besonderen nach Anabolika zu den am zweithäufigsten nachgewiesenen Dopingsubstanzen. Positive Fälle findet man in nahezu allen Sportarten, besonders häufig bei Radsportlern, Triathleten und Kampfsportlern. Bei den diversen Geständnissen vergangener Sportgrößen wurden immer wieder Stimulantien genannt. Wie bereits im Kapitel Glukokortikoide erwähnt wurde, werden Amphetamine oder Ephedrine häufig mit Cortison oder anderen Glukokortikoiden kombiniert. Der kombinierte Einsatz dieser Substanzen bewirkt eine euphorisierende Wirkung.

Einige Sportler verwenden Stimulantien zum Gewichtsverlust. Im Radsport müssen vor allem im Frühjahr überschüssige Kilos abgebaut werden. Zudem erfolgt zu diesem Zeitpunkt der Umstieg von dem eher grundlagenorientierten zum wettkampforientierten Training. Aus diesen beiden Gründen könnte man in diesem Zeitraum womöglich positive Trainingskontrollen erhalten. Bei Langläufern wäre das – analog betrachtet – der spätere Sommer. Eine großangelegte unangekündigte Untersuchung von belgischen Profiradsportlern hat in den Jahren 1987–1994 in 7,8% von 4.374 Proben positive Dopingproben ergeben *(F. T. Delbeke)*. Es hat sich gezeigt, dass Ephedrine und Amphetamine den absoluten Großteil der Kontrollen ausgemacht haben.

Auf meine Anfrage bezüglich positiver Testergebnisse in Österreich hat man mir seitens des Österreichischen Antidoping-Komitees folgende Auskunft erteilt:

„Die Substanzgruppen, die am häufigsten nachgewiesen werden, sind anabole Steroide (z.B. Metandienon, Nandrolon, Metenolon und deren Metaboliten), gefolgt von Stimulantien (z. B. Ephedrin, Phentermin) und in letzter Zeit zunehmend Marihuana.

Methylxanthine

Koffein

Theophyllin

Theobromin

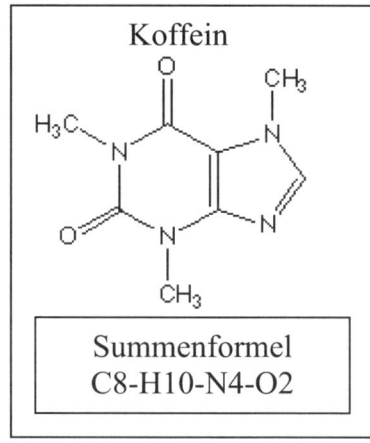

Koffein

Summenformel
C8-H10-N4-O2

Primärwirkung

Die Methylxanthine sind aus zweierlei Hinsicht von Bedeutung: als Psychostimulantien und als Bronchodilatoren. Die Verwendung dieser Substanzen hat schon sehr lange Tradition und ist akzeptierter Bestandteil unserer Gesellschaft. Kaffee, Tee und in geringer Menge auch Kakao enthalten Methylxanthine, die in ihrer chemischen Struktur den Purinderivaten unserer Nukleinsäuren sehr ähnlich sind. Die Wirkung an der Zelle entsteht durch drei primäre Wirkungen, die im Folgenden detailliert erläutert werden:

a) Adenosinrezeptorblockade,

b) Phosphodiesterasehemmung,

c) intrazelluläre Calciumfreisetzung.

Ad a) Blockade von Adenosinrezeptoren

Man kennt vier Typen von Adenosinrezeptoren, hier sollen nur zwei unterschieden werden: *A1-Rezeptoren* hemmen die Tätigkeit bestimmter Neurone im Gehirn, indem sie die Adenylatcyclase hemmen und so den cAMP-Spiegel senken. Die Wirkung der Methylxanthine besteht darin, dass durch die Rezeptorblockade der cAMP-Spiegel in den entsprechenden Zellen steigt und die Hemmung bestimmter Neurone wegfällt. Das Resultat ist eine Psychostimulation. *A2-Rezeptoren* stimulieren die cAMP-Bildung und bewirken so eine Dilatation in den zerebralen Blutgefäßen. Die Wirkung der Methylxanthine besteht darin, dass durch die Rezeptorblockade die zerebrale Blutgefäßdilatation wegfällt und eine Verengung resultiert. Das Resultat ist ebenfalls eine Psychostimulation. Um diese Wirkungen zu erzielen, genügen relativ geringe Konzentrationen. Die Reihenfolge der Wirkstärke lautet: Theophyllin > Koffein > Theobromin.

Ad b) Hemmung der Phosphodiesterasen

Durch die Hemmung der Phosphodiesterasen wird der Abbau von cAMP verzögert und die oben beschriebenen Wirkungen werden verlängert. Dafür bedarf es höherer Konzentrationen.

Ad c) Intrazelluläre Calciumfreisetzung

Die Feisetzung von Calcium aus intrazellulären Speichern ins Zytoplasma bringt die glatte Muskulatur und die Skelettmuskulatur zur Kontraktion.

Auswirkungen auf den Gesamtorganismus

Die Auswirkungen der primären Wirkungen auf den Gesamtorganismus manifestieren sich in verschiedenen Organen: Im ZNS wird eine Stimulation bewirkt, die auf der weiter oben beschriebenen Blockade von Rezeptoren der dämpfenden Neurone beruht. Die Aufmerksamkeit und die Lernbereitschaft nimmt dadurch zu, das Lernen wird erleichtert. Die Atmung wird angeregt und die Motorik wird verstärkt. All das wird besonders deutlich, wenn man zuvor müde war. Nach höheren Dosen (ab 200–300 mg) stellt sich Dysphorie ein mit Unruhe, Angst, Tremor und unter Umständen Übelkeit und Erbrechen. Noch höhere Dosen können Krämpfe auslösen. Herz und Blutgefäße werden einerseits direkt, andrerseits indirekt über das ZNS beeinflusst. Am Herzen kommt es zu einer positiv inotropen und positiv chronotropen Wirkung. Bei vorbelasteten Personen kann das zu Arrhythmien führen. Die Blutgefäße werden im Gehirn enggestellt, im restlichen Körper werden sie meist dilatiert. Die glatte Muskulatur der Bronchien wird durch Methylxanthine zur Erschlaffung gebracht. An der Niere kommt es zur Weitstellung der zuführenden Gefäße (Vasa afferentia) und somit zu einer verstärkten Diurese. Im Magen wird die Säuresekretion der Belegzellen verstärkt.

Koffein besitzt einige Eigenschaften eines zu Missbrauch führenden Stoffes:

1. *Toleranzentwicklung*, unter Toleranz versteht man die Wirkungsabnahme gleichbleibender Dosen.
2. *Psychische und körperliche Abhängigkeit mit Entzugssymptomen*, Müdigkeit, Kopfschmerzen und Konzentrationsstörungen können nach dem Absetzen von Koffein auftreten.
3. *Reinforcement*, darunter versteht man die Bekräftigung künftiger Einnahmen durch die bisherige Einnahme.

Trotz dieser Tatsachen fehlen dem Koffein aber einige Eigenschaften suchterzeugender Substanzen. Bei angemessenen Dosierungen schadet es dem Menschen selbst bei Dauergebrauch nicht. Aus medizinischer Sicht sollte der Koffeinkonsum bei Patienten mit Angststörung, Schlaflosigkeit, peptischen Ulzera oder Arrhythmien verboten werden. Für Theophyllin und Theobromin sind die zu Missbrauch führenden Effekte bisher nicht beschrieben worden.

Indikationen

Die wichtigste, medizinisch indizierte Anwendung von Methylxanthinen ist die des Theophyllins zur Asthmatherapie. Dabei ist vor allem die geringe therapeutische Breite ein Problem bei der richtigen Dosierung. Eine regelmäßige Kontrolle des Plasmaspiegels ist erforderlich (5–15 µg/ml wird angestrebt). Außerdem enthalten zahlreiche Schmerzmittel neben dem eigentlichen Analgetikum Koffein. Dieser Zusatz wird unter Pharmakologen widersprüchlich bewertet. Zuletzt sei hier auf den Gebrauch von Methylxanthinen zur Vorbeugung von Erstickungsanfällen bei frühgeborenen Kindern hingewiesen.

Dopingrichtlinien

Da der Genuss von Koffein ein toleriertes Genussmittel ist, hat man es seitens des IOC für untragbar angesehen, diese Substanz mit einem generellen Dopingverbot zu versehen. Man hat daher für Koffein einen Grenzwert von 12 µg/ml festgesetzt. Kritiker dieser Regelung behaupten, dass Koffeinkonsum innerhalb der erlaubten Grenzen bereits ergogene Effekte besitzt. Je nach Köpergewicht müsste man für einen positiven Dopingbefund rund 400–600 mg während der Dauer einer Stunde einnehmen. Das entspricht ungefähr fünf bis acht Tassen Kaffee. Folglich ist es nahezu unmöglich, den erlaubten Grenzwert mit herkömmlichem Kaffeekonsum zu überschreiten. Die Verabreichung zur illegalen Leistungssteigerung erfolgt meist in Form von Koffeintabletten, die leicht erhältlich sind und in großer Anzahl verschiedener Präparate existieren. Apotheken können derartige Tabletten auch ohne großen Aufwand selbst produzieren. An dieser Stelle sei erwähnt, dass manche Schmerztabletten, wie Gewadal® oder Adolorin®, wegen ihres Koffeinanteils auf der Dopingliste zu finden sind. Die in einer Tablette enthaltene Dosis beträgt aber in der Regel nicht mehr als 50 mg und führt daher nicht zu einem positiven Dopingnachweis.

Auswirkungen auf die Ausdauerleistung

Koffein hat nachgewiesenermaßen einen positiven Effekt auf die Ausdauerleistung; auf kurze, intensive Belastungen scheint Koffein nur sehr wenig oder gar keinen Einfluss zu haben. *M. Tarnopolsky* hat in seinem Rückblick alle relevanten Untersuchungsergebnisse zusammengetragen und 1994 im „Journal of Sports Medicine" publiziert. Es hat sich gezeigt, dass Koffein die Fettsäure-Oxidation ankurbelt und somit die Glykogenreserven des Athleten schont. Bei langdauernden Belastungen werden die Glykogenreserven oft zum leistungsbestimmenden Faktor und können über Sieg oder Niederlage entscheiden, vor allem wenn am Ende der Ausdauerbelastung noch eine anaerobe Leistung (Zielsprint) zu erbringen ist. Weiters vermag Koffein zu einer verbesserten neuromuskulären Übertragung und zu einer verminderten Plasma-Kalium-Anhäufung beizutragen. Die Psychostimulation unterdrückt die Müdigkeit und die „Kampfkraft" bleibt bis zum Ende der Belastung erhalten.

In den späten 70er Jahren haben *Costill* et. al. eine Verlängerung der Zeit bis zur Erschöpfung bei einer Ergometerbelastung mit 80% der $\dot{V}O_{2max}$ um 20% beschrieben. Sie haben ihren Probanden 5 mg/kg verabreicht, eine Dosis, die höchstwahrscheinlich keinen positiven Dopingbefund ergeben würde.

T. E. Graham und *L. L. Spriet* untersuchten ebenfalls den Einfluss von Koffein auf die Zeit bis zur Erschöpfung bei einer Ergometer- und bei einer Laufbandbelastung bei 85% der $\dot{V}O_{2max}$ an sieben Elitesportlern, allerdings mit einer potentiell dopingpositiven Dosis von 9 mg/kg. Die Zeit bis zur Erschöpfung stieg um 44% beim Laufen und um 51% bei der Ergometrie. Dieser Zuwachs ist als sehr groß zu beurteilen, vor allem wenn man sich vergegenwärtigt, dass oft schon ein paar Prozent auf oder ab einen Einfluss auf das Wettkampfergebnis haben können.

B. Berglund und *P. Hemmingson* haben in einem Feldtest den Einfluss von Koffein auf die Leistungsfähigkeit im Schilanglauf untersucht. In einer Doppelblindstudie haben sie 13 Personen (fünf Frauen und acht Männern) 6 mg/kg Koffein, beziehungsweise ein Placebopräparat verabreicht und deren Zeit auf einem 23 km langen Kurs auf einer Seehöhe von 30 m gemessen und miteinander verglichen. Es konnte unter Koffein eine um 1,7% schnellere Zeit registriert werden. Die gleiche Untersuchung wurde mit 14 Personen (zehn Männern und vier Frauen) auf einem 20 km langen Kurs auf einer Seehöhe von 2.900 m wiederholt. Dabei ergab der gemessene Zeitgewinn sogar 3,2%.

Verbreitung

Der Gebrauch von Koffein ist in unserer Gesellschaft akzeptiert und fester Bestandteil des täglichen Lebens. Es ist daher schwierig, der breiten Öffentlichkeit klarzumachen, dass diese Substanz ab einer gewissen Dosis zu den Dopingsubstanzen zu zählen ist. Aus den oben dargestellten Gründen ist ersichtlich, dass Koffein bereits bei dopingnegativen Konzentrationen einen leistungssteigernden Effekt haben kann. Es sollten daher die erlaubten Urin-Grenzwerte auf 8 mg/l herabgesetzt werden *(M. Tarnopolsky)*. Viele Sportler, vor allem Ausdauersportler, sind sich der ergogenen Wirkungen des Koffeins bewusst und setzen diese auch gezielt zur Leistungssteigerung ein. *F. T. Delbeke* et al. haben feststellen können, dass Koffein-Verabreichung im Radsport eine gängige Methode der Leistungssteigerung ist. Persönlichen Mitteilungen zufolge wird im Langlaufsport ebenfalls Koffein zur Verbesserung der Ausdauer eingesetzt. Positive Dopingbefunde kommen zwar vor, sind aber eher selten, da erstens die erlaubten Dosen schon wirksam sind und zweitens die unerlaubten Dosen möglicherweise bereits unerwünschte Wirkungen wie Konzentrationsstörung, Tremor und Übelkeit hervorrufen. Sportarten, in denen die technische Komponente und die Konzentration besonders wichtig sind, können durch die verbesserte Vigilanz und die Konzentrationssteigerung profitieren (Turnen, Fechten, Tennis . . .). Zuletzt sei erwähnt, dass Koffein oft mit Aspirin und Ephedrin kombiniert wird. Die Einzelwirkungen dieser Substanzen verstärken einander und werden zur Gewichtsreduktion eingesetzt. Die auf diesem Weg erhöhte Thermogenese und der erhöhte Grundumsatz können in Kombination mit der appetitmindernden Wirkung des Ephedrins den erwünschten Gewichtsverlust bewirken. Diese Dreierkombination ist (neben vielen anderen) im Bodybuildingsport eine übliche Medikation.

Kokain

Das im Blatt der Kokapflanze enthaltene Kokain besitzt die Eigenschaft, Zellmembrantransportsysteme für Noradrenalin, Dopamin und Serotonin zu hemmen. Die somit verminderte Wiederaufnahme aus dem synaptischen Spalt zurück ins Neuron führt zu einer verstärkten Wirkung dieser Neurotransmitter.

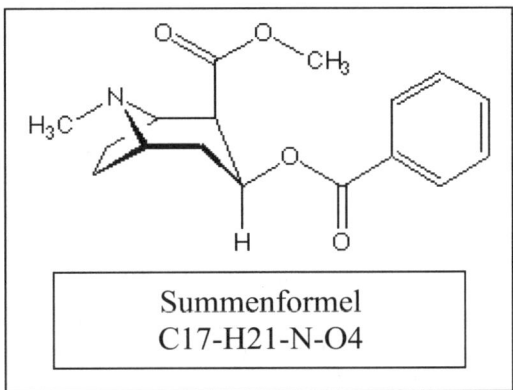

Summenformel
C17-H21-N-O4

Erst in höheren Konzentrationen blockiert Kokain auch spannungsabhängige Natriumkanäle und wirkt dadurch lokalanästhetisch. Andere Lokalanästhetika sind nicht in der Lage, den Transmitterhaushalt zu beeinflussen, daher ist Kokain auch das einzige mit stimulierender Wirkung. Aus den eben beschriebenen Primärwirkungen resultieren die Auswirkungen auf den Gesamtorganismus, von denen man in erster Linie eine zentralnervöse von einer Kreislaufwirkung unterscheidet:

1. Die zentralnervöse Wirkung ist gekennzeichnet durch Verminderung der Müdigkeit, ein Gefühl von Wohlsein und Leistungsfähigkeit, Intensivierung angenehmer Empfindungen und Unterdrückung von Hunger – ähnlich den Amphetaminen. Es können aber auch Unruhe und Angst vorkommen, in höheren Konzentrationen treten dann meist visuelle und taktile Halluzinationen sowie Krämpfe auf.

2. Die kreislaufbezogenen Wirkungen entstehen durch den verstärkten Sympathikustonus. Am Herzen kommt es zu einem markanten Frequenzanstieg, der in Kombination mit der peripheren Vasokonstriktion zu einem gefährlichen Blutdruckanstieg führt. Nach hohen Dosen kann starke Blutdrucksteigerung zu Gefäßrupturen führen (intrazerebrale Massenblutung), starke Vasokonstriktion zu Herz- und Mesenterialinfarkt, die Wirkung aufs Herz zu Tachyarrhythmien. Der Tod kann plötzlich eintreten, am häufigsten wohl durch Kammerflimmern oder Myokardinfarkt.

Bekanntermaßen besitzt Kokain zudem eine suchterzeugende Komponente. Nach der Definition der WHO besteht beim Kokain- wie auch beim Amphetaminmissbrauch aber „nur" eine psychische Abhängigkeit, das heißt, es fehlt ein typisches Entzugssyndrom. Dennoch werden beim Menschen häufig nach erzwungenem Absetzen Entzugserscheinungen, wie Suche nach der Droge (Craving), extremes Schlafbedürfnis, Tremor, Angst und Gereiztheit beobachtet. Beim Kokainschnupfen kann außerdem die Nasenschleimhaut empfindlich geschädigt werden. Beim Missbrauch wird Kokain meist als Hydrochlorid geschnupft (~2 mg/kg), als Hydrochlorid intravenös injiziert (~0,5 mg/kg) oder als freie Base, sogenanntes „Crack", geraucht (1 mg/kg), *(W. Forth)*. Beim missbräuchlichen Einsatz im Sport dürfte wohl das „Schnupfen" die häufigste Art der Anwendung sein.

Kokain wird im Bereich des Sports vor allem wegen der psychostimulierenden Wirkung genommen. Beweise einer dadurch erzielten Leistungssteigerung wurden aber bislang nicht zweifelsfrei dokumentiert. In geringen Dosierungen soll die Wirkung des Kokains mit denen der Amphetamine vergleichbar sein *(N. A. Ghaphery)*, die Müdigkeit wird unterdrückt und der Antrieb vermehrt. Anders als bei den Amphetaminen, bei denen eine Leistungssteigerung bereits ausführlich beschrieben wurde, fehlen derartige Daten für den Gebrauch von Kokain. Der Verdacht steht im Raum, dass Kokain zwar den geistigen Antrieb vermehrt und das subjektive Belastungsempfinden mindert, die erbrachte Leistung dabei aber wahrscheinlich eher unbeeinflusst bleibt. Einige Untersuchungen weisen darauf hin, dass es unter dem Einfluss von Kokain und Belastung zu einer abnormal raschen Entleerung von Glykogenspeichern und somit zu einer beschleunigten Laktatanhäufung kommt *(R. K. Conlee* et al.). Im Tierversuch konnten diese Beobachtungen wiederholt bestätigt werden (z.B. *R. W. Braiden* et al.). Dieses Phänomen führt zu einer rascheren Übersäuerung der Muskulatur und zu einem vorzeitigen Leistungsabbruch. Es bleibt also die Frage offen, ob der psychostimulierende Effekt die beschleunigte Laktatazidose überhaupt kompensieren kann. Weitere Untersuchungen zu diesem Thema wären wünschenswert.

Als erste nutzten die Indianer Südamerikas die stimulierende Wirkung des Kokains. Noch heute kauen diese Völker an den Blättern der Kokapflanze, um die Belastung der Arbeit in großer Höhe besser zu verkraften. Im Bereich des Sports wird Kokain nur in Einzelfällen zur Leistungssteigerung eingesetzt. Die Kenntnis der potentiellen Nebenwirkungen, die mangelnde Gewissheit über das leistungssteigernde Potential und nicht zuletzt die gute Nachweisbarkeit von Kokain tragen dazu bei, dass es sich bei dieser Verbindung nicht unbedingt um eine häufige Form des Dopings handelt. Außerdem muss man die positiven Testergebnisse kritisch betrachten, denn manche der positiv getesteten Athleten haben diese Droge zum Zweck der Berauschung auf diversen Festen konsumiert, nicht aber in der Absicht einer illegalen Leistungssteigerung bezogen auf ihre Sportart. *N. A. Ghaphery* untersuchte Profis der National Football League auf deren Kokainkonsum und konnte feststellen, dass diese Substanz ausschließlich als Partydroge konsumiert wurde. Prominentester Kokain-Dopingsünder der jüngeren Vergangenheit ist der kubanische Hochspringer Javier Sotomayor. Der Olympiasieger (Barcelona 1992) und Weltrekordhalter mit (2,45 m) wurde im Juli 1999 nach einem Wettkampf im kanadischen Winnipeg positiv auf Kokain getestet.

5. Andere Dopingmittel

Auf der Dopingliste:
Diuretika
Betablocker
Alkohol
Cannabinoide
Narkotika
Lokalanästhetika
Verschleiernde Wirkstoffe
Nicht auf der Dopingliste:
Kreatin
Schilddrüsenhormone
Antiöstrogene

Einleitung

Auf Grund der Vielzahl verbotener Dopingmittel mußte ich Prioritäten setzen und nahm daher die hier angeführten Substanzen aus der genaueren Untersuchung heraus. Diese Entscheidung wurde nach Rücksprache mit meinem betreuenden Professor, Univ.-Prof. Dr. Norbert Bachl getroffen. Der Vollständigkeit halber möchte ich aber trotzdem dem Leser die sportpraktische Relevanz dieser Präparate mit einigen Worten näher bringen.

Diuretika

Diuretika dienen zur Entwässerung des Körpers und werden aus zwei Gründen verhältnismäßig häufig zu Dopingzecken missbraucht.

1. In einigen Sportarten, wie Boxen, Judo oder Gewichtheben werden die Wettkämpfer in Gewichtsklassen eingeteilt, um faire Wettkampfbedingungen zu schaffen. Aus diesem Grund müs-

z.B.: Furosemid (Lasix®)

Summenformel
C12-H11-Cl-N2-O5-S

sen Sportler, die mit ihrem Körpergewicht über der Grenze ihrer Gewichts-klasse liegen, vor dem Wettkampf Gewicht abnehmen. Um dieses Ziel zu erreichen, werden illegalerweise Diuretika verabreicht, denn auf diesem Weg kann man in nur 24 Stunden eine Reduktion des Körpergewichts um bis zu 4% erzielen; entsprechende Flüssigkeitsrestriktion vorausgesetzt. Der damit verbundene Leistungsverlust wird in Kauf genommen.

2. Der zweite Grund, Diuretika einzusetzen basiert auf der Annahme, dass die Nachweisbarkeit von anderen verbotenen Dopingmitteln herabgesetzt wird („Maskierung", siehe verschleiernde Wirkstoffe). Man glaubt durch die Vergrößerung des Harnvolumens die Konzentration der „eigentli-chen" Doping-Präparate unter die erlaubte Konzentration drücken zu können. Dieses Unterfangen wird aber durch eine neue Regelung er-schwert, denn mittlerweile muss der Kontrolleur die Urinprobe auf ihre Dichte überprüfen; liegt diese unter 1,005, muss so lange eine weitere Probe verlangt werden, bis der vorgegebene Dichtewert erreicht ist.

Betablocker

z.B.: Atenolol

Summenformel
C14-H22-N2-O3

Betablocker setzen die Herzfrequenz herab, vermindern das Schlagvolu-men und senken den Blutdruck. Entwickelt wurden diese Präparate vor allem für Patienten mit Bluthochdruck und Patienten nach einem Herzinfarkt. Diese Personengruppen profitieren enorm von der Therapie mit Beta-blockern, da die kardiodepressive Wirkung weiteren Schäden vorbeugt. Im Bereich des Sports werden Betablocker verbotenerweise im Schießsport ein-gesetzt, da sie das feine Zittern der Hände reduzieren und die Schießleistung somit verbessern. Aerobe maximale Belastungen werden durch Betablocker negativ beeinflusst (*A. P. Jonas* et al.). Die möglichen Nebenwirkungen dieser Medikamente sind: Bronchospasmus, Herzversagen und Verschlechte-rung bestehender peripherer Gefäßerkrankungen.

136

Alkohol

Alkohol wurde in die Liste der verbotenen Wirkstoffe aufgenommen, da er in niedrigen Dosen eine angstlösende, enthemmende und beruhigende Wirkung besitzt. In Sportarten, bei denen Feinmotorik gefragt ist, könnte sich dieser leicht sedierende Effekt positiv auswirken. Entgegen früheren Annahmen hat Alkohol keine günstige Wirkung auf Ausdauerleistungen. Weder als Energiequelle (z.B. Bier) noch zum Wiederauffüllen von Mineral- und Vitaminspeichern eignen sich alkoholische Getränke. Die zusätzliche Belastung der Leber bei der Entgiftung des Alkohols kann sogar die Glykogensynthese ein wenig beeinträchtigen.

Ethanol

$$H - C - C - OH$$

Summenformel
C2-H5-OH

Cannabinoide

Der im Haschisch enthaltene Wirkstoff Tetrahydrocannabinol (THC) hat an sich keine günstigen Effekte auf die sportliche Leistungsfähigkeit. Eventuell kann er, ähnlich dem Alkohol, nervöse Verspannungen vor einem Wettkampf lösen. Der häufige Gebrauch dieser Substanz kann zu einem „Antimotivationssyndrom" führen, das durch Antriebslosigkeit und Apathie gekennzeichnet ist. Weniger wegen der „leistungssteigernden" Wirkung, sondern eher wegen der „drogenfreien" Prämisse des Sports wird die Einnahme von Cannabinoiden geahndet. Als erlaubte Grenze gilt eine Urin-Konzentration von 15 ng/ml. An dieser Stelle sei erwähnt, dass die festgesetzte Grenze auch durch passiv Rauchen erreicht wer-

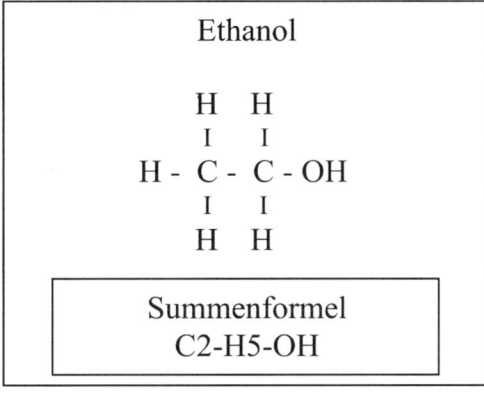

Tetrahydrocannabinol (THC)

Summenformel
C21-H30-O2

den kann. Besonderes Aufsehen hat der Fall des kanadischen Olympiasiegers im Snowboard-Riesentorlauf (Nagano 1998), Ross Rebagliati, erregt. Er konnte trotz positiven THC-Befunds seine Unschuld glaubhaft machen und durfte seine Goldmedaille behalten.

Narkotika

Narkotika beeinflussen das Zentralnervensystem, indem sie Schmerz und Angst unterdrücken. Zu dieser Gruppe zählen Morphin, Heroin, Methadon, Pethidin und andere verwandte Substanzen. Der unter Umständen leistungssteigernde Effekt dieser Verbindungen liegt an ihrer schmerzstillenden Wirkkomponente. Eine verminderte Schmerzwahrnehmung ermöglicht dem dopenden Sportler die Überschreitung seiner natürlichen Schmerzgrenze während der Belastung und er kann so autonome Reserven angreifen. Ähnlich

z.B.: Methadon

Summenformel
C21-H27-N-O

den Stimulantien, kann es bei dieser Form des Dopings wegen der veränderten Selbstwahrnehmung zu einer gefährlichen Überlastung des Organismus kommen. Herzversagen kann die Folge sein. Der zweite Grund, weshalb diese Substanzen verboten sind, ist wegen der Gefahr, dass verletzte Sportler mit Hilfe der Narkotika das Sensorium für Schmerz ausschalten könnten und trotz Verletzung an den Start eines Wettkampfes gehen könnten. Eine Aggravierung bestehender Verletzungen wäre bei so einem Vorgehen zu befürchten. Abgesehen davon besitzen diese Substanzen eine ausgeprägte atemdepressive Wirkung, die einer sportlichen Betätigung durchaus hinderlich sein könnte. Das bekanntermaßen hohe Suchtpotential ist ein weiterer Grund, warum Narkotika eher selten zu Dopingzwecken eingesetzt werden. Zudem fehlen eindeutige Beweise der Leistungssteigerung durch diese Dopingmittel.

Lokalanästhetika

Ähnlich den Narkotika können auch Lokalanästhetika die Schmerzwahrnehmung stark herabsetzen. In geringerer Konzentration hemmen sie selektiv sensible Neurone, indem sie eine Erregungsleitung in den Nerven durch

Blockade der Natriumkanäle behindern. Erst in wesentlich höheren Konzentrationen kommt es zu einer unerwünschten Hemmung der Muskelneurone. Im Rahmen der Dopingrichtlinien unterliegen diese Substanzen bestimmten Einschränkungen. Nur bei einer medizinisch gerechtfertigten Indikation dürfen: Lidocain, Bupivacain, Mepivacain, Procain oder verwandte Sub-

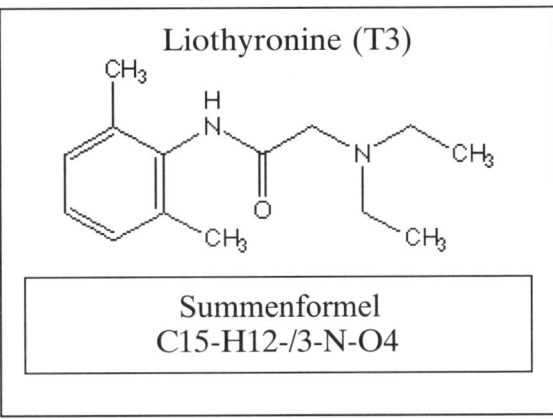

Liothyronine (T3)

Summenformel
C15-H12-/3-N-O4

stanzen lediglich lokal oder intraartikulär injiziert werden. Vasokonstriktorische Substanzen, wie zum Beispiel Adrenalin dürfen in Verbindung mit Lokalanästhetika verabreicht werden. Sie verhindern das Abdiffundieren des Wirkstoffes vom Ort der Applikation. Die systemische Verabreichung von Lokalanästhetika ist demnach strikt verboten und nach dem Dopinggesetz zu bestrafen. Kokain ist innerhalb der Gruppe der Lokalanästhetika gesondert zu behandeln, da es als einziges dieser Gruppe auch ausgeprägte zentralnervöse Wirkungen hat. Genaueres darüber ist auf den Seiten 133 und 134 nachzulesen.

Verschleiernde Wirkstoffe

Zu den verschleiernden Wirkstoffen (Maskierungssubstanzen) werden jene Substanzen gezählt, die eine Nachweisbarkeit verbotener Dopingsubstanzen herabsetzen. Neben den weiter oben beschriebenen Diuretika werden zu dieser Gruppe beispielsweise Probenecid, Epitestosteron und Plasmaexpander gezählt. Probenecid ist ein Hemmstoff der aktiven Sekretion von organischen Säuren im proximalen Tubulus der Niere und führt somit zu einer Konzentrationsabnahme der endogenen und exogenen Steroidhormonexkretion, da diese vorwiegend als saure Glukuronide renal eliminiert werden. Epitestosteron führt zu einer Veränderung des Testosteron/Epitestosteron-Verhältnisses und mindert daher die Nachweisbarkeit einer verbotenen Testosteroneinnahme. Plasmaexpander erhöhen das Blutvolumen, was im gegebenen Fall einen überhöhten Hämatokritwert verschleiern kann (z.B.: Dextran). Die Wirkung verschleiernder Substanzen machen sich logischerweise nur dopende Sportler zunutze. Ein Nachweis dieser Substanzen wird daher einem Dopingmissbrauch gleichgesetzt. Die Substanzen an sich haben aber keine leistungssteigernde Wirkung.

Kreatin

Kreatin steht in Diskussion, auf die Dopingliste aufgenommen zu werden, ist aber derzeit nicht auf der Dopingliste. Nachgewiesenermaßen kann Kreatin bei kurzen, sich wiederholenden, intensiven Belastungen die Leistung günstig beeinflussen *(B. T. Ekblom)*.

Schilddrüsenhormone

Schilddrüsenhormone stehen zwar noch nicht auf der Dopingliste, werden aber dennoch zur Leistungssteigerung verwendet. Sie können den Stoffwechsel des Athleten stark stimulieren, was sich vor allem in einer vermehrten Fettverbrennung äußert. Sportarten, die einen geringen Körperfett-

Liothyronine (T3)

Summenformel
C15-H12-I3-N-O4

anteil erfordern, wie zum Beispiel die meisten Ausdauerdisziplinen, können diesen verbotenerweise durch Schilddrüsenhormone erzielen. Wegen der verstärkten Thermogenese (Wärmebildung und Abgabe) schmelzen die Fettreserven dahin, ohne dass große Einschränkungen bei der Ernährung getroffen werden müssen. Im Falle des Radsports werden diese Substanzen vorwiegend am Ende der Vorbereitungsperiode eingesetzt, da zu diesem Zeitpunkt meist eine Reduktion des Körpergewichts angestrebt wird. Außerdem stimulieren Schilddrüsenhormone in geringem Ausmaß die Proteinsynthese *(W. Forth)*. Informationen des Buches: „Hormone im Ausdauersport" von *A. Thomas* zufolge, setzen manche Athleten Schilddrüsenhormone, Anabolika und Kortikoide gleichzeitig ein, um durch eine Beschleunigung der anabolen sowie der katabolen Stoffwechselvorgänge eine schnellere Anpassung an die Trainingsreize zu erzielen. Persönlichen Mitteilungen von Sportlern zufolge werden derartige Kombinationen tatsächlich angewendet. Es wäre wünschenswert, das Missbrauchpotential dieser Wirkstoffe genauestens zu überprüfen und sie bei gegebenem Anlass in die Dopingliste aufzunehmen, denn Schilddrüsenhormone sind sehr gefährliche Präparate, die eine Reihe von schwerwiegenden Gesundheitsschäden verursachen können.

Antiöstrogene

Antiöstrogene sind möglicherweise in der Lage, den Testosteronspiegel zu heben. Einerseits können sie eine Aromatisierung von Testosteron zu Östrogen vermindern und andererseits können sie an der Hypophyse den Regelkreis zugunsten der Testosteronfreisetzungshormone beeinflussen. Diese Substanzen sind nicht auf der Dopingliste und wurden wegen funktioneller Gemeinsamkeiten im Kapitel 2, Testosteronliberatoren besprochen und sind dort nachzulesen.

6. Zukünftiges Doping

Rinderhämoglobin (Hemopure^{TM})

„Gendoping"

Einleitung

Selbst wenn es den Dopingkontrollorganen gelingen sollte, alle Präparate der aktuellen Dopingliste sicher und zweifelsfrei nachzuweisen, so ist trotzdem die Garantie eines sauberen Sports nicht gegeben. Wegen der zeitlichen Latenz zwischen dem Auftreten neuer verbotener Substanzen und der Möglichkeit, diese nachzuweisen, werden dopende Athleten stets einen Schritt voraus sein. Trotz dieser entmutigenden Einsicht ist es die Pflicht der verantwortlichen Antidopingkommissionen, neue Entwicklungen rasch zu erkennen und so schnell wie möglich, ein geeignetes Nachweisverfahren zu entwickeln. Im Interesse der Gesundheit der Sportler müssen gefährliche Tendenzen im Keim erstickt werden, um den nicht abschätzbaren Langzeitfolgen neuer Dopingpraktiken entgegenzuwirken (vgl. „Gendoping"). In dem folgenden Kapitel möchte ich, in gebotener Kürze, um nicht den Rahmen dieser Arbeit zu sprengen, zwei neue Richtungen des Dopings ansprechen.

Rinderhämoglobin (Hemopure^{TM})

Bei dieser neuen, noch in Probe befindlichen Substanz, handelt es sich um gereinigtes, polymerisiertes Hämoglobin von Rindern, das sich nach Verabreichung im Serum befindet und Sauerstoff von der Lunge in die Gewebe transportieren kann. Anders als beim Erythropoetin tritt die gewünschte Wirkung binnen Minuten ein und ermöglicht so die rasche Verbesserung der Sauerstoffversorgung des Organismus. Die Erforschung dieses Sauerstoffträgers auf zellfreier Hämoglobinbasis (HBOC; hemoglobin based oxygen carrier) stellt eines der zukunftsträchtigsten Projekte der modernen Medizin dar. Man hofft, durch diese neuen Präparate seltener Bluttransfusionen einsetzen zu müssen und vor allem in der Notfall- und Intensivmedizin eine grundlegende Erneuerung bestehender Behandlungsmethoden herbeiführen zu können. Im Unterschied zur Bluttransfusion ist gereinigtes Hämoglobin frei von Oberflächenantigenen und daher für alle Blutgruppen gleich einsetzbar. Davon könnten zum einen Patienten mit autoimmunen Anämien und zum anderen Patienten mit akutem hypovolämischem Schock stark profitieren. *J. Mullon* et al. haben erst kürzlich einen Fall im „New England Journal of Medicine" veröffentlicht, in dem sie die Vorteile einer HBOC-Behandlung bei einer autoimmun-anämischen Patientin dargestellt haben. Die Ergebnisse waren beeindruckend. Auch Zeugen Jehovahs, die Transfusionen selbst in lebensbedrohlichen Situationen aus religiösen Gründen ablehnen, könnte mit der neuen Therapie in Notsituationen geholfen werden. In der Veterinärmedizin ist ein Rinderhämoglobinpräparat namens Oxyglobin seit 1998 zugelassen und wird erfolgreich zur Behandlung der Anämie bei Hunden eingesetzt. Bisher wird Rinderhämoglobin in einem patentierten Verfahren in den Vereinigten Staaten hergestellt und unter dem Namen Hemopure™ an Kliniken getestet. Angeblich können mit Hilfe dieser Herstellungstechnik alle potentiell schädigenden Stoffe des Rinderblutes eliminiert werden. Im Bezug auf die durch Fremdeiweiß übertragene Rinderseuche, BSE, ist es jedoch vermutlich noch zu früh, um von absoluter Sicherheit zu sprechen. Analog zu vielen anderen Medikamenten wird auch im Falle des Hemopure™ die Möglichkeit der gentechnologischen Herstellung durch E.-coli-Bakterien erforscht, die eine sicherere und effizientere Produktion ermöglichen würde *(H. F. Bunn)*. Im Bereich des Sports könnte diese Verbindung verbotenerweise ebenfalls zur Erschließung einer neuen Dimension der menschlichen Leistungsfähigkeit führen. Die Ausdauerleistungsfähigkeit wird durch Hemopure™ massiv verbessert, da der arbeitenden Muskulatur viel mehr Sauerstoff zur Verfügung gestellt werden kann. Wie bereits im Kapitel Erythropoetin erwähnt, stellt die Sauerstoffversorgung meist das schwächste Glied der Kette leistungsbestimmender Faktoren dar. Man könnte in diesem Zusammenhang von einer Art metabolischer Reserve der arbeitenden Muskulatur sprechen, denn wie am Beispiel EPO zu sehen ist, führt eine verbesserte Sauerstoffversorgung zu einem enormen Leistungsanstieg. Die Anwendung erfolgt mittels intravenöser Injektion unmittelbar vor dem Wettkampf, um nur für diesen einen Augenblick die maximale Sauerstoffaufnahme zu erhöhen. Bereits nach einigen Stunden beginnt die Wirkung abzunehmen und die Werte der $\dot{V}O_{2max}$ gehen zurück zum Ausgangspunkt.

Man muss davon ausgehen, dass diese Substanz im Spitzensport bereits eingesetzt wird, vermutlich ist sie aber nur für einen kleinen Teil der Athleten zugänglich. Gerüchten zufolge ist dieses neue Wundermittel mitverantwortlich für die Vielzahl an Weltrekorden bei den Olympischen Sommerspielen 2000.

„Gendoping"

Unter dem Begriff „Gendoping" versteht man unterschiedliche Methoden, deren gemeinsames Grundprinzip die Beeinflussung der natürlichen Gentranskription ist. Seit der nahezu vollständigen Entschlüsselung der genetischen Erbinformation des Menschen wird dieses neugewonnene Wissen in verschiedenen Therapieformen genutzt, beziehungsweise auch schon missbraucht. Mit Hilfe von Viren kann man bestimmte Genabschnitte in menschliche Zellen einschleusen und diese von da an zur Synthese eines gewünschten Proteins anregen. Handelt es sich bei dem exprimierten Protein zum Beispiel um einen Muskelwachstumsfaktor, so ist ein verstärktes Muskelwachstum vorprogrammiert.

In diesem Zusammenhang muss man auf die bahnbrechenden Erkenntnisse des Engländers *Geoffrey Goldspink* verweisen. Er und seine Mitarbeiter konnten zwei Wachstumsfaktoren der Muskulatur identifizieren, die durch Bewegung vermehrt gebildet werden. Der eine ist dem IGF-1 der Leber sehr ähnlich und wurde L.IGF-1 genannt, der andere konnte nur im belasteten oder gedehnten Muskel nachgewiesen werden und wurde MGF (mechano growth factor) genannt. Letzterer verlässt im Unterschied zu L.IGF-1 nicht die Muskelzelle, und kann daher nicht im Blut nachgewiesen werden. Es wird angenommen, dass MGF das „missing link" zwischen mechanischer Belastung, sprich Training, und Muskelwachstum ist. Mit anderen Worten führt der mechanische Reiz des Krafttrainings zur vermehrten Produktion von MGF, der seinerseits ein Muskelwachstum anregt. *Goldspink* ist es gelungen, den für das MGF-Protein kodierenden Genabschnitt an ein Virus zu binden und ihn in die Muskelzelle einer Maus zu verpflanzen. Der virale Anteil sorgt für die Einschleusung der entscheidenden Gensequenz in den Zellkern, wo es fortan synthetisiert wird. Im Laborexperiment ergab sich bei der Maus ein Muskelzuwachs von 20% in nur zwei Wochen. Während die intramuskuläre Injektion dieser Gensequenz Patienten mit Muskeldystrophie von großem Nutzen sein könnte, liegt das Missbrauchspotential eines solchen Präparats auf der Hand. Abgesehen davon, wird es wohl sehr lange dauern, bis man den Nachweis einer solchen Form des Dopings erbringen kann.

Unabhängig davon hat der Leiter des dänischen Antidoping-Labors, Bengt Saltin, in einem Interview mit dem Spiegel (22. 09. 00) angedeutet, dass es Wissenschaftlern der Pennsylvania State University gelungen ist, ein Gen mit Hilfe eines Schnupfenvirus in Versuchsmäuse und Affen einzuschleusen, das die Produktion von EPO in den Tieren selbst ankurbelt und für ein Jahr oder länger aufrechthält. Der Hämatokritwert der Versuchstiere hat sich im Experiment massiv erhöht.

Teil 3

1. Doping und Ausdauer

Einleitung

Im ersten Teil dieser Arbeit wurden die leistungsbestimmenden Faktoren der menschlichen Ausdauerleistungsfähigkeit und die Grundlagen des Ausdauertrainings dargestellt sowie beispielhaft ein Trainingsplan (aus dem Straßenradsport) angeführt. Im zweiten Teil dieser Arbeit wurden die wichtigsten Dopingmittel genau dargestellt und unter anderem auf deren Einflussnahme auf die Ausdauerleistungsfähigkeit untersucht. Außerdem wurden Beispiele über deren missbräuchliche Verwendung im Sport gesammelt und angeführt. In diesem dritten Teil der vorliegenden Arbeit soll die Wirksamkeit der verschiedenen Dopingmittel in kurzer, übersichtlicher Form nochmals dargestellt werden. Dabei sollen die, den Dopingmitteln eigenen Ansatzpunkte im Organismus zur Verbesserung der Ausdauerleistungsfähigkeit berücksichtigt werden. Weiters erfolgt eine Einschätzung der sportpraktischen Bedeutung der unterschiedlichen Dopingmittel und eine Einschätzung des Dopingmissbrauchs in Bezug auf die unterschiedlichen Trainingsperioden.

Angriffspunkte der Dopingsubstanzen (Ausdauer)

Die wichtigsten Angriffspunkte der Dopingsubstanzen zur Verbesserung der menschlichen Ausdauerleistungsfähigkeit sind:

1. Die Sauerstoff-Transportkapazitätserhöhung im Blut

Diese kann durch eine Erhöhung der Erythrozytenzahl (EPO), durch eine Erhöhung der Blutmenge (Blutdoping) oder durch Hämoglobin im Plasma (Rinderhämoglobin) erreicht werden. Die Erhöhung der O_2-Transportkapazität führt zu einem direkten Leistungsanstieg.

2. Proteinsynthesestimulation

Je nach Dosierung führen anabole Substanzen zu einer Regenerationsbeschleunigung oder zu einem Muskelaufbau. Parallel dazu wird auch die Synthese der an der Ausdauerleistung beteiligten Stoffwechselenzyme gefördert.

Vor allem die Regenerationsbeschleunigung lässt ein vermehrtes Training zu und erhöht somit indirekt die Ausdauerleistungsfähigkeit.

3. Erhöhung der Belastungsbereitschaft

Die Stimulation des ZNS erhöht die Motivation, sich einer körperlichen Belastung auszusetzen sowohl im Wettkampf als auch im Training. Die Unterdrückung der bei hohen Belastungen auftretenden Schmerzen kann ebenfalls die Belastungsbereitschaft erhöhen.

4. Körperkompositionsveränderung

In den meisten Ausdauersportdisziplinen ist es von sehr großer Bedeutung, einen möglichst geringen Fettanteil bei gut trainierter Muskulatur zu besitzen. Die gewünschte Veränderung der Körperkomposition kann entweder durch eine Appetitzügelung oder durch eine Erhöhung der Lipolyse unterstützt werden.

5. Erhöhung der Energiebereitstellung

Besonders den Glukokortikoiden und deren Freisetzungsfaktoren wird eine Erhöhung der Energiebereitstellung durch katabole Vorgänge nachgesagt. Das vermehrte Energieangebot kann zu einer Erhöhung der Ausdauerleistungsfähigkeit beitragen.

Dopingsubstanzen und Ausdauer

Auf Grund der Wirkung, der Dauer der Nachweisbarkeit und der missbräuchlichen Verwendung einer Substanz kann man gute Aussagen über deren sportpraktische Bedeutung in Hinblick auf die illegale Steigerung der Ausdauerleistung treffen. Im Folgenden werde ich die Angriffspunkte sowie die sportpraktische Bedeutung der Dopingsubstanzgruppen in kurzen Worten darstellen und in den anschließenden Tabellen gemäß meiner subjektiven Einschätzung bewerten. Die Einschätzung der sportpraktischen Bedeutung der verbotenen Dopingsubstanzen wurde von mir nach gründlicher Recherche aller relevanten Faktoren nach bestem Wissen und Gewissen vorgenommen, dass jedoch in einigen Detailfragen Abweichungen von der Realität vorliegen, kann nicht ausgeschlossen werden. Die Zuordnung der Dopingsubstanzen zu jeweiligen Angriffspunkten im Organismus sowie die Einschätzung der sportpraktischen Bedeutung der einzelnen Dopingsubstanzen erfolgt gemäß der folgenden Einteilung:

1. Anabolika

a) Anabole Steroide (+ +)

In geringeren Dosierungen wird die Regeneration beschleunigt, in höheren Dosierungen wird zudem der Muskelaufbau gefördert. Diese Einflussnahme auf den Proteinstoffwechsel begünstigt auch die Anpassung der für die Bewegung notwendigen Stoffwechselenzyme an den Trainingsprozess. Im ZNS rufen einige anabole Steroide eine Stimulation hervor, die sich in einer gesteigerten Motivation für Training und/oder Wettkampf äußert. Im geringen Ausmaß wird durch anabole Steroide die Bildung der roten Blutkörperchen stimuliert. Die Körperkomposition verändert sich zugunsten der fettfreien Muskelmasse. Anabole Steroide werden mittlerweile auch im Ausdauersport häufig eingesetzt, besonders wegen der leichten Beschaffbarkeit und der vergleichsweise geringen Kosten. Wegen der guten Nachweisbarkeit und der Möglichkeit, auch im Training auf anabole Steroide getestet zu werden, wird der Einsatz dieser Substanzen unter dopenden Sportlern als riskant bewertet. Etwa 2–8 Wochen vor einem Wettkampf (mit möglichen Kontrollen) werden die Substanzen abgesetzt.

b) Prohormone (+)

Sofern es durch Prohormone tatsächlich zu einem Konzentrationsanstieg von Testosteron, beziehungsweise Nandrolon im Körper kommt, gelten die für anabole Steroide beschriebenen Wirkungen auch für Prohormone. Prohormone sind sehr leicht erhältlich und relativ kostengünstig, haben aber einen deutlich geringeren Einfluss auf die Ausdauerleistungsfähigkeit als die anabolen Steroide. Man kann sie durchaus als „Einstiegsdroge" bezeichnen.

c) Beta-2-Mimetika (+)

Beta-2-Mimetika, allen voran Clenbuterol, besitzen eine geringe stimulierende Wirkung auf die Proteinsynthese, weiters eine stimulierende Wirkung auf die Lipolyse (Fettverbrennung) sowie eine stimulierende Wirkung auf das ZNS. Letztere Wirkung führt zu einer gesteigerten Motivation in Training und Wettkampf und zu einer mäßigen Appetitzügelung. Obwohl einige Wirkungen der Beta-2-Mimetika die Ausdauerleistungsfähigkeit günstig beeinflussen können, sind diese Substanzen vor allem wegen der teilweise intensiven akuten Nebenwirkungen (Unruhe, Tremor) nur von mäßiger Bedeutung. Selbst die geringen Kosten und die leichte Beschaffbarkeit ändern nichts an diesem Umstand.

2. Peptidhormone

a) Testosteronliberatoren (+)

Der durch Testosteronliberatoren (hCG, LH) hervorgerufene Anstieg der Testosteronkonzentration führt zu den für anabole Steroide beschriebenen Wirkungen. In der Regel werden diese Substanzen aber nur im Anschluss an eine Anabolikakur genommen, um die gedrosselte körpereigene Testosteronproduktion wieder anzukurbeln. Die alleinige Einnahme von Testosteronliberatoren hat eine wesentlich geringere Wirkung als jene der anabolen Steroide. Diese Substanzen haben nur eine geringe bis mäßige sportpraktische Bedeutung im Hinblick auf die Ausdauerleistungsfähigkeit.

b) Wachstumshormone (+ +)

Wachstumshormone haben einen ausgeprägten stimulierenden Effekt auf die Lipolyse und einen geringen Effekt auf die Proteinsynthese. In erster Linie kommt es daher zu einer Veränderung der Körperkomposition zugunsten der fettfreien Masse, in geringerem Umfang wird auch die Proteinsynthese gefördert, was sich durch eine verkürzte Regenerationszeit, beziehungsweise durch einen Muskelaufbau bemerkbar macht. Wachstumshormone haben zwar eine geringere Wirkung als anabole Steroide, sie werden aber wegen der bislang fehlenden Nachweisbarkeit sehr häufig im Ausdauersport eingesetzt. Wegen der hohen Kosten und der schwierigen Beschaffbarkeit ist der Einsatz dieser Substanzen zumeist nur Sportarten, bei denen viel Geld im Spiel ist vorbehalten.

c) Erythropoetin (+ + +)

Die Stimulation der Blutbildung führt mit einer Verzögerung von einigen Tagen zu einem markanten Anstieg der Sauerstofftransportkapazität; dies führt zu einer stark verbesserten Ausdauerleistungsfähigkeit. Erythropoetin ist nach wie vor das bedeutendste Dopingmittel im Ausdauersport. Der Umstand, dass bislang kein Nachweisverfahren zulässig ist, hat EPO trotz der hohen Kosten zum Dopingmittel mit der größten sportpraktischen Bedeutung im Ausdauersport gemacht.

d) Insulin (o)

Die anabolen Wirkungen des Insulins macht man sich nur im Kraftsport zunutze, um vermehrtes Muskelwachstum zu erzielen. Diese Substanz hat keine sportpraktische Bedeutung im Hinblick auf die Ausdauerleistungsfähigkeit.

e) Kortikotropine (+)

Der durch den Glukokortikoidanstieg hervorgerufene Nutzen für den Sportler gleicht dem einer Glukokortikoidgabe und ist daher dort nachzulesen. Diese Substanzen haben nur eine geringe bis mäßige sportpraktische Bedeutung im Hinblick auf die Ausdauerleistungsfähigkeit.

3. Glukokortikoide (+ +)

Glukokortikoide, wie zum Beispiel Cortison, werden vor allem direkt im Wettkampf eingesetzt, um in einen Zustand der erhöhten Leistungsbereitschaft zu gelangen, da zum einen die subjektive Schmerzempfindung vermindert wird und zum anderen der Stoffwechsel durch vermehrte Glykolyse, Lipolyse und Proteolyse mehr energetische Substrate zur Muskelkontraktion zur Verfügung gestellt erhält. Teilweise werden diese Substanzen auch in der Regenerationsphase eingesetzt mit der Absicht, reparative Vorgänge zu beschleunigen (Beseitigung von beschädigtem Zellmaterial). Glukokortikoide werden wegen der zumeist geringen Kosten und der leichten Beschaffbarkeit vor allem im Wettkampf eingesetzt. Oft werden sie gemeinsam mit Stimulantien eingenommen, da sich deren Wirkungen gegenseitig verstärken.

4. Stimulantien

a) Sympathomimetika (+ +)

Die zu dieser Gruppe zählenden Amphetamine, Ephedrine und Beta-2-Mimetika führen zu einer euphorisch gehobenen Stimmungslage, einer Erhöhung der Leistungsbereitschaft, einer Erhöhung der Aufmerksamkeit, einem nachlassenden Müdigkeitsgefühl und zu einem gezügelten Appetit. Der anabole Effekt der Beta-2-Mimetika wurde bereits erwähnt. Sympathomimetika werden sehr häufig im Ausdauersport verwendet. Die geringen Kosten und die leichte Beschaffbarkeit tragen auch dazu bei. Wegen der guten Nachweisbarkeit wird der Einsatz dieser Substanzen als riskant bewertet, und dementsprechend häufig kommt es zu positiven Dopingkontrollen durch Sympathomimetika.

b) Methylxanthine (+)

Die zu dieser Gruppe zählenden Substanzen Koffein und Theophyllin führen ebenso zu einer Psychostimulation. Außerdem vermag Koffein die Energiebereitstellung durch Lipolyse zu verbessern, was eine Einsparung der Glykogenreserven bedeutet. Methylxanthine, wie zum Beispiel Koffein, beeinflussen die Ausdauerleistungsfähigkeit positiv. Da aber bereits zulässige Dosierungen wirksam sind und hohe Dosierungen ohnehin mit starken Nebenwirkungen behaftet sind, wird nur sehr selten eine positive Dopingkontrolle auf Methylxanthine festgestellt.

c) Kokain (+)

Kokain verstärkt den geistigen Antrieb und führt zu einer euphorisch gehobenen Stimmungslage. Das subjektive Belastungsempfinden wird dadurch vermindert, die erbrachte Ausdauerleistung bleibt aber wahrscheinlich unbeeinflusst. Diese Substanz hat nur eine geringe bis mäßige sportpraktische Bedeutung im Hinblick auf die Ausdauerleistungsfähigkeit.

5. Andere Dopingmittel

a) Diuretika (+)

Im Ausdauersport werden Diuretika ausschließlich zur Maskierung einer anderen verbotenen Dopingmitteleinnahme verwendet. Der durch Diuretika erzielte Gewichtsverlust ist für Ausdauerbelastungen von Nachteil, da sich der Mineralhaushalt und das Blutvolumen nachteilig verändert. Diese Substanzen haben eine geringe bis mäßige sportpraktische Bedeutung im Hinblick auf die Ausdauerleistungsfähigkeit.

b) Betablocker (–)

Betablocker wirken sich im Ausdauersport negativ aus, da die Drosselung der Herzleistung eine Leistungseinbuße bedeutet. Diese Substanzen werden wegen des nachteiligen Effekts auf die Ausdauerleistungsfähigkeit nicht eingesetzt. Der Biathlonsport, bei dem Ausdauer und Treffergenauigkeit beim Schießen gefordert sind, könnte hierbei eine Ausnahme darstellen.

c) Alkohol (o)

Ist im Ausdauersport ohne leistungssteigernde Wirkung, hat daher keine sportpraktische Bedeutung im Hinblick auf die Ausdauerleistungsfähigkeit.

d) Cannabinoide (o)

Sind im Ausdauersport ohne leistungssteigernde Wirkung. Cannbinoide haben keine sportpraktische Bedeutung im Hinblick auf die Ausdauerleistungsfähigkeit. Die hohe Zahl der positiven Dopingbefunde durch diese Substanzen haben wohl eher „gesellschaftliche" Gründe, abseits der sportlichen Tätigkeit.

e) Narkotika (+)

Der unter Umständen leistungssteigernde Effekt dieser Verbindungen liegt in ihrer schmerzstillenden Wirkkomponente. Eine verminderte Schmerzwahrnehmung ermöglicht dem dopenden Sportler die Überschreitung seiner natürlichen Schmerzgrenze während der Belastung und er kann so autonome Reserven angreifen. Diese Substanzen haben nur eine geringe bis mäßige sportpraktische Bedeutung im Hinblick auf die Ausdauerleistungsfähigkeit.

f) Lokalanästhetika (+)

Ähnlich den Narkotika können auch Lokalanästhetika die Schmerzwahrnehmung herabsetzen und die Belastungsbereitschaft erhöhen. Diese Substanzen haben nur eine geringe bis mäßige sportpraktische Bedeutung im Hinblick auf die Ausdauerleistungsfähigkeit.

g) Verschleiernde Wirkstoffe (+)

Die Wirkung verschleiernder Substanzen, wie zum Beispiel Probenecid, machen sich logischerweise nur illegal dopende Sportler zunutze. Ein Nachweis dieser Substanzen wird daher einem Dopingmissbrauch gleichgesetzt. Die Substanzen an sich haben aber keine leistungssteigernde Wirkung.

h) Kreatin* (+)

Kreatin vermag die Leistung bei kurz andauernden, sich wiederholenden Belastungen zu verbessern. Nur einige wenige Ausdauersportarten können davon profitieren.

i) Schilddrüsenhormone* (+)

Schilddrüsenhormone stimulieren die Fettverbrennung durch einen erhöhten Grundumsatz; dies führt zu einer günstigen Veränderung der Körperkomposition. Zudem sollen sie einen geringen anabolen Effekt haben. Die kombinierte Einnahme mit anabolen Steroiden und Glukokortikoiden kann die Anpassung an das Training beschleunigen.

j) Antiöstrogene* (o)

Sind im Ausdauersport ohne leistungssteigernde Wirkung und daher ohne sportpraktische Bedeutung.

Die drei letztgenannten Substanzen stehen nicht auf der aktuellen Dopingliste des Österreichischen Anti-Doping-Komitees (hier mit Stern * gekennzeichnet).

6. Zukünftige Dopingmittel

a) Rinderhämoglobin (+ + +)

Rinderhämoglobin (Hemopure™) erhöht massiv die Sauerstofftransport-Kapazität und kann daher zu einer kurzfristigen Ausdauerleistungssteigerung missbraucht werden. Da es sich um ein sehr neues Präparat handelt, zu dem nur wenige Personen Zugang haben, werden vermutlich bislang nur wenige Sportler damit dopen. In Zukunft könnte Rinderhämoglobin die gleiche Bedeutung wie Erythropoetin erlangen.

b) Gendoping (+ +)

Die vielfältigen Möglichkeiten des Gendopings lassen sich zum derzeitigen Zeitpunkt noch gar nicht abschätzen, eine Möglichkeit der Verbesserung der Ausdauerleistungsfähigkeit wird aber sehr stark angenommen.

Übersichtstabelle: Angriffspunkte der Dopingsubstanzen

Ausdauer	Gesamte sportpraktische Bedeutung	O$_2$-Transport-Kapazitätserhöhung	Protein-synthese-förderung	Erhöhung der Belastungsbereitschaft	Veränderung der Körperkomposition	Erhöhung der Energiebereitstellung
Anabole Steroide	++	+	+++	++	+	
Prohormone	+		+			
Beta-2-Mimetika	+		+	++	+	
Testosteronliberatoren[#]	+		+			
Wachstumshormone[#]	++		+		++	
Erythropoetin[#]	+++	+++				
Insulin[#]	o					
Kortikotropine[#§]	+			+		
Glukokortikoide[§]	++			++		+
Sympathomimetika	++			+++	+	
Kokain	+			+		
Methylxanthine	+			+		
Diuretika	+					
Betablocker	−					
Alkohol	o					
Cannabinoide	o					
Narkotika[§]	+			+		
Lokalanästhetika[§]	+			+		
Verschleiernde W.	+					
Kreatin*[#]	o					
Schilddrüsenhormone*[#]	+		+		++	
Antiöstrogene*[#]	o					
Rinderhämoglobin[#]	+++	+++				
Gendoping*[#]	+++	?	?	?	?	?

[#] kein Nachweisverfahren zulässig; * derzeit nicht auf der Dopingliste; [§] bei Schmerzzuständen von Bedeutung

Trainingsperioden und Doping (Ausdauer)

Die in Teil 1, Kapitel 2 beschriebenen Perioden des Ausdauertrainings sind durch unterschiedliche Inhalte, Intensitäten, Umfänge und Ziele gekennzeichnet. Dementsprechend werden von illegal dopenden Sportlern unterschiedliche Dopingmittel in unterschiedlichem Ausmaß in den einzelnen Trainingsperioden eingesetzt. Auf Grund der dargestellten Trainingsgrundsätze und der dargestellten Wirkungsweisen der Dopingmittel können Perioden höherer und Perioden niedriger Wahrscheinlichkeit zum Dopingmissbrauch ausgemacht werden. Die Kenntnis dieser Tatsache kann zur Verbesserung der Durchführung von Doping-Trainingskontrollen sinnvoll genutzt werden. In diese Überlegungen müssen unbedingt auch praxisrelevante Fakten miteinbezogen werden. So muss festgehalten werden, dass sich dopende Sportler des Risikos einer Dopingkontrolle beim Wettkampf bewusst sind und daher bestrebt sind, ihre Dopingmittel rechtzeitig vor dem Wettkampf abzusetzen (beziehungsweise auf nicht nachweisbare Präparate umzusteigen), um nicht positiv getestet zu werden. Im Folgenden werden die einzelnen Trainingsperioden auf die Sinnhaftigkeit der Durchführung einer Doping-Trainingskontrolle untersucht und die für diese Zeit wahrscheinlichsten Dopingmittel dargestellt. In diesem Zusammenhang muss darauf hingewiesen werden, dass zum jetzigen Zeitpunkt Doping-Trainingskontrollen nur auf Anabolika, Diuretika und Peptidhormone (sowie deren Mimetika und Analoga) und unerlaubte Methoden durchgeführt werden. Da aber Peptidhormone derzeit im Urin nicht in anerkannterweise nachgewiesen werden können, wird die Bewertung der Trainingsperiode hinsichtlich der Sinnhaftigkeit einer Doping-Trainingskontrolle vor allem auf Anabolika, Diuretika und verschleiernde Substanzen bezogen.

Die Bewertung der Doping-Wahrscheinlichkeit innerhalb einer Trainingsperiode wurde von mir nach gründlicher Recherche aller relevanten Faktoren nach bestem Wissen und Gewissen vorgenommen; dass jedoch in einigen Detailfragen Abweichungen von der Realität vorliegen, kann nicht ausgeschlossen werden. Zur besseren Übersichtlichkeit und zur späteren Quantifizierung (in Teil 4) meiner subjektiven Bewertung habe ich mich einer dimensionslosen Zahl bedient, deren Wert zwischen 1 und 10 liegt. Ich schlage vor, diese mit **TADKo-Index** zu benennen (für: **Trainingsplan-assoziierte Doping-Kontrolle**). Diese bringt gewissermaßen die Bedeutung von Doping-Trainingskontrollen in den einzelnen Trainingsperioden zum Ausdruck und bezieht sich immer auf die gewählte Zeiteinheit (in den hier angeführten Beispielen ist die gewählte Zeiteinheit immer ein Monat). So ist es beispielsweise zehnmal sinnvoller, eine Trainingsdopingkontrolle in einem Monat der speziellen Vorbereitungsperiode durchzuführen als in einem Monat der Übergangsperiode. Naturgemäß ist die Wahrscheinlichkeit zum Dopingmissbrauch beim

Wettkampf selbst sehr hoch, doch der Gebrauch von Dopingmitteln beim Wettkampf wird durch Wettkampfkontrollen relativ gut eingeschränkt. Auf Grund der Zielsetzung der vorliegenden Arbeit (Verbesserung der Auswahlkriterien für Trainingskontrollen) wird das Hauptaugenmerk nicht auf den Wettkampf selbst, sondern auf die Trainingsperioden gerichtet. Der Zeitpunkt des Wettkampfes stellt keine Trainingsperiode dar und wird daher auch nicht mit dem TADKo-Index bewertet.

1. Allgemeine Vorbereitungsperiode (VP 1, VP 2) (TADKo-Index: 6)

Die allgemeine Vorbereitungsmethode dient der Entwicklung der sportlichen Form mit besonderem Augenmerk auf die Schaffung grundlegender Leistungsvoraussetzungen. Zur besseren Regeneration zwischen den Trainingseinheiten und zum Kraftaufbau werden in dieser Zeit von illegal dopenden Athleten Anabolika verabreicht. Erythropoetin wird möglicherweise ebenfalls zur Bewältigung höherer Trainingsumfänge verabreicht, allerdings nicht in dem Ausmaß wie zur Zeit der nahenden Wettkämpfe (spezielle VP, VP 3). Stimulantien werden unter Umständen zur Erhöhung der Trainingsbereitschaft und zur Appetitzügelung verabreicht, aber sicher nicht in dem Ausmaß wie in der VP 3 und der WKP. Wegen der Überlegenheit der Anabolika gegenüber den Wachstumshormonen hinsichtlich der Proteinsynthesestimulation werden Wachstumshormone in dieser Zeit vermutlich reduzierter eingesetzt, zumal die Kosten für diese Präparate sehr hoch sind. Ausnahmen bestehen, wenn die Möglichkeit einer Trainingskontrolle gegeben ist, denn dann werden Wachstumshormone bevorzugt. Das bestehende System der Trainingskontrollen birgt aber ein relativ geringes Risiko, in dieser Periode kontrolliert zu werden.

2. Spezielle Vorbereitungsperiode (VP 3)   (TADKo-Index: 10)

Die an die allgemeine Vorbereitungsphase anschließende spezielle dauert bei einfacher Periodisierung in der Regel 6–8 Wochen und ist vor allem durch steigende Intensität gekennzeichnet. Es wird darauf abgezielt, eine Wettkampfform zu erreichen und zu diesem Zweck wird mit zunehmender Intensität trainiert. Hinsichtlich der Sinnhaftigkeit der Durchführung von Doping-Trainingskontrollen hat diese Trainingsperiode die größte Bedeutung. Der Wechsel von grundlagenorientiertem zu intensivem Training lässt dopende Ausdauersportler zu Anabolika, Erythropoetin, Wachstumshormonen und Stimulantien greifen. Die genaue zeitliche Identifizierung und die nachfolgende engmaschigere Kontrolle dieser Periode könnte die Trefferquote der Doping-Trainingskontrollen mit größter Wahrscheinlichkeit erhöhen. Wie schon in der Einleitung erwähnt, setzen dopende Athleten die nachweisbaren verbotenen Präparate rechtzeitig ab, um beim Wettkampf nicht positiv getestet zu werden. Im Falle der durch Trainingskontrollen erfassbaren Anabolika beträgt dieser Zeitraum ungefähr 2–6 Wochen. Somit stellt die VP 3 den spätestmöglichen Zeitpunkt dar, bei dem die Verabreichung von Anabolika zu keinem positiven Testergebnis bei einer nachfolgenden möglichen Wettkampfkontrolle führt. Das ist neben der für diese Periode typischen Trainingsintensitätserhöhung der zweite wichtige Grund, warum in dieser Periode verstärkt kontrolliert werden sollte. Eine zusätzliche Kontrolle der erfassten Trainingsdopingkontrollen auf Stimulantien wäre kein großer Mehraufwand und würde mit größter Wahrscheinlichkeit den ein oder anderen Missbrauch aufdecken.

3. Wettkampfperiode (WKP)   (TADKo-Index: 4)

In der Wettkampfperiode steht die Ausprägung und die Stabilisierung der Wettkampfleistung im Vordergrund. Die Gestaltung und Durchführung des Trainings wird maßgeblich durch die Wettkämpfe bestimmt. Die Einnahme von verbotenen Substanzen in dieser Zeit ist wegen der Möglichkeit, bei den Wettkämpfen getestet zu werden, unwahrscheinlicher als in den zuvor beschriebenen Perioden. Nur besonders „risikofreudige" oder besonders dumme Athleten werden bei einem Wettkampf, bei dem kontrolliert wird, mit nachweisbaren verbotenen Substanzen im Körper antreten. Daher ist der positive Dopingnachweis in dieser Periode nicht sehr wahrscheinlich. Schwierigkeiten könnte allerdings die zeitliche Einschätzung der WKP bereiten, da diese bei Ausdauerathleten (wie im Beispiel Straßenradsport) unter Umständen sehr lange ist. So könnte eine Verwechslung zwischen VP 3 und WKP auftreten. Um diesem Risiko Rechnung zu tragen, habe ich die Periode mit + + bewertet, anstatt mit +. Mit größter Wahrscheinlichkeit werden in dieser Zeit in hohem Maße Wachstumshormone und andere nicht nachweisbare Peptidhormone verabreicht. Sollte in naher Zukunft ein Nachweis von diesen Substanzen möglich sein, so muss eine Anpassung der Bewertungen erfolgen. Von besonderem Interesse wäre der Nachweis von EPO, da diese Substanz im Ausdauersport eine Ausnahmestellung einnimmt.

4. Der Wettkampf selbst

Bei Wettkämpfen mit Dopingkontrollen werden in der Regel ausschließlich nicht-nachweisbare Substanzen eingesetzt. Sollte dennoch ein positiver Befund vorliegen, so ist der entweder durch zu spätes Absetzen der verbotenen nachweisbaren Substanz oder durch Unkenntnis der Kontrolle entstanden. Man könnte das auch als „Dopingunfall" bewerten, denn der Umstand einer negativen Dopingkontrolle bedeutet im Spitzensport noch lange nicht, dass nicht im Laufe des Jahres gedopt wurde. Wird von den Athleten eine Dopingkontrolle als unwahrscheinlich eingestuft, so kommen zusätzlich zu den nicht nachweisbaren Substanzen vor allem Stimulantien, Glukokortikoide, Anabolika, Narkotika und Lokalanästhetika zum Einsatz. Sehr häufig ist vermutlich auch der kombinierte Einsatz von Stimulantien und Glukokortikoiden.

5. Übergangsperiode (ÜP) (TADKo-Index: 1)

Die an die Wettkampfphase anschließende Übergangsperiode dient der nachhaltigen Regeneration des Athleten und wird in der Regel über einen Zeitraum von 3–5 Wochen durchgeführt. Spitzensportler machen in dieser Zeit meistens ihren wohlverdienten Urlaub, der nahezu frei von Trainingsbelastung verbracht wird. Im Hinblick auf den Dopingmissbrauch ist diese Periode von stark untergeordneter Bedeutung, denn die meisten Dopingmittel erfordern ein vorübergehendes Absetzen der Verabreichung, was zumeist in dieser Zeit erfolgt. Eine Dopingkontrolle in der Übergangsperiode wäre selbst bei stark gefährdeten Sportarten sinnlos.

Diskussion

1. Es ist nicht genau abschätzbar, inwieweit sich die Trainingsgestaltung durch den regelmäßigen Einsatz verbotener Substanzen verändert. Ich vermute, dass die wesentlichen Grundzüge der Trainingslehre beibehalten werden; die Umfänge sowie die Häufigkeit intensiver Einheiten dürften sich aber stark erhöhen. Hinsichtlich der Planung von Doping-Trainingskontrollen ergeben sich demnach keine relevanten Unterschiede.
2. Es kann nicht ausgeschlossen werden, dass Sportler bei Bekanntwerden veränderter Richtlinien zur Durchführung von Trainingskontrollen ihren Trainingsaufbau demgemäß verändern, um die Wahrscheinlichkeit einer Kontrolle zu verringern.

Anmerkung

Die schmerzstillenden verbotenen Substanzen (Narkotika, Glukokortikoide, Lokalanästhetika) werden logischerweise bei schmerzhaften Zustandsbildern, wie z.B. chronischen Verletzungen, vermehrt eingesetzt. In der vorliegenden Arbeit wird aber nicht auf diese Ausnahmesituation Rücksicht genommen.

Übersichtstabelle: Trainingsperioden und Doping

Ausdauer	Allgemeine Vorbereitungsperiode (VP1, VP2)	Spezielle Vorbereitungsperiode (VP3)	Wettkampfperiode (WKP)	Direkt beim Wettkampf (WK)	Übergangsperiode (ÜP)
Anabole Steroide	++	+++	++	+	+
Prohormone	+	++	+		
Beta-2-Mimetika	+	++	+		
Testosteronliberatoren[#]			++		
Wachstumshormone[#]	+	++	+++		
Erythropoetin[#]	++	+++	+++		
Insulin[#]					
Kortikotropine[#§]		+		+++	
Glukokortikoide[§]	+	++	+	+++	
Sympathomimetika	+	++	+	+++	
Kokain				+	
Methylxanthine				+	
Diuretika					
Betablocker					
Alkohol					
Cannabinoide				.	
Narkotika[§]				+	
Lokalanästhetika[§]				+	
Verschleiernde W.					
Kreatin*[#]					
Schilddrüsenhormone*[#]	+	++	+		
Antiöstrogene*[#]					
Rinderhämoglobin[#]				+++	
Gendoping*[#]					
Dopingwahrscheinlichkeit	mittel-hoch	sehr hoch	mittel	sehr hoch	sehr nieder
TADKo-Index	6	10	4		1

[#] kein Nachweisverfahren zulässig; * derzeit nicht auf der Dopingliste; [§] bei Schmerzzuständen von Bedeutung

2. Doping und Kraft

Einleitung

Im ersten Teil dieser Arbeit wurden die leistungsbestimmenden Faktoren der menschlichen Kraft und die Grundlagen des Krafttrainings dargestellt sowie beispielhaft ein Trainingsplan (Kugelstoßen) angeführt. Im zweiten Teil dieser Arbeit wurden die wichtigsten Dopingmittel genau dargestellt und unter anderem auf deren Einflussnahme auf die Kraft untersucht. In diesem dritten Teil der vorliegenden Arbeit soll die Wirksamkeit der verschiedenen Dopingmittel in kurzer, übersichtlicher Form nochmals in Bezug auf die motorische Hauptbeanspruchungsform Kraft dargestellt werden. Dabei sollen die Ansatzpunkte im Organismus zur Verbesserung der Kraft berücksichtigt werden. Des Weiteren erfolgt eine Einschätzung der sportpraktischen Bedeutung der unterschiedlichen Dopingmittel und eine Einschätzung des Dopingmissbrauchs im Zusammenhang mit den unterschiedlichen Trainingsperioden.

Angriffspunkte der Dopingsubstanzen (Kraft)

Die wichtigsten Angriffspunkte der Dopingsubstanzen zur Verbesserung der menschlichen Kraft sind:

1. Proteinsynthesestimulation

Wie bereits im Teil 1, Kapitel 3 (Kraft) ausführlich dargestellt wurde, ist die Maximalkraft sehr stark von der Größe des Muskelquerschnitts abhängig. Wenn man vom Ausprägungsgrad der inter- und intramuskulären Koordination einmal absieht, kann man eine nahezu direkte Korrelation zwischen Muskelmasse (Muskelquerschnitt) und Muskelkraft feststellen. Demzufolge stellt die Einflussnahme verbotener Substanzen auf die Proteinsynthese den bei weitem wichtigsten Angriffspunkt der Dopingsubstanzen dar.

2. Erhöhung der Belastungsbereitschaft

Die Stimulation des ZNS erhöht die Motivation, sich einer körperlichen Belastung auszusetzen, sowohl im Wettkampf als auch im Training. Die Unterdrückung der bei hohen Belastungen auftretenden Schmerzen kann ebenfalls die Belastungsbereitschaft erhöhen.

3. Körperkompositionsveränderung

In vielen Kraftsportarten sowie in vielen kraftbetonten Kampfsportarten werden die Athleten in Gewichtsklassen unterteilt. Sportler dieser Disziplinen sind daher bestrebt, einen geringen Fett- und einen hohen Muskelanteil zu haben. Die gewünschte Veränderung der Körperkomposition kann entweder durch eine Appetitzügelung oder durch eine Erhöhung der Lipolyse unterstützt werden. Besonderen Stellenwert haben in diesem Zusammenhang auch Diuretika, die verbotenerweise zur kurzfristigen Gewichtsreduktion vor einem Wettkampf eingesetzt werden.

4. Erhöhung der Energiebereitstellung

Das bislang nicht verbotene Präparat Kreatin vermag den Kurzzeitenergiespeicher für hochintensive Belastungen zu erhöhen. Diese Einflussnahme wirkt sich vor allem bei kurz aufeinanderfolgenden Belastungen aus, da sich die Wiederherstellung der Kurzzeitenergiespeicher zwischen den Belastungen schneller regenerieren.

Dopingsubstanzen und Kraft

Auf Grund der Wirkung, der Dauer der Nachweisbarkeit und der missbräuchlichen Verwendung einer Substanz kann man gute Aussagen über deren sportpraktische Bedeutung in Hinblick auf die illegale Steigerung der Kraft treffen. Im Folgenden werde ich die Angriffspunkte sowie die sportpraktische Bedeutung der Doping-Substanzgruppen in kurzen Worten darstellen und in den anschließenden Tabellen gemäß meiner subjektiven Einschätzung bewerten. Die Einschätzung der sportpraktischen Bedeutung der verbotenen Doping-Substanzen wurde von mir nach gründlicher Recherche aller relevanten Faktoren nach bestem Wissen und Gewissen vorgenommen; dass jedoch in einigen Detailfragen Abweichungen von der Realität vorliegen, kann nicht ausgeschlossen werden. Die Zuordnung der Doping-Substanzen zu den jeweiligen Angriffspunkten im Organismus sowie die Einschätzung der sportpraktischen Bedeutung der einzelnen Doping-Substanzen erfolgt gemäß der folgenden Einteilung (in Analogie zum Ausdauerkapitel):

+++ sehr große sportpraktische Bedeutung bzw. trifft sehr zu

 ++ große sportpraktische Bedeutung bzw. trifft zu

  + geringe bis mäßige sportpraktische Bedeutung bzw. trifft mäßig zu

  o keine sportpraktische Bedeutung bzw. bleibt unbeeinflusst

  – keine sportpraktische Bedeutung, zudem negative Beeinflussung!

1. Anabolika

a) Anabole Steroide (+ + +)

Anabole Steroide haben wegen ihrer starken Stimulation der Proteinsynthese absoluten Sonderstatus unter den im Kraftsport angewandten Dopingmitteln. Sie sind die bei weitem bedeutungsvollste Substanzgruppe im Bezug auf die Kraft. Einen ähnlichen oder höheren Stellenwert könnte in Zukunft das Gendoping mit Muskelwachstumsfaktoren erreichen; bis heute ist aber nur sehr wenig über eine derartige Anwendung bekannt. Anabole Steroide führen bei entsprechender Dosierung zu einem ausgeprägten Muskelwachstum, zu einer verkürzten Regeneration und verbesserten Anpassung der Stoffwechselenzyme an den Trainingsprozess. Bestimmte anabole Steroide rufen im ZNS zudem eine Stimulation hervor, die sich in einer gesteigerten Motivation für Training und/oder Wettkampf äußert. Außerdem verändert sich die Körperkomposition zugunsten der fettfreien Muskelmasse. Wegen der leichten Beschaffbarkeit und der vergleichsweise geringen Kosten werden anabole Steroide in sehr großem Ausmaß in kraftbetonten Sportarten eingesetzt. Wegen der guten Nachweisbarkeit und der Möglichkeit, auch im Training auf anabole Steroide getestet zu werden, wird der Einsatz dieser Substanzen unter dopenden Sportlern als riskant bewertet. Etwa 2–8 Wochen vor einem Wettkampf mit möglichen Kontrollen werden die Substanzen abgesetzt.

b) Prohormone (+)

Sofern es durch Prohormone tatsächlich zu einem Konzentrationsanstieg von Testosteron, beziehungsweise Nandrolon im Körper kommt, gelten die für anabole Steroide beschriebenen Wirkungen auch für Prohormone. Prohormone sind sehr leicht erhältlich und relativ kostengünstig, haben aber einen deutlich geringeren Einfluss auf die Kraft als anabole Steroide.

c) Beta-2-Mimetika (+)

Bestimmte Beta-2-Mimetika besitzen eine mäßig stimulierende Wirkung auf die Proteinsynthese, eine stimulierende Wirkung auf die Fettverbrennung sowie eine stimulierende Wirkung auf das ZNS. Von den beiden letztgenannten Wirkungen profitieren Kraftsportler, die ein Gewicht für eine bestimmte Klasse erreichen müssen. Im Tierversuch wird durch Beta-2-Mimetika vor allem das Wachstum der schnellzuckenden Muskelfasern gefördert. Wenn Ähnliches auch beim Menschen zutrifft (wozu aber keine Untersuchungsergebnisse vorliegen), könnten vor allem Schnellkraftsportarten von diesen Substanzen profitieren. Im Kraftsport werden Beta-2-Mimetika meist im Anschluss an eine „Steroidkur" genommen, um auf Grund der angeblich antikatabolen Wirkkomponente den darauffolgenden Kraftverlust zu verzögern.

2. Peptidhormone

a) Testosteronliberatoren (+ +)

Die Peptidhormone hCG und LH führen zu einem Anstieg der endogenen Testosteronproduktion und den damit verbundenen Wirkungen, wie zum Beispiel der Stimulation der Proteinsynthese oder der zentralnervösen Stimulation. Auch wenn die Testosteronliberatoren den anabolen Steroiden hinsichtlich der Proteinsynthesestimulation bei weitem unterlegen sind, haben sie wegen der fehlenden Nachweisbarkeit große Bedeutung im Kraftsport. Sie werden zum einen im Anschluss an eine „Steroidkur" zur Ankurbelung der gedrosselten endogenen Hormonsynthese verabreicht, und zum anderen zur Überbrückung der Zeitspanne vom Absetzen der anabolen Steroide bis zum Wettkampf eingesetzt. Auf diesem Weg versucht man, den Kraftverlust nach dem Absetzen in Grenzen zu halten. Als zentraler Bestandteil des „Überbrückungsdopings" gelangten diese Substanzen bereits in der ehemaligen DDR zu trauriger Berühmtheit.

b) Wachstumshormone (+ +)

Die Auswirkungen der Wachstumshormone auf die menschliche Kraft werden in der seriösen Wissenschaft und in der „Untergrundliteratur" widersprüchlich bewertet. Während letztere den Wachstumshormonen neben der Hypertrophie auch eine Hyperplasie der Muskelzellen zuschreibt, findet man in der seriösen wissenschaftlichen Literatur keine Anhaltspunkte, die das bestätigen würden. Generell konnte ich keine Studie finden, die einen positiven Einfluss der Wachstumshormone auf die Kraft belegen würde. Außerdem fördern Wachstumshormone die Fettverbrennung und führen zu einer optischen Definition der Muskulatur, was manche Sportler eventuell als Massezuwachs fehlinterpretieren. Wegen der suggestiven Versprechungen der unseriösen „Untergrundliteratur" habe ich die gesamte sportpraktische Bedeutung der Wachstumshormone mit + + anstatt mit + bewertet, da sich die Mehrheit der Sportler, Betreuer und Trainer an diesen Informationen orientiert.

c) Erythropoetin (o)

Erythropoetin hat im Kraftsport keine leistungssteigernde Wirkung und ist daher von untergeordneter sportpraktischer Bedeutung in Bezug auf die menschliche Kraft.

d) Insulin (+)

Der anabole Effekt des Insulins gilt heute als gesichert. Die erhöhte Einfuhr von Aminosäuren in die Muskelzelle und die Hemmung der Proteolyse führen in Kombination mit gezieltem Krafttraining und proteinreicher Ernährung zu einem Muskelwachstum. Kraftsportler verwenden Insulin meist zusätzlich zu anabolen Steroiden, da diese durch den kombinierten Einsatz mit Insulin ihre Wirkung besser entfalten können. Es wird gewissermaßen durch Insulin das „Angebot" an Aminosäuren in der Zelle erhöht, das durch die Anabolika-induzierte Vergrößerung der Proteinsynthese zur Bildung kontraktiler Filamente genutzt wird. Der alleinige Einsatz von Insulin ist dagegen nur von geringerer Bedeutung.

e) Kortikotropine (o)

Kortikotropine haben im Kraftsport keine leistungssteigernde Wirkung und sind daher von untergeordneter sportpraktischer Bedeutung in Bezug auf die menschliche Kraft.

3. Glukokortikoide (o)

Glukokortikoide haben im Kraftsport keine leistungssteigernde Wirkung und sind daher von untergeordneter sportpraktischer Bedeutung in Bezug auf die menschliche Kraft, nicht zuletzt weil der regelmäßige Einsatz dieser Substanzen zu Muskel- und Knochenschwund führt. In Ausnahmefällen werden diese Substanzen zur Unterdrückung von Schmerzzuständen eingesetzt.

4. Stimulantien

a) Sympathomimetika (+)

Die zu dieser Gruppe zählenden Amphetamine, Ephedrine und Beta-2-Mimetika führen zu einer euphorisch gehobenen Stimmungslage, einer Erhöhung der Leistungsbereitschaft, einer Erhöhung der Aufmerksamkeit, einem nachlassenden Müdigkeitsgefühl und zu einem gezügelten Appetit. Der anabole Effekt der Beta-2-Mimetika wurde bereits erwähnt. Sympathomimetika werden im Kraftsport zur Steigerung der Motivation im Training und/oder Wettkampf verwendet. Athleten von Kraftsportarten, die die Vorgaben einer bestimmten Gewichtsklasse erfüllen müssen, profitieren zudem von der appetitzügelnden Wirkung der Sympathomimetika.

b) Methylxanthine (o)

Die zu dieser Gruppe zählenden Substanzen Koffein und Theophyllin führen ebenfalls zu einer Stimulation der Psyche, die sich aber vermutlich nicht nennenswert auf die Kraftleistung auswirkt.

c) Kokain (o)

Kokain verstärkt den geistigen Antrieb und führt zu einer euphorisch gehobenen Stimmungslage. Das subjektive Belastungsempfinden wird dadurch vermindert, die erbrachte Kraftleistung bleibt aber wahrscheinlich unbeeinflusst.

5. Andere Dopingmittel

a) Diuretika (+ +)

Im Kraftsport werden Diuretika relativ häufig eingesetzt, obwohl die Substanzen dieser Gruppe die Kraftleistung an sich nicht verbessern. Der Grund für die Verabreichung ist einerseits die Maskierung einer verbotenen Anabolika-Einnahme und andererseits die kurzfristige Gewichtsreduktion zum Erreichen der Vorgaben einer bestimmten Gewichtsklasse.

b) Betablocker (o)

Betablocker haben im Kraftsport keine leistungssteigernde Wirkung und sind daher von untergeordneter sportpraktischer Bedeutung in Bezug auf die menschliche Kraft.

c) Alkohol (o)

Alkohol hat im Kraftsport keine leistungssteigernde Wirkung und ist daher von untergeordneter sportpraktischer Bedeutung in Bezug auf die menschliche Kraft.

d) Cannabinoide (o)

Cannabinoide haben im Kraftsport keine leistungssteigernde Wirkung und sind daher von untergeordneter sportpraktischer Bedeutung in Bezug auf die menschliche Kraft.

e) Narkotika (+)

Narkotika können bei bestehenden Schmerzzuständen die Belastungsbereitschaft erhöhen und auf Kosten der Gesundheit die Entwicklung der Kraftleistung positiv beeinflussen.

f) Lokalanästhetika (+)

Ebenso können Lokalanästhetika die Belastungsbereitschaft bei bestehenden Schmerzzuständen erhöhen und auf Kosten der Gesundheit die Entwicklung der Kraftleistung positiv beeinflussen.

g) Verschleiernde Wirkstoffe (+ +)

Im Kraftsport werden verschleiernde Substanzen vor allem zur Maskierung einer illegalen Anabolika-Einnahme eingesetzt und sind daher von großer sportpraktischer Bedeutung. Die Substanzen an sich haben aber keine positiven Wirkungen auf die Kraft.

h) Kreatin* (+ +)

Kreatin erhöht die Kurzzeitenergiespeicher für hochintensive Belastungen. Diese Einflussnahme wirkt sich vor allem bei kurzen, aufeinanderfolgenden Belastungen aus, da die Wiederherstellung der Kurzzeitenergiespeicher zwischen den Belastungen schneller erfolgt.

i) Schilddrüsenhormone* (+)

Schilddrüsenhormone führen in geringem Ausmaß zu einer Erhöhung der Proteinsynthese und in höherem Ausmaß zu einer verstärkten Fettverbrennung. Demnach werden diese Substanzen vorwiegend von Sportlern eingesetzt, die bestimmte Vorgaben einer Gewichtsklasse erfüllen müssen.

j) Antiöstrogene* (+ +)

Ähnlich wie die Testosteronliberatoren können Antiöstrogene die endogene Testosteronproduktion stimulieren und die Aromatisierung von Testosteron zu Östrogen vermindern. Antiöstrogene werden ebenfalls vorwiegend im Anschluss an eine „Steroidkur" zur Ankurbelung der gedrosselten endogenen Hormonsynthese verabreicht und zur Überbrückung der Zeitspanne vom Absetzen der anabolen Steroide bis zum Wettkampf.

6. Zukünftige Dopingmittel

a) Rinderhämoglobin (o)

Rinderhämoglobin hat im Kraftsport keine leistungssteigernde Wirkung und ist daher von untergeordneter sportpraktischer Bedeutung im Bezug auf die menschliche Kraft.

b) Gendoping (+ + +)

Die vielfältigen Möglichkeiten des Gendopings lassen sich zum derzeitigen Zeitpunkt noch gar nicht abschätzen, eine Möglichkeit der Verbesserung der Kraft wird aber sehr stark angenommen. Besonders die Erkenntnisse des Forschers *Goldspink*, der den bislang unbekannten Muskelwachstumsfaktor MFG entdeckt hat und der die Synthese desselben mit Hilfe der Gentechnik

stimulieren kann, könnten in Zukunft verstärkt zu Dopingzwecken missbraucht werden. Die bisherigen Untersuchungsergebnisse deuten jedenfalls
sehr stark darauf hin.

Übersichtstabelle: Dopingsubstanzen und Angriffspunkte

Kraft	Gesamte sportprakti-sche Bedeu-tung	Protein-synthese-förderung	Erhöhung der Bela-stungsbe-reitschaft	Verände-rung der Körperkom-position	Erhöhung der Ener-giebereit-stellung
Anabole Steroide	+++	+++	+	+	
Prohormone	+	+			
Beta-2-Mimetika	+	+	+	+	
Testosteronliberatoren[#○]	++	+			
Wachstumshormone[#]	++	+		++	
Erythropoetin[#]	o				
Insulin[#]	+	+			
Kortikotropine[#§]	o		+		
Glukokortikoide[§]	o		++		
Sympathomimetika	+		+++		
Kokain	o		+		
Methylxanthine	o		+		
Diuretika	++				
Betablocker	o				
Alkohol	o				
Cannabinoide	o				
Narkotika[§]	+		+		
Lokalanästhetika[§]	+		+		
Verschleiernde W.	++				
Kreatin*[#]	++				++
Schilddrüsenhormone*[#]	+	+		++	
Antiöstrogene*[#○]	++	+			
Rinderhämoglobin[#]	o				
Gendoping*[#]	+++	+++	?	?	?

[#] kein Nachweisverfahren zulässig; * derzeit nicht auf der Dopingliste; [§] bei Schmerzzuständen von Bedeutung; [○] Bestandteil des „Überbrückungsdopings"

Trainingsperioden und Doping (Kraft)

In Analogie zum Ausdauertraining sind die Perioden des Krafttrainings durch unterschiedliche Inhalte, Intensitäten, Umfänge und Ziele gekennzeichnet (siehe Teil 1, Kapitel 3). Dementsprechend werden von illegal dopenden Sportlern unterschiedliche Dopingmittel in unterschiedlichem Ausmaß in den einzelnen Trainingsperioden eingesetzt. Auf Grund der dargestellten Trainingsgrundsätze und der dargestellten Wirkungsweisen der Dopingmittel können Perioden höherer und Perioden niedriger Wahrscheinlichkeit zum Dopingmissbrauch ausgemacht werden. Die Kenntnis dieser Tatsache kann zur Verbesserung der Durchführung von Doping-Trainingskontrollen sinnvoll genutzt werden. In diese Überlegungen müssen unbedingt auch praxisrelevante Fakten miteinbezogen werden. So muss festgehalten werden, dass sich dopende Sportler des Risikos einer Dopingkontrolle beim Wettkampf bewusst sind und daher bestrebt sind, die verabreichten Dopingmittel rechtzeitig vor dem Wettkampf abzusetzen, beziehungsweise auf nicht nachweisbare Präparate umzusteigen, um nicht positiv getestet zu werden. Im Kraftsport gewinnt dieses Faktum insofern an Bedeutung, als der Einsatz anaboler Steroide über fast den gesamten Trainingsverlauf „Sinn" machen würde. „Risikoperioden" müssen somit vor allem durch die Kenntnis der Dauer der Nachweisbarkeit anaboler Steroide identifiziert werden.

Ein wesentlicher Unterschied zwischen den Dopingpraktiken im Ausdauer- und im Kraftsport ergibt sich aus der Tatsache, dass zum einen im Kraftsport eine Substanzgruppe bezüglich sportpraktischer Bedeutung enorm hervorsticht (anabole Steroide) und zum anderen, dass diese wichtigste Substanzgruppe durch Dopingkontrollen gut erfasst werden kann. Während im Ausdauersport die „Mittel der Wahl" (z.B. Erythropoetin) relativ ungehindert eingesetzt werden können, werden diese im Kraftsport durch Dopingkontrollen relativ gut erfasst. Aus dieser Sicht betrachtet, könnte man behaupten, dass die Effizienz der Dopingkontrollen in Bezug auf die Kraft denen bezüglich Ausdauer überlegen sind. Die Möglichkeiten, den Missbrauch verbotener Substanzen durch Umstrukturierung der Auswahlverfahren von Doping-Trainingskontrollen zu verhindern, schätze ich daher für den Kraftsport größer ein als für den Ausdauersport. Im Folgenden werden die einzelnen Trainingsperioden auf die Sinnhaftigkeit der Durchführung einer Doping-Trainingskontrolle untersucht und die für diese Zeit wahrscheinlichsten Dopingmittel dargestellt. In diesem Zusammenhang muss darauf hingewiesen werden, dass zum jetzigen Zeitpunkt Doping-Trainingskontrollen nur auf Anabolika, Diuretika und Peptidhormone (sowie deren Mimetika und Analoga) und unerlaubte Methoden durchgeführt werden. Da aber Peptidhormone derzeit im Urin nicht in anerkannter Weise nachgewiesen werden können, wird die Bewertung der Trainingsperiode hinsichtlich der Sinnhaftigkeit einer Doping-

Trainingskontrolle vor allem auf Anabolika, Diuretika und verschleiernde Substanzen bezogen.

Die Bewertung der Doping-Wahrscheinlichkeit innerhalb einer Trainingsperiode wurde von mir nach gründlicher Recherche aller relevanten Faktoren nach bestem Wissen und Gewissen vorgenommen. In Analogie zum Kapitel „Doping und Ausdauer" (siehe Seite 156) habe ich mich zur besseren Übersichtlichkeit und zur späteren Quantifizierung einer dimensionslosen Zahl bedient, deren Wert zwischen 1 und 10 liegt. Ich schlage vor, diese mit **TADKo-Index** zu benennen (für: **Trainingsplan-assoziierte Doping-Kontrolle**). Diese bringt gewissermaßen die Bedeutung von Doping-Trainingskontrollen in den einzelnen Trainingsperioden zum Ausdruck und bezieht sich immer auf die gewählte Zeiteinheit (in den hier angeführten Beispielen ist die gewählte Zeiteinheit immer ein Monat). So ist es beispielsweise zehnmal sinnvoller, eine Trainingsdopingkontrolle in einem Monat der intensiven VP 2 durchzuführen als in einem Monat der Übergangsperiode (ÜP). Naturgemäß ist die Wahrscheinlichkeit zum Dopingmissbrauch beim Wettkampf selbst sehr hoch, doch der Gebrauch von Dopingmitteln beim Wettkampf wird durch Wettkampfkontrollen relativ gut eingeschränkt. Auf Grund der Zielsetzung der vorliegenden Arbeit (Verbesserung der Auswahlkriterien für Trainingskontrollen) wird das Hauptaugenmerk nicht auf den Wettkampf selbst, sondern auf die Trainingsperioden gerichtet. Der Zeitpunkt des Wettkampfes stellt keine Trainingsperiode dar und wird daher auch nicht mit dem TADKo-Index bewertet.

1. Extensive Vorbereitungsperiode, VP 1   (TADKo-Index: 6)

Im ersten Teil der Vorbereitungsperiode, der allgemein extensiven VP 1, wird ein 8–12 Wochen dauerndes Muskelaufbautraining durchgeführt. Der (verbotene) Einsatz von anabolen Steroiden fördert den Aufbau von Muskelmasse ganz entscheidend und wird daher so lange und so viel wie möglich in dieser Periode eingesetzt. Alle anderen Substanzen haben im Vergleich zu den anabolen Steroiden eine untergeordnete Bedeutung. Lediglich das Gendoping, über das zum momentanen Zeitpunkt keine seriösen Aussagen getroffen werden können, könnte ähnliche Bedeutung erlangen. Zur besseren Trainingsmotivation werden gelegentlich Sympathomimetika verabreicht, wobei viele anabole Steroide bereits diese Wirkung hervorrufen. Insulin wird einigen Athleten zur Verbesserung der Anabolikawirkung verabreicht; der komplizierte und gefährliche Einsatz dieser Präparate dürfte den Missbrauch aber einschränken. Wachstumshormone werden vielen Sportlern in der Absicht verabreicht, ein Muskelwachstum zu erreichen; diese Wirkung wird aber zumeist überbewertet. Die nicht verbotenen Präparate Kreatin sowie die Schilddrüsenhormone werden ebenfalls von einigen Sportlern verwendet.

2. Intensive Vorbereitungsperiode, VP 2   (TADKo-Index: 10)

Im zweiten Teil der Vorbereitungsperiode, der intensiven VP 2, wird ein 3–5 Wochen dauerndes Krafttraining zur Schulung der neuromuskulären und der intermuskulären Koordination sowie zur Ausprägung des in der VP 1 begonnenen Muskelaufbaus durchgeführt. Gleich wie in der VP 1 hat der (verbotene) Einsatz anaboler Steroide besonderen Stellenwert in dieser Periode. Sie werden von sehr vielen Athleten in großen Mengen zur Leistungssteigerung eingenommen. Der Zeitpunkt dieser Periode ist in der Regel in ausreichendem zeitlichem Abstand zu den Wettkämpfen mit möglichen Dopingkontrollen, sodass in dieser Periode noch gedopt werden kann, ohne bei einem nachfolgenden Wettkampf positiv getestet werden zu können. Der Zeitraum bis zum Wettkampf reicht aus, um nach dem Absetzen der anabolen Steroide „clean" antreten zu können. Anabole Steroide werden zum spätest möglichen Zeitpunkt abgesetzt (2–6 Wochen vor Wettkampf), was häufig mit dem Ende dieser Periode zusammenfällt. Aus dieser Überlegung heraus ist diese Periode zur Durchführung von Dopingkontrollen am wichtigsten und wurde daher mit + + + bewertet. Von den anderen Dopingsubstanzen werden die gleichen wie in der VP 1 verwendet.

3. Explosive Vorbereitungsperiode, VP 3   (TADKo-Index: 5)

Im dritten Teil der Vorbereitungsperiode, der explosiven VP 3 wird ein rund vier Wochen dauerndes Training zur Ausprägung der Wettkampfleistung durchgeführt. Sportartspezifische Übungen bekommen immer mehr Priorität, der Erwerb einer guten intermuskulären Koordination (Technik) und Schnelligkeit steht im Vordergrund. Da anabole Steroide meistens am Ende der vorangegangenen Periode (VP 2) abgesetzt werden, versuchen illegal dopende Sportler den damit verbundenen Kraftverlust durch den Einsatz anderer, nicht nachweisbarer Substanzen so gering wie möglich zu halten. Bereits in der ehemaligen DDR wurde diese Vorgangsweise als „Überbrückungsdoping" bezeichnet. Die zu diesem Zweck eingesetzten Präparate sind die Testosteronliberatoren hCG und LH und/oder Antiöstrogene, wie zum Beispiel Clomifen. Die ebenfalls nicht nachweisbaren Wachstumshormone werden auch verstärkt eingesetzt. Gelegentlich werden in dieser Periode auch Stimulantien zur Verbesserung der Trainingsmotivation verabreicht.

4. Wettkampfperiode (WKP) (+)   (TADKo-Index: 4)

Die Wettkampfperiode steht ganz im Zeichen der unmittelbaren Wettkampfvorbereitung, die ein Timing der persönlichen Höchstleistung bis hin zum Zeitpunkt des Wettkampfes zum Ziel hat. Das Training dient nur mehr dem Leistungserhalt, beziehungsweise der Vorbereitung, um vollkommen regeneriert in den Wettkampf zu gehen. Zu Dopingzwecken werden die bereits angesprochenen Substanzen zum Überbrücken der Zeit vom Absetzen der anabolen Steroide bis hin zum Wettkampf verwendet. Zudem werden bei Sportlern bestimmter Gewichtsklassen fettverbrennungsfördernde Substanzen wie Wachstumshormone und Schilddrüsenhormone verstärkt eingesetzt. Stimulantien helfen, den Appetit zu zügeln und die Motivation zu steigern. Zur Durchführung von Trainingskontrollen sollte diese Periode nur mäßige Bedeutung erlangen, da die Kontrollen bei den Wettkämpfen ohnehin den Dopinggebrauch stark einschränken.

5. Der Wettkampf selbst

Zum Wettkampf selbst werden nur vereinzelt Stimulantien eingesetzt, da diese gut nachweisbar sind. Das Überbrückungsdoping wird in der Regel bis zum Wettkampf fortgeführt. Anabole Steroidpräparate mit sehr kurzer Halbwertszeit, zum Beispiel in Form von Nasensprays, kommen auch gelegentlich zwecks Motivationssteigerung zum Einsatz. Besonders häufig werden Diuretika im Kraftsport eingesetzt, vor allem dann, wenn die Vorgaben einer bestimmten Gewichtsklasse erfüllt werden müssen. Außerdem maskieren Diuretika die Einnahme anderer verbotener Substanzen. Aus demselben Grund werden verschleiernde Substanzen, wie zum Beispiel Probenecid verwendet.

6. Übergangsperiode   (TADKo-Index: 1)

Auch wenn im modernen Spitzensport ein ganzjähriges Krafttraining empfohlen wird, so sollte doch in dieser Periode die Erholung und die Regeneration im Vordergrund stehen. Der Einsatz verbotener Dopingmittel in dieser regenerativen Periode macht nur sehr wenig Sinn, da die meisten Dopingmittel ohnehin einmal abgesetzt werden müssen, um die Ansprechbarkeit derselben aufrechtzuerhalten.

Übersichtstabelle: Trainingsperioden und Doping

Kraft	Vorberei-tungs-periode 1 extensiv	Vorberei-tungs-periode 2 intensiv	Vorberei-tungs-periode 3 explosiv	Wett-kampf-periode	Direkt beim Wett-kampf	Über-gangs-periode (ÜP)
Anabole Steroide	+++	+++	++	+	+	o
Prohormone	+	+	+			
Beta-2-Mimetika	+	+	+		+	
Testosteronliberatoren[#°]			+++	+++	+++	
Wachstumshormone[#]	++	++	++	++	++	
Erythropoetin[#]						
Insulin[#]	+	+	+			
Kortikotropine[#§]					+	
Glukokortikoide[§]					+	
Sympathomimetika	+	+	+	++	+++	
Kokain					+	
Methylxanthine					+	
Diuretika					+++	
Betablocker						
Alkohol						
Cannabinoide						
Narkotika[§]					+	
Lokalanästhetika[§]					+	
Verschleiernde W.	++	++	++	++	++	
Kreatin[*#]	+	+	++	++	++	
Schilddrüsenhor-mone[*#]	+	+	+	++		
Antiöstrogene[*#]			+++	+++	++	
Rinderhämoglobin[#]						
Gendoping[*#]	?	?	?	?	?	?
Dopingwahrschein-lichkeit	mittel-hoch	sehr hoch	mittel-hoch	mittel	sehr hoch	sehr nieder
TADKo-Index	6	10	5	4		1

[#] kein Nachweisverfahren zulässig; [*] derzeit nicht auf der Dopingliste; [§] bei Schmerz-zuständen von Bedeutung; [°] Bestandteil des „Überbrückungsdopings"

Teil 4

1. Praxis der Dopingkontrollen

Einleitung

Österreich hat 1991 die Anti-Doping-Konvention des Europarates ratifiziert (BGBl. 451/1991) und ist im Sinn dieses Staatsvertrages zur Dopingbekämpfung verpflichtet. Die Österreichische Bundes-Sportversammlung hat 1998 die Anti-Doping-Bestimmungen (siehe Anhang, Seite 195) der Österreichischen Bundes-Sport-Organisation (BSO) einstimmig beschlossen, die 1994 abgeändert wurden. Alle Fachverbände, die Mitglied der BSO sind, haben sich verpflichtet, diese Bestimmungen in ihr Regelwerk aufzunehmen. Zur Erlassung von Richtlinien, Erledigungen von Einsprüchen, für Beschwerden und Änderungswünsche und zur Koordination der Meinungen zwischen BSO, Bund, Ländern und ÖOC, sowie zur Regelung spezieller Fragen ist das „Österreichische Anti-Doping-Comité" (ÖADC) zuständig. Die zuständigen Personen des ÖADC haben mir dankenswerterweise die folgenden Daten über die Praxis der Dopingkontrollen in Österreich zur Verfügung gestellt.

Praxis der Wettkampf-Dopingkontrollen

In Österreich werden jährlich rund 600 Wettkampfkontrollen an Sportlern durchgeführt. Die Auswahl der Veranstaltungen, bei denen Dopingkontrollen durchgeführt werden sollen, erfolgt in geheimer Wahl mittels Losentscheid durch einen Vertreter der BSO und des ÖADC. Eine Information der Fachverbände, beziehungsweise der Veranstalter ist nicht vorgesehen. Jeder Veranstalter hat daher grundsätzlich für entsprechende Räumlichkeiten zu sorgen. Die Dopingkontrolle wird dann von einem aus mindestens zwei Personen bestehenden Dopingkontrollteam an Ort und Stelle durchgeführt. Der leitende Kontrollor des Dopingkontrollteams hat sich beim Veranstalter mit der vom ÖADC ausgestellten Identifikationskarte auszuweisen und das offizielle Schreiben des ÖADC (Offizielle Mitteilung Dopingkontrolle) vorzulegen. Die Auswahl der zu kontrollierenden Sportler erfolgt auf nationaler Ebene durch Auslosung, die der Leiter des Dopingkontrollteams durchzuführen hat, beziehungsweise wird der Gewinner der Veranstaltung obligatorisch kontrolliert. Darüber hinaus kann der Leiter des Dopingkontrollteams jederzeit auf Verdacht weitere Sportler zur Dopingkontrolle auffordern. Bei internationalen Veranstaltungen erfolgt die Auswahl der zu kontrollierenden Sportler entsprechend dem vom jeweiligen internationalen Verband vorgegebenen Reglement. Unmittelbar nach dem Wettkampf werden die ausgewählten Sportler aufgefordert, sich unverzüglich zur Dopingkontrolle einzufinden, um eine Urinprobe abzugeben. Weigert sich der Sportler, die geforderte Urinprobe abzugeben, kommt das einem positiven Testergebnis gleich. Direkt nach der Abnahme der Kontrolle wird die Urinprobe in jeweils ein eigenes Fläschchen für die A-Probe und eines für die B-Probe aufgeteilt. Die B-Probe wird nur nach Verlangen des Sportlers bei positiver A-Probe zur Analyse herangezogen. Blutkontrollen werden vom ÖADC nicht durchgeführt, da dies nach deren Angaben zu verfassungsrechtlichen Problemen führen kann und da es außerdem kein anerkanntes Regelwerk für die Ahndung als Dopingverstoß gibt. (Einige internationale Verbände, wie zum Beispiel der Weltradsportverband, UCI, führen aber sehr wohl Blutkontrollen durch und ahnden Verstöße gemäß ihres Reglements). Die versiegelten Proben werden anschließend einem, vom IOC akkreditierten Labor zugestellt und dort entsprechend den anerkannten Methoden analysiert. Die in Österreich abgenommenen Proben müssen zum gegenwärtigen Zeitpunkt an ausländische Labors zugestellt werden, da es in unserem Land noch kein akkreditiertes Labor gibt. Das Forschungszentrum Seibersdorf hat sich um eine solche Akkreditierung beworben und macht sich berechtigte Hoffnungen, bis zum Ende des Jahres 2001 auch in diesem Sinne anerkannt zu werden. Die Bekanntgabe der Analyseergebnisse erfolgt direkt an das ÖADC, welches diese an die Sportler weiterleitet. Im Falle eines positiven Befundes der A-Probe wird der zuständige Fachverband zur vertraulichen Weiterleitung des Analyseergebnisses an den Sportler aufgefordert. Dieser hat das Recht, eine zweite, sogenannte B-Probe einzufordern, die der Sportler im Falle eines weiteren positiven Befundes selbst bezahlen muss. Verzichtet der Sportler auf die Analyse der B-Probe, so ist das Ergebnis der A-Probe gültig und rechtskräftig. Wird eine B-Probe eingefordert, so ist das Ergebnis dieser B-Probe rechtskräftig und ist mit den entsprechenden Sanktionen zu ahnden.

Kosten der Wettkampf-Dopingkontrollen

Die Gesamtkosten einer Dopingkontrolle setzen sich aus den in der Tabelle angeführten Teilkosten zusammen. Werden, wie es zumeist üblich ist, mehrere Kontrollen bei einer Veranstaltung durchgeführt, verringern sich die Kosten für die Einzelkontrolle, da die Kosten für das Kontrollteam nur einmalig ausbezahlt werden, und außerdem werden die Versandkosten durch gemeinsames Versenden mehrerer Proben ebenfalls billiger.

1. Analysekosten für das Labor	1.900,– bis 2.500,– ATS
2. Materialkosten	150,– ATS
3. Aufwandsentschädigung für Kontrollteam (2 Personen)	1.800,– bis 2.600,– ATS
4. Reisekosten für das Kontrollteam	bis 2.000,– ATS
5. Versandkosten	bis 300,– ATS
Summe	**4.000,– bis 7.500,– ATS**

Die Kostenübernahme für Dopingkontrollen im Rahmen von Österreichischen Staatsmeisterschaften und Österreichischen Meisterschaften werden im Verhältnis 45% Bund, 45% Länder und 10% BSO getragen. Die Mittel des Bundes, der Länder und der BSO werden im Rahmen eines eigenen Budgets verwaltet. Das ÖADC überwacht und kontrolliert die Verwendung der Gelder. Für die Dopingkontrollen, die durch die internationalen Verbände vorgeschrieben werden, erfolgt die Bezahlung laut Reglement des internationalen Verbandes, beziehungsweise durch den österreichischen Verband oder Veranstalter. Die Kosten für Dopingkontrollen können über die „Besonderen Bundes-Sportförderungsmittel" abgerechnet werden. Die geschätzten Gesamtkosten aller in Österreich durchgeführten Wettkampfkontrollen liegen bei etwa 1–2 Millionen Schilling.

Statistik der positiven Wettkampf-Dopingkontrollen in den Jahren 1998–2000

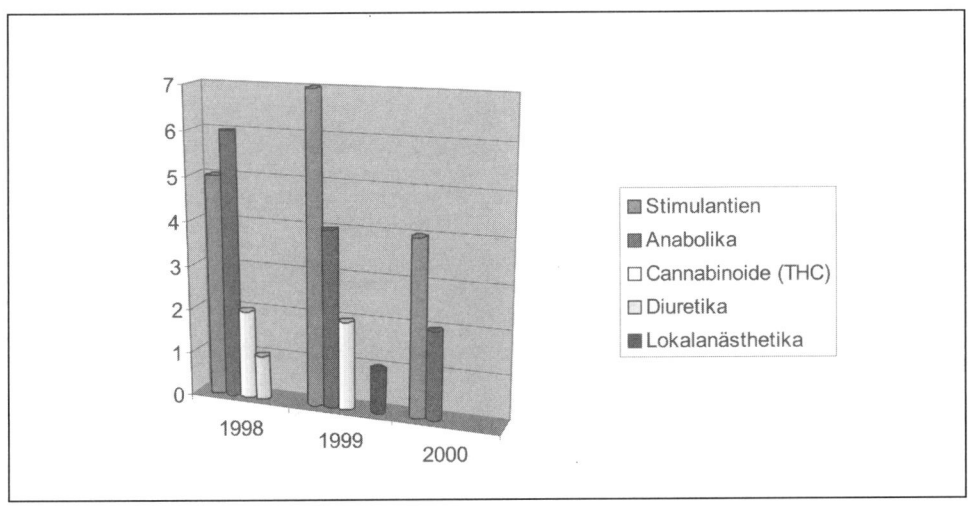

Anmerkung: Beta-2-Mimetika zählen zu den Stimulantien und zu den Anabolika, werden aber in den folgenden Aufzählungen nur zu den Stimulantien gerechnet.

Praxis der Trainingsdopingkontrollen

Die Zahl der in Österreich durchgeführten unangekündigten Trainingskontrollen entspricht jener der Wettkampfkontrollen mit ungefähr 600 Proben pro Jahr. Sofern von der zuständigen Behörde nicht ausdrücklich verlangt, beziehen sich Trainingskontrollen ausschließlich auf Anabolika, Diuretika und Peptidhormone (sowie deren Mimetika und Analoga) und unerlaubte Methoden. An dieser Stelle muss aber ausdrücklich erwähnt werden, dass derzeit Peptidhormone im Urin nicht in anerkannter Weise nachgewiesen werden können. Der Bezug der Bestimmungen auf Peptidhormone (Punkt IV der Referenzliste verbotener pharmakologischer Klassen von Dopingmitteln und Dopingmethoden, siehe Seite 205) ist deshalb für die gegenwärtigen Dopingkontrollen von untergeordneter Bedeutung. Blutkontrollen werden aus den genannten Gründen nicht durchgeführt. Die Sanktionen bei einer positiven Trainingsdopingkontrolle entsprechen denen der Wettkampfkontrollen (siehe Anhang). Befinden sich nachgewiesene Wirkstoffe zudem auf der Liste des Suchtgiftgesetzes oder der Suchtgiftverordnung, so sind bei Vorliegen eines positiven Analyseergebnisses Sanktionen ausschließlich gemäß den Anti-Doping-Bestimmungen zu verhängen, nicht aber gemäß den Suchtgift-Bestimmungen. Eine Weiterleitung von positiven Analyseergebnissen im Sinne des Suchtgiftgesetzes an die zuständigen Behörden zum Zweck einer strafrechtlichen Verfolgung findet nicht statt. Die Auswahl der Sportler für die Doping-Trainingskontrollen erfolgt in geheimer Wahl mittels Losentscheid unter der Aufsicht eines Vertreters der BSO und eines Vertreters des ÖADC. Die zu kontrollierenden Sportarten werden zu diesem Zweck in drei unterschiedliche „Risikogruppen" eingeteilt und mit einer dementsprechenden Wahrscheinlichkeit für Kontrollen behaftet. So werden beispielsweise Radsportler in die Gruppe mit dem höchsten und Billardspieler in die Gruppe mit dem niedrigsten Risiko zugeteilt. Im Mittel werden daher Radsportler dreimal häufiger getestet als Billardspieler. Die Trainingsperioden sowie der zeitliche Bezug zu den Wettkämpfen wird derzeit bei der Auswahl der Doping-Trainingskontrollen nicht berücksichtigt. Seitens des ÖADC wurde der Wunsch geäußert, die Effizienz der Doping-Trainingskontrollen durch die Berücksichtigung der unterschiedlichen Trainingsperioden zu verbessern, wozu die vorliegende Arbeit die Grundlagen liefern soll. Grundsätzlich können alle Sportler zu einer Dopingkontrolle aufgefordert werden. Eine Verweigerung der Dopingkontrolluntersuchung zieht Sanktionen entsprechend dem Reglement nach sich.

Die Verständigung des ausgewählten Sportlers erfolgt durch:

1. das Dopingkontrollteam, welches unangekündigt auf der Trainingsstätte erscheint und/oder

2. das ÖADC nimmt persönlich mit dem ausgelosten Sportler Kontakt auf und verpflichtet ihn, sich bis zu einem bestimmten Zeitpunkt einer Dopingkontrolle zu unterziehen und/oder

3. das ÖADC informiert den betroffenen Verband über die durchzuführende Dopingkontrolle und dieser wird dazu verpflichtet, die Kontrolle innerhalb der nächsten 24 Stunden sicherzustellen. Die Kontrolle erfolgt dann in einer dem momentanen Aufenthaltsort des Sportlers nächstgelegenen Kontrollstelle.

Sollte der Sportler einen Aufenthalt im Ausland planen (zum Beispiel Trainingslager), so ist dieser dem ÖADC oder dem zuständigen Verband zu melden. Jeder Sportler muss demnach eine Abwesenheit von fünf Tagen oder mehr entweder direkt an das ÖADC oder über den Verband melden: Falls er in dieser Zeit ausgelost wird, beauftragt das ÖADC die entsprechende nationale Anti-Doping-Agentur oder ein internationales Unternehmen. Die Durchführung der Kontrollen, die Analyse der Urinproben sowie die Bekanntgabe der Ergebnisse und die Festlegung der Sanktionen erfolgt analog den gültigen Anti-Doping-Bestimmungen. Bei Trainingskontrollen kann das „Kontrollteam" aus lediglich einer Person bestehen, die aber dem gleichen Geschlecht wie der Sportler angehören muss.

Kosten der Trainingsdopingkontrollen

Die Kosten der Doping-Trainingskontrollen für eine Einzelprobe sind geringer als die für eine Wettkampfkontrolle, da die Proben nicht auf alle verbotenen Substanzen analysiert werden, sondern nur auf Anabolika, Diuretika und unerlaubte Methoden. Das „Kontrollteam" besteht in der Regel nur aus einer Person, wodurch sich die Personalspesen ebenfalls halbieren. Die geschätzten Gesamtkosten aller in Österreich durchgeführten Doping-Trainingskontrollen liegen bei etwa 1–2 Millionen Schilling.

1. Analysekosten für das Labor	1.300,– bis 1.600,– ATS
2. Materialkosten	150,– ATS
3. Aufwandsentschädigung für Kontrollteam (2 Personen)	1.800,– bis 2.600,– ATS
4. Reisekosten für das Kontrollteam	bis 2.000,– ATS
5. Versandkosten	bis 300,– ATS
Summe	**3.500,– bis 6.500,– ATS**

Statistik der positiven Trainingsdopingkontrollen in den Jahren 1998–2000

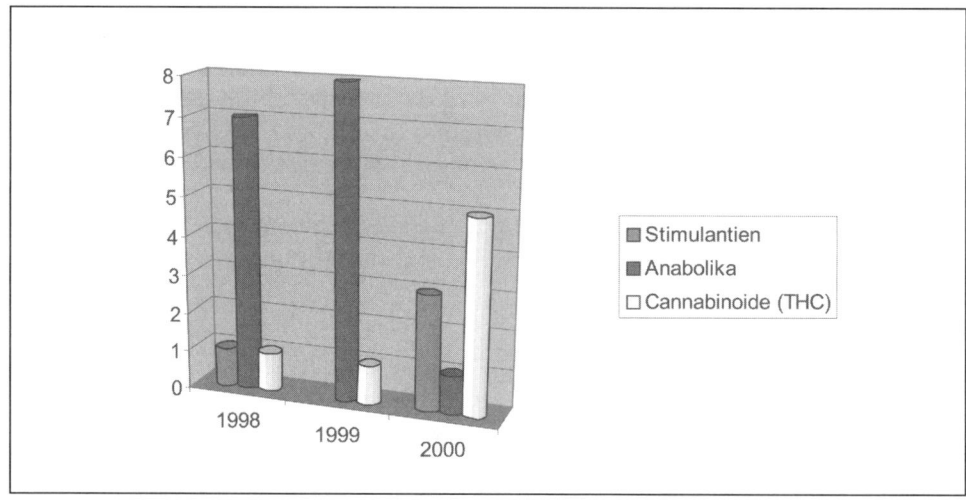

2. Anregungen zur Verbesserung der Auswahlkriterien für die Planung von Trainingsdopingkontrollen

Einleitung

Aus der dargestellten Praxis der Trainingsdopingkontrollen in Österreich wird ersichtlich, dass zum gegenwärtigen Zeitpunkt die Trainingsperiodisierung der zu kontrollierenden Sportart bei der Auswahl und Planung von Trainingsdopingkontrollen unberücksichtigt bleibt. Ich bin der festen Überzeugung, dass durch die Miteinbeziehung der Kenntnisse der unterschiedlichen Wahrscheinlichkeiten zum Dopingmissbrauch in den einzelnen Trainingsperioden das Instrument Trainingsdopingkontrolle wesentlich effizienter eingesetzt werden kann.

Konkrete Anregungen

Die im ersten Teil der vorliegenden Arbeit dargestellten angewandten Trainingsprinzipien und angewandten Trainingsplanungen von Ausdauer- und Kraft-Sportarten sowie die in Teil 2 dargestellten Kenntnisse der pharmakologischen Wirkungen der am häufigsten illegal verwendeten Dopingmittel wurden im dritten Teil zusammengefügt, sodass als Resultat dieser Ableitungen Aussagen über die Wahrscheinlichkeiten der einzelnen Perioden zum Dopingmissbrauch getroffen werden konnten. Diese Erkenntnisse könnten sinnvoll in die Praxis umgesetzt werden, doch dazu bedarf es erst eines weiteren Schritts, bei dem die zu kontrollierenden Sportarten auf deren Trainingsperiodisierung (unter Berücksichtigung der Wettkampfzeitpunkte) untersucht und analysiert werden müssen. Es wäre wünschenswert, daß seitens der Sportwissenschaft eine derartige Analyse in naher Zukunft durchgeführt würde. Sobald diese vorliegt, könnten die unterschiedlichen Wahrscheinlichkeiten der einzelnen Trainingsperioden zum Dopingmissbrauch bei der Auswahl und Planung von Trainingsdopingkontrollen berücksichtigt werden. Bereits im Teil 3 der vorliegenden Arbeit habe ich die einzelnen Trainingsperioden mit einer dimensionslosen Zahl zwischen 1 und 10 gemäß meiner Einschätzung bewertet. Ich schlage vor, diesen Index TADKo zu benennen, für:

T	Trainingsplan-
A	assoziierte
D	Doping-
Ko	Kontrolle

Es ist anzunehmen, dass eine derartige Bewertung der Trainingsperioden nur für Sportarten der höchsten der drei Risikogruppen sinnvoll ist. An dieser Stelle muss unbedingt festgehalten werden, dass die derzeitige Einteilung der Risikogruppen völlig falsch bewertet wird. So werden Sportarten der höchsten drei Risikogruppen dreimal häufiger als Sportarten der niedrigsten Risikogruppe im Training kontrolliert. In der Praxis bedeutet das, dass Straßenradsportler und Kugelstoßer dreimal so häufig getestet werden wie Billardspieler und Bocciaspieler. Die Relation der Dopingwahrscheinlichkeiten der genannten Sportarten verhält sich zueinander aber nicht wie 3 : 1, sondern vermutlich wie etwa 100 : 1. Hier besteht dringender Handlungsbedarf! Die einzelnen Risikogruppen müssen zum einen differenzierter bewertet werden und zum anderen muss die Zugehörigkeit der Sportarten zu den Gruppen noch einmal überarbeitet werden. (Das ADCÖ hat mir dankenswerterweise die Aufteilung der Sportarten in die einzelnen Risikogruppen zur vertraulichen Bearbeitung zukommen lassen, dass diese aber geheimgehalten werden muss und hier nicht näher erwähnt werden kann, stößt hoffentlich auf ihr Verständnis.) Ganz unabhängig davon wird bei einigen Spiel-Sportarten vor Beginn der Saison ein reines Konditionstraining durchgeführt, welches hinsichtlich der Doping-Wahrscheinlichkeit unter Umständen gesondert bewertet werden muss. Um diese oder ähnliche Details sinnvoll ins Relief zu setzen, bedarf es der intensiven Zusammenarbeit zwischen Sportmedizin und Sportwissenschaft. Für eine diesbezügliche künftige Zusammenarbeit stehe ich gerne zur Verfügung.

In dem vorangegangenen Kapitel wurden die unterschiedlichen Trainingsperioden bezüglich der Wahrscheinlichkeit eines Dopingmissbrauchs mit dem TADKo-Index bewertet. Um der Prämisse der ständigen Möglichkeit einer Kontrolle gerecht zu werden, muss der niedrigste TADKo-Index mit 1 bemessen werden, auch wenn Dopingmissbrauch in der mit 1 bewerteten Übergangsperiode so gut wie keinen Sinn macht. Bei der Bewertung der anderen Perioden ist es vor allem entscheidend, die Relation der Perioden zueinander richtig zu bemessen. Mit Hilfe des TADKo-Index kann man die Bedeutung der Trainingsperioden fein abgestuft bewerten und gegebenenfalls an aktuelle Veränderungen anpassen, wie zum Beispiel die Einführung eines neuen Dopingtests. Letzten Endes stellt der TADKo-Index eine Bewertung der Wahrscheinlichkeit zum Dopingmissbrauch in einer gewählten Zeiteinheit (in den hier angeführten Beispielen immer auf ein Monat) der zugehörigen Trainingsperiode dar. Unter Berücksichtigung der Dauer der einzelnen Perioden kann man somit eine Verteilung aller Trainingsdopingkontrollen in Prozent für diese Sportart auf die gesamte Dauer der einzelnen Trainingsperioden errechnen. Im Folgenden möchte ich meine Anregungen zur Verbesserung der Auswahl und Planung von Trainingsdopingkontrollen an Hand der ausgewählten Beispiele Straßenradsport und Kugelstoßen exemplarisch darstellen.

Anmerkung:

An dieser Stelle sei ausdrücklich erwähnt, dass die hier getroffene Bewertung mit Hilfe des TADKo-Index gemäß meiner subjektiven Einschätzung erfolgt ist. Das soll aber keineswegs bedeuten, dass ich auf dieser quantitativen Bewertung beharre. Mir geht es viel mehr darum, überhaupt zu bewerten, und die unterschiedlichen Wahrscheinlichkeiten zum Dopingmissbrauch in den einzelnen Trainingsperioden in die Diskussion zu bringen! Wahrscheinlich wäre es das Beste, wenn vor der praktischen Umsetzung der Bewertungen ein dafür zuständiges Gremium diese per Bescheid beschließen würde.

Beispiel Straßenradsport	Allgemeine vorbereitungs-periode (VP1, VP2)	Spezielle Vorbereitungs-periode (VP3)	Wett-kampf-periode (WKP)	Über-gangs-periode (ÜP)
Zeitraum in Monaten	4	2	5	1
Dopingwahrscheinlichkeit	mittel-hoch	sehr hoch	mittel	nieder
TADKo-INDEX	6	10	4	1
Prozent der Gesamtkontrollen	37%	31%	31%	1%

Beispiel Kugelstoßen	Vorberei-tungs-periode 1 (extensiv)	Vorberei-tungs-periode 2 (intensiv)	Vorberei-tungs-periode 3 (explosiv)	Wett-kampf-periode (WKP)	Über-gangs-periode (ÜP)
Zeitraum in Monaten	2	1	1	1	1
Dopingwahrscheinlichkeit	mittel-hoch	sehr hoch	mittel	mittel	sehr nieder
TADKo-INDEX	6	10	5	4	1
Prozent der Gesamtkontrollen	38%	31%	16%	12%	3%

Allgemeine Anregungen

Neben den bereits erwähnten konkreten Anregungen zur Verbesserung der Auswahlkriterien für die Planung von Trainingsdopingkontrollen sind mir im Zuge meiner Recherchen einige weitere Verbesserungsmöglichkeiten aufgefallen, die dazu beitragen würden, die aufgewendeten finanziellen Mittel sinnvoll und effizient zum Einsatz zu bringen sowie den Dopingmissbrauch aufdecken und einschränken könnten. Im Folgenden möchte ich meine allgemeinen Anregungen zu Papier bringen:

1. Die Entwicklung von Nachweisverfahren muss gefördert werden

Die wichtigsten aller Anti-Doping-Bestrebungen sind effiziente und zweifelsfreie Nachweisverfahren. Die Entwicklung derselben muss gefördert werden, da diese die Basis der Dopingbekämpfung bilden. Möglicherweise ist das Forschungszentrum Seibersdorf dafür ein geeigneter Ort. Die Entwicklung zukünftiger Nachweisverfahren, wie zum Beispiel die Kohlenstoffisotopen-Analyse sowie die Haaranalyse könnten die Dopingbekämpfung revolutionieren.

2. Internationale Zusammenarbeit verstärken

Die bereits existierenden Kooperationen zwischen den Anti-Doping-Institutionen der europäischen sowie außereuropäischen Länder müssen derart verstärkt werden, dass ein „Verschwinden" eines Athleten in ein Trainingslager in einem Land, welches nicht kontrolliert, unmöglich gemacht wird.

3. Voraussetzungen für Blutkontrollen

Es müssen die rechtlichen Voraussetzungen für die Durchführung von Blutkontrollen geschaffen werden, damit der Missbrauch von Dopingmitteln, wie zum Beispiel Erythropoetin, wirksam eingeschränkt werden kann. Die derzeit durchgeführten Urin-Kontrollen erfassen einige wesentliche Dopingsubstanzen und deren Auswirkungen erst gar nicht (im Falle von EPO kann mit Hilfe der Blutkontrolle zumindest der Hämatokrit bestimmt werden).

4. Stimulantien auch im Training kontrollieren

Derzeit wird bei Trainingsdopingkontrollen nur auf Anabolika und verschleiernde Substanzen getestet. Wie man meinen Ausführungen entnehmen kann, werden die gut nachweisbaren Stimulantien aber auch gelegentlich im Training als Dopingmittel verwendet. Diesen Missbrauch könnte man ohne viel Mehraufwand aufdecken, indem man die ohnehin im Labor gelandeten Proben auch auf diese Substanzgruppe untersucht.

5. Cannabinoide als Doping?

Wegen der Vorbildwirkung von Sportlern auf die Jugend muss der Spitzensport „drogenfrei" bleiben. Dennoch gebe ich zu bedenken, dass die häufig ausgesprochenen Dopingsperren wegen verbotenen Haschischkonsums nur äußerst wenig mit verbotener Leistungssteigerung zu tun haben. Weder die Ausdauerleistungsfähigkeit noch die Kraftleistungsfähigkeit des Menschen wird durch den Konsum von Haschisch nachweisbar gefördert. Die Zahl der positiven Dopingfälle hat mit an Sicherheit grenzender Wahrscheinlichkeit eher „gesellschaftliche" Gründe (in der englischen Literatur: recreational reasons). Nachgewiesener Haschischkonsum sollte demnach nicht die gleichen Konsequenzen nach sich ziehen wie beispielsweise der Missbrauch von anabolen Steroiden.

6. Schilddrüsenhormone, Kreatin und Antiöstrogene auf die Liste?

Schilddrüsenhormone, Kreatin und Antiöstrogene erfüllen möglicherweise Kriterien von Dopingsubstanzen und sollten daher genauestens auf diese untersucht werden. Gegebenenfalls sind diese Substanzen auf die Dopingliste zu setzen.

Anhang

Literaturverzeichnis

Monographien

1. *Bachmann, M.:* Clenbuterol – Das Mittel der Zukunft. 6. Aufl., Sportverlag Ingenohl, Heilbronn 1996

2. *Badtke, G.:* Sportmedizinische Grundlagen der Körpererziehung und des sportlichen Trainings. Barth-Verlag, Leipzig 1987

3. *Berendonk, B.:* Doping, Von der Forschung zum Betrug. Rowohlt, Reinbek bei Hamburg 1992

4. *Blackman, M., Harman, S., Roth, J., Shaprio, J.:* GHRH, GH, and IGF-1, Basic and Clinical Advances; Serono Symposia USA, Springer Verlag, New York 1995

5. *Clasing, D., Donike, M.:* Doping, Verbotene Arzneimittel im Sport. Gustav Fischer Verlag, Stuttgart, Jena, New York 1992

6. *Deutsch, E., Geyer, G., Wenger, R.:* Laboratoriumsdiagnostik, Normalbereich der Ergebnisse und Interpretation abnormaler Befunde. 3. Aufl., Schering, Berlin

7. *Dietz V.:* Neurophysiologische Grundlagen des Kraftverhaltens. In: *Bührle, M.* (Hrsg.): Grundlagen des Maximal- und Schnellkrafttrainings. Hofmann, Schorndorf 1985 S. 16–34

8. *Egger, J. P.:* De l'entrainement de la force a la preparation specifique en sport. Paris : INSEP 1992 ; aus *Weineck J.:* Optimales Training, Leistungsphysiologische Trainingslehre unter besonderer Berücksichtigung des Kinder- und Jugendtrainings. 11. Aufl., Spitta-Verlag, Balingen 2000

9. *Ehlenz, H., Grosser, M., Zimmermann, E.:* Krafttraining. BLV Verlagsgesellschaft, München, Wien, Zürich 1983

10. *Forth, W., Henschler, D., Rummel, W., Starke, K.:* Allgemeine und spezielle Pharmakologie und Toxikologie. 7. Aufl., Spektrum, Akademischer Verlag, Heidelberg, Berlin, Oxford 1996

11. *Gärtner, H., Pohl, R.:* Der Steroidersatz. Leistungssteigernde Substanzen im Bodybuilding. Sportverlag Ingenohl, Heilbronn 1994

12. *Grundig, P., Bachmann, M.:* Anabole Steroide 1994. Sportverlag Ingenohl, Heilbronn 1994

13. *Hettinger, T.:* Isometrisches Muskeltraining. 2. Aufl., Thieme Verlag, Stuttgart 1966

14. *Hoffmann, J.:* Hormon Report; Verbreitung, Anwendung und Beurteilung von Hormonen als Dopingmittel im Bodybuilding. Novagenics Verlag, Arnsberg 1999

15. *Hollmann, W., Hettinger, T.:* Sportmedizin, Grundlagen für Arbeit, Training und Präventivmedizin. 4. Aufl. Schattauer, Stuttgart, New York 2000

16. *Hottenrott, K., Zülch, M.:* Ausdauertrainer Radsport, Training mit System. Rowohlt Verlag, Reinbek bei Hamburg 1998

17. *Klinke, R., Silbernagel, S.:* Lehrbuch der Physiologie. Thieme Verlag, Stuttgart, New York 1994

18. *Pfleiderer, A., Breckwoldt, M., Martius, G.:* Gynäkologie und Geburtshilfe. 3. Aufl., Thieme Verlag, Stuttgart, New York 2000

19. *Roitt, I., Brostoff, J. Male, D.:* Kurzes Lehrbuch der Immunologie. Thieme Verlag, Stuttgart, New York 1995

20. *Schmidt, A.:* Mountainbike Training für Anfänger und Profis. 2. Aufl., Meyer und Meyer Verlag, Aachen 1999

21. *Shephard, R. J., Astrand, P. O.:* Ausdauer im Sport. Eine Veröffentlichung des IOC in Zusammenarbeit mit der FIMS. Deutscher Ärzte-Verlag, Köln 1993

22. *Silbernagel, S., Despopoulus, A.:* Taschenatlas der Physiologie. 4. Aufl. Thieme Verlag, Stuttgart, New York 1991

23. *Stariscka, S.:* Trainingsplanung. Hofmann Verlag, Schorndorf 1988

24. *Thomas, A.:* Hormone im Ausdauersport. ASS Verlag 2000

25. *Voet, W.:* Gedopt. Wie die Tour de France auf Touren kommt. SVB Sport Verlag Berlin GmbH, Berlin 1999

26. *Weineck, J.:* Optimales Training. Leistungsphysiologische Trainingslehre unter besonderer Berücksichtigung des Kinder- und Jugendtrainings. 11. Aufl., Spitta-Verlag, Balingen 2000

Fachzeitschriften

27. *Allan, J., Erselev, M. D.:* Erytheopoietin. New Engl. J. Med. **324**, 19, 1339–1344 (1991)

28. *Alen, M.:* Androgenic steroid effects on liver and red cells. Br. J. Sports Med. **19**, 1, 15–20 (1985)

29. *Audran, M., Gareu, R., Matecki, S., Durand, F., Chenard, C., Sicart, M., Marion, B., Bressolle, F.:* Effects of erythropoietin administration in training athletes and possible detection in doping control. Med. Sci. Sports Exerc. Nov. 639–645 (1998)

30. *Bahrke, M. S., Yesalis, C. E., Wright, J. E.:* Psychological and behavioural effects of endogenous testosterone levels and anabolic-androgenic steroids among males. A review. Sports Med. **10**, 5, 303–337 (1990)

31. *Barron, J., Noakes, T., Levy, W., Smith, C.:* Hypothalamic Dysfunction in Overtrained Athletes. J. clin. Endocr. Metab. **60**, 4 (1985)

32. *Barton-Davis, E. R., Shoturma, D. I., Sweeney, H. L.:* Contribution of satellite cells to IGF-I unduced hypertrophy of skeletal muscle. Act. Physiol. Scand. **167**, 4, 301–305 (1999)

33. *Basset, D., Howley, E.:* Limiting Factors for Maximum Oxygen Uptake and Determinantes of Endurance Performance. Med. Sci. Sports Exerc., Sept. 70–83 (1999)

34. *Berglund, B., Hemmingson, P.:* Effects of caffeine ingestion on exercise performance at low and high altitudes in cross-country skiers. Int. J. Sports Med. 3, 234–236 (1982)

35. *Bhasin, S., Storer, T., Berman, N., Callegari, C., Clevenger, B., Phillips, J., Bunnell, T., Tricker, R., Shirazi, A., Casaburi, R.:* The Effects of Supraphysiological Doses of Testosterone on Muscle Size and Strength in Normal Man. New Engl. J. Med., **335**, 1, 1–7 (1996)

36. *Bischoff, R.:* Analysis of muscle regeneration using single myofibres in culture. Med. Sci. Sports Exerc. 21, Suppl., 164–172 (1989)

37. *Braiden, R. W., Fellingham, G. W., Conlee, R. K.:* Effects of cocaine on glycogen metabolism and endurance during high intensity exercise. Med. Sci. Sports Exerc. **26**, 6, 695–700 (1994)

38. *Bunn, H. F.:* The role of hemoglobin based blood substitutes in transfusion medicine. Transfus. clin. biol. **2**, 6, 433–439 (1995)

39. *Buono, M., Yeager, J., Hodgon, J.:* Plasma adrenocorticotropin and cortisol responses to brief high-intensity exercise in humans. J. appl. physiol. **61**, 4, 1337–1339 (1986)

40. *Cartana, J., Segues, T., Yebras, M., Rothwell, N. J., Stock, M. J.:* Anabolic effects of clenbuterol after long-term treatment and withdrawl in the rat. Metabolism. **43**, 9, 1086–1095 (1994)

41. *Carter, W. J., Lynch, M. E.:* Comparison of the effects of salbutamol and clenbuterol on skeletal muscle mass and carcass composition in senescent rats. Metabolism. **43**, 9, 1119–1125 (1994)

42. *Chandler, J. V., Blair, S. N.:* The effect of amphetamines on selected physiological components related to athletic success. Med. Sci. Sports Exerc. 12, 65–69 (1980)

43. *Cheever, K., House, M. A.:* Cardiovaskulär implications of anabolic steroid use. J. cardiovasc. Nurs. **6**, 2, 19–30 (1992)

44. *Conlee, R. K., Kelly, K. P., Ojuka, E. O., Hammer, R. L.:* Cocaine and exercise: Alpha-1-receptor blockade does not alter miscle glycogenolysis or blod lactacidosis. J. Appl. Physiol. **88**, 1, 77–81 (2000)

45. *Costill, D. L., Fink, W. J.:* Effects of caffeine ingestion on metabolism and exercise performance. Med. Sci. Sports 10, 155–158 (1978)

46. *Cowan, D. A., Kieman, A. T., Walker, C. J., Wheeler, M. J.:* Effect of administration of HCG on criteria used to asses testosterone administration in athletes. J. Endocr. 131, 147–154 (1991)

47. *Dabbs, J., Jurkovich, G., Frady, R.:* Salivary testosterone and cortisol among late adolesent male offenders. Aggr. Behavior **17**, 6, 313–326 (1991)

48. *Delbeke, F. T.:* Doping in Cyclism: Results of unannounced controls in Flanders (1987–1994). Int. J. Sports Med. 17, 434–438 (1996)

49. *Delbeke, F. T., Debackere, M.:* Caffeine Use and Abuse in Sports. Int. J. Sports Med. **5**, 4, 179–182 (1984)

50. *Delbeke, F. T., van Eenoo, P., de Backer, P.:* Detection of HCG misuse in sports. Int. J. Sports Med. 19, 287–290 (1998)

51. *Deyssig, R., Frisch, H., Blum, W. F., Waldhor, T.:* Effect of growth hormon treatment on hormonal parameters, body composition and strength in athletes. Acta endocr. Copenh. **128**, 4, 313–318 (1993)

52. *Dufaux, B., Assmann, G., Order, U., Hoederath, H., Hollmann, W.:* Plasma Lipoproteins, Hormones and Energy Substrates during the First Days After Prolonged Exercise. Int. J. Sport. Med. 2, 256 (1981)

53. *Ekblom, B. T.:* Blood Doping and Erythropoetin. Am. J. Sports Med. **24**, 6, 40–42 (1996a)

54. *Ekblom, B. T.:* Effects of Creatine Supplementation on performance. Am. J. Sports Med. **24**, 6, 38–39 (1996b)

55. *Ekblom, B. T.:* Blood Boosting and Sport. Baillieres Best Practical Research of Clinical Endocrinological Metabolism. March, **14**, 1, 89–98 (2000)

56. *Ekblom, B. T., Berglund, B.:* Effect of Recombinant Erythropoietin Treatment on Blood Pressure and some Haematologic l Parameters in Healthy Men. J. Intern. Med. **229**, 2, 125–130 (1991)

57. *Elkin, S. L., Brady, S., Williams, I. P.:* Bodybuilders find it easy to obtain insulin to help them in training. Br. Med. J. Apr. **314**, 26 (1997)

58. *Franke, W., Berendonk, B.:* Hormonal doping and androgenization of athletes: a secret program of the German Democratic Republic government. Clin. chem. **43**, 7, 1262–1279 (1997)

59. *Frey, G.:* Zur Terminologie und Struktur physischer Leistungsfaktoren und motorischer Fähigkeiten. Leistungssport 7, 339–362 (1977)

60. *Froehner, M., Fischer, R., Leike, S., Hakenbe, G. O., Noack, B., Wirth, P.:* Intratesticular Leimomyosarcoma in a Young Man after High Dose Doping with Oral-Turinabol. Cancer **86**, 8, 1571-1555 (1999)

61. *Galbo, H.:* The Hormonal Response to Exercise. Proc. Nutr. Soc. 44, 257 (1985)

62. *Geyer, H., Mareck-Engelke, U., Reinhart, U., Thevis, M., Schänzer, W.:* Positive Dopingfälle mit Norandrosteron durch verunreinigte Nahrungsergänzungsmittel. Dt. Z. Sportmed. **51**, 11, (2000)

63. *Ghaphery, N. A.:* Performance enhancing drugs. Orthop. Clin. North. Am. Jul; **26**, 3, 433–442 (1995)

64. *Gladue, B.:* Aggressive behavioral characteristics, hormones, and sexual orientation in men and women. Aggressiv Behaviour. **17**, 6, 313–326 (1991)

65. *Gledhill, N., Warburton, D., Jamnik, V.:* Haemoglobin, Blood Volume, Cardiac Function, and Aerobic Power. Can. J. Appl. Physiol., Feb. 1, 54–65 (1999)

66. *Goldspink, G.:* Cloning of local growth factors involved in the determination of muscle mass. Br. J. Sports Med., 34, 159–161 (2000)

67. *Graham, T. E., Spriet, L. L.:* Performance and metabolic responses to a high caffeine dose during pronlonged exercise. J. Appl. Physiol. **71**, 6, 2292–2298 (1991)

68. *Healy, M. L., Russel-Jones, D.:* Growth Hormon and Sport, Potential Benefits and Difficulties in detection. Br. J. Sports Med. 31, 267–268 (1997)

69. *Hintz, R.:* Anabolic Effects of Recombinant Human Growth Hormone and IGF-1 in Human Disease. Published in: GHRH, GH and IGF-1 Basic and Clinical Advances; Serono Symposia USA, Springer Verlag 1995

190

70. *Hollenga, C., Haas, M., Deinum, J. T., Zaagsma, J.:* Discrepancies in lipolytic activities induced by beta-adrenoceptor agonists in human and rat adipocytes. Hormone metabol. Res. **22**, 1, 17–21(1990)

71. *Jacobs, K., Shoemaker, C., Rudersdorf, R., Neill, S. D., Kaufmann, R. J., Mufson, A., Sheera, J., Jones, S. S., Hewick, R., Fritsch, E. F. et al.:* Isolation and characterization of genomic and cDNA clones of human erythropoietin. Nature **313**, 6005, 806–810 (1985)

72. *Jenkins, P. J.:* Growth Hormon and exercise. Clin. endocrin. 50, 683–689 (1999)

73. *Jonas, A. P., Sickles, R. P., Lombard, J. A.:* Substance abuse. Clin. Sports Med., 11, 379–401 (1992)

74. *Josiah, D., Brian, P., Hathan, A.:* Insulin use by Bodybuilders. J. Am. Med. Ass. (JAMA) **279**, 20, 1613 (1998)

75. *Karila, T., Koistinen, H., Seppala, M., Koistinen, R., Seppala, T.:* Growth Hormom induced increase in serum IGFBP-3 level is reversed by anabolic steroids in substances abusing power athletes. Clin. endocr., 59, 459–463 (1998)

76. *Kennedy, J. M.:* Nascent muscle fiber apperance in overload chicken slow-tonic muscle. Am. J. Anat. 181, 203–213 (1988)

77. *Khaskin, K. B., Kleber, H. D.:* Hooked on Hormons? An anabolic steroid addiction hypothesis. JAMA Dec. 8, **262**, 22, 3166–3170 (1989)

78. *Kicman, A. T., Brooks, R. V., Cowan, D. A.:* Human chorionic gonadotropin and sport. Br. J. Sports Med., 25, 2, (1991)

79. *King, D. S., Sharp, R. L.,Vukovich, M. D. et al.:* Effect of oral androstendinone and adaptions to resistance training in young men: a randomized controlled trial. JAMA, **28**, 1, 2020–2028 (1999)

80. *Koury, M., Bondurant, M.:* The molecular mechanism of erythropoietin action. Eur. J. Biochem., 210, 649–663 (1992)

81. *Kuoppasalmi, K., Naveri, H., Harkonen, M., Adlerkreuz, H.:* Plasmacortisol, Androstendinone, Testosterone and Luteinising Hormone in Running Exercise of Different Intensities. Scand. J. Clin. Lab. Invest. 40, 403 (1980)

82. *Laidler, P., Cowan, D., Hider, R., Kicman, A.:* New decision limits and Quality-control material for detecting HCG misuse in sports. Clin. Chem., **40**, 7, 1306–1311 (1994)

83. *Lange, K. H., Isaksson, F., Juul, A., Rasmussen, M. H., Bulow, J., Kajer, M.:* Growth Hormone enhances Effects of Endurance Training on oxidative muscle metabolism in elderly women. Am. J. endocr. Metab., Nov., **279**, 5, E989–996 (2000)

84. *Lasne, F., de Ceurriz, J.:* Recombinant Erythropoietin in Urine. Nature 405, 635 (2000)

85. *Laties, V. G., Weiss, B.:* The amphetamin margin in sport. Federation Proceedings 40, 2689–2692 (1981)

86. *Laure, P.:* Doping, Epidemiological Studies. Presse Med. Jul. 8–15; **29**, 24, 1365–1372 (2000)

87. *Leder, B. Z., Longcope, C., Catlin, D. H., Ahrens, B., Schoenfeld, D. A., Finkelstein, J. S.:* Oral androstendione administration and serum testosterone concentrations in young men. J. Am. Med. Ass. (JAMA), Feb 9; **283**, 6, 779–782 (2000)

88. *Le Hir, M., Eckardt, K.-U., Kaissling, B., Koury, S. T. Kurtz, A.:* Structure-Function Correlations in Erythropoeitin Formation and Oxygen Sensing in the Kidney. Klin. Wochenschreier 69, 567–575 (1991)

89. *Lehnert, A. et al.:* Zusammenfassende Darstellung der Ergebnisse der Forschungsarbeit zum Staatsplanthema 14.25 im Olympiazyklus 1984–1988, S. 1–63 FKS Leipzig 1987

90. *Lisset, C. A., Shalet, S. M.:* Effects of GH on bone and muscle. Growth Hormone and IGF Research Apr., **10** Suppl. B, 95–101 (2000)

91. *Magnavita, N., Teofili, L., Leone, G.:* Hodgkin's lymphoma in a cyclist treated with growth hormone. Am. J. Hematol. **52**, 1, 65–66 (1996)

92. *Mc Elligot, M. A., Barreto, A., Channy, L. Y.:* Effect of continous and intermittend clenbuterol feeding on rat growth rate and muscle. Comp. Biochem. Physiol. C 92, 135–138 (1989)

93. *Mullon, J., Giacoppe, G., Clagett, C., McCune, D., Dillard, D.:* Transfusion of polymerized bovine haemoglobin a patient with severe autoimmune hemolytic anemia. New Engl. J. Med. **342,** 22, 1638–1643 (2000)

94. *Miyake, T., Kung, C. K., Goldwasser, E.:* Purification of human erythropoietin. J. Biol. Chem. **252**, 15, 5558–5564 (1977)

95. *Porcerelli, J., Sandler, B.:* Narcissismand empathy in steroid users. Am. J. Psych. **152**, 11, 1672–1674 (1995)

96. *Reverter, J. L., Tural, C., Rosell, A., Dominguez, M., Sanmarti, A.:* Self induced Insulin hypoglycemia in a bodybuilder. Arch. Intern. Med. Jan, **154**, 225–226 (1994)

97. *Rodriguez-Arnao, J., Jabber, A., Fulcher, K., Besser, G. M., Ross, R. J.:* Effects of Growth Hormon Replacement on Physical Performance and Body Comoposition in GH Deficient Adults. Clin. endocr. Jul. **51**, 1, 53–60 (1999)

98. *Rothwell, N. J., Stock, M. J.:* Influence of clenbuterol on energy balance, thermogenesis and body composition in lean and genetically obese Zucker rats. Int. J. Obes., **11**, 6, 641–647 (1987)

99. *Sacca, L., Cittadini, A., Fazio, S.:* Growth hormon and the heart. Endocr. Rev. Oct., **15**, 5, 555–573 (1994)

100. *Saltin, B.:* Metabolic fundamentals in exercise. Med. Sci. Sports, 5, 137–146 (1973)

101. *Schänzer, W.:* Dopingkontrollen und aktueller Stand der Nachweismethoden. Dt. Z. Sportmed. **51**, 7,8 (2000)

102. *Schultz, E.:* Satellite cell behaviour during skeletal muscle growth and regeneration. Med. Sci. Sports Exerc., 21, Suppl. 181–186 (1989)

103. *Schmidt, W., Bierbaum, B., Winchenbach, B., Lison, S., Böning, D.:* How Valid is the Determination of Hematocrit Values to Detect Blood Manipulation. Int. J. Sports Med., 21, 133–138 (2000)

104. *Shaskey, D., Green, G.:* Sports Haematology. J. Sports Med., **29**, 1, 27–38 (2000)

105. *Smekal, G., Pokan, R., Baron, R., Tschan, H., Bachl, N.:* Das Kraftwerk Mensch, Energiebereitstellung und Energiebevorratung unter besonderer Berücksichtigung von Langzeitausdauerbelastungen. Österr. J. Sportmed. 3 (2000)

106. *Smith, G. M., Beecher, H. K.:* Amphetamine sulfate and athletic performance. JAMA **102,** 30, 542–557 (1959)

107. *Soetens, E., de Meirleir, K., Hueting, J. E.:* No influence of ACTH on maximal Performance. Psychopharmac. 118, 260–266 (1995)

108. *Spann, C., Winter, M. E.:* Effect of clenbuterol on athletic performance. Ann. Pharmacother. **29**, 1, 75–77 (1995)

109. *Stenman, U., Unlila-Kallio, L., Korhonen, J., Alfthan, H.:* Immunprocedures for detecting HCG: Clinical aspects and doping control. Clin. Chem. **43**, 7, 1293–1298 (1997)

110. *Strassburger, C. J., Wu, Z., Bidlingmaier, M., Dall, R.:* Detection of Doping with Human Growth Hormon. Lancet **353**, 3, 895–896 (1999)

111. *Tabata, I., Ogita, F., Miyachi, M., Shibayanma, H.:* Effect of low blodd glucose on plasma CRF, ACTH, and cortisol during prolonged physical exercise. Eur. J. Appl. Physiol. Occup. Physiol., **61**, 3-4, 188–192 (1990)

112. *Tarnopolsky, M.:* Caffeine and Endurance Performance. J. Sports Med. **18**, 2, 109–124 (1994)

113. *Thein, L. A., Thein, J. M., Landry, G. L.:* Ergogenic aids. Phys. Ther. **75**, 5, 426–439 (1995)

114. *Tidow, G., Wiemann, K.:* Zur Interpretation und Veränderbarkeit von Kraft-Zeit-Kurven bei explosiv-ballistischen Krafteinsätzen. Dt. Z. Sportmed. 44, 92–103 u. 136–150 (1993)

115. *Urquhart, J., Li, C. C.:* The dynamics of adrenocortical secretion. Am. J. Physiol. **214**, 1, 73–85 (1968)

116. *Vergouwen, P. C. J., Collee, T., Marx, J. M.:* Haematocrit in Elite Athletes. Int. J. Sports Med., 20, 538–541 (1999)

117. *Wallace, M. B., Lim, J., Cutler, A., Bucci, L.:* Effects of DHEA versus Androstendinone supplementation in men. J. Med. Sci. Sports Exerc., **31**, 12, 1788–1792 (1999)

118. *Wheeler, G., Ball, S., Belcastro, A., Cumming, D.:* Reduced Serum Testosterone and Prollactin Levels in Male Distance Runners. J. Am. Med. Ass. **252**, 514 (1984)

119. *Wolfe, R., Ferrando, A., Sheffield-Moore, M., Uraban, R.:* Testosteron and Muscle Protein Metabolism. Mayo Clin. Proc.; 75, 55–60 (2000)

120. *Yarasheski, K. E.:* Growth hormone effects on metabolism, body composition, muscle mass, and strength. Exerc. Sport Sci. Rev., 22, 285–312 (1994)

121. *Zeman, R. J., Ludemann, R., Etlinger, J. D.:* Clenbuterol, a beta-2 agonist, retards atrophy in denervated muscles. Am. J. Physiol. **252**, 1, E 152–155 (1987)

122. *Zeman, R. J., Ludemann, R., Easton, T. G., Etlinger, J. D.:* Slow to fast alterations in skeletal muscle fibres caused by clenbuterol, a beta 2 receptor agonist. Am. J. Physiol. **254**, 6, pt 1, E 726–732 (1988)

Anti-Dopingbestimmungen
der Österreichischen Bundes-Sportorganisation

1. Die Mitglieder der BSO verpflichten sich, wenn nicht bereits eine über die anschließend genannten Anti-Dopingbestimmungen hinausgehende Regelung besteht, diese Mindest-Anti-Dopingbestimmungen in ihre Statuten und/oder Wettkampfbestimmungen aufzunehmen und Dopingkontrollen durch geeignete Beauftragte zuzulassen.

2. Zur Erlassung von Richtlinien, Erledigungen von Einsprüchen, für Beschwerden und Änderungswünsche und zur Koordination der Meinungen zwischen BSO, Bund, Ländern und ÖOC, sowie zur Regelung spezieller Fragen ist das „Österreichische Anti-Doping-Comité" (ÖADC) zuständig. Dem Vorstand des ÖADC gehören je zwei stimmberechtigte Vertreter der BSO, des Bundesministeriums für öffentliche Leistung und Sport (BMÖLS) und der Bundesländer sowie ein stimmberechtigter Vertreter des ÖOC an.

3. Jeder Sportverband Österreichs nimmt zur Kenntnis, dass sich das BMÖLS – Gruppe Sport vorbehält, bei Verweigerung oder Verhinderung von Dopingkontrollen oder der Nichteinhaltung der anschließend genannten Regelungen Förderungen einzustellen.

4. Dopingkontrollen können jederzeit durchgeführt werden, insbesondere

a) bei Staatsmeisterschaften und österreichischen Meisterschaften,

b) auf Veranlassung eines Verbandes/Veranstalters,

c) bei Veranstaltungen, für die internationale Verbände Dopingkontrollen vorschreiben,

d) auf Wunsch von Sportlern und/oder Verbänden, wenn Sportler nach Verletzungen und/oder Krankheiten Medikamente erhalten haben, die möglicherweise Dopingmittel enthalten (ärztliches Attest erforderlich),

e) während des Trainings und

f) wenn Verdacht auf Doping besteht.

5. Die Weigerung, sich einer Dopingkontrolle zu unterziehen, kommt einem positiven Testergebnis gleich.

6. Für Verstöße gegen die Anti-Dopingbestimmungen haften alle aktiven Sportler und Funktionäre, Ärzte, Masseure, Trainer usw. der österreichischen Dach- und Fachverbände.

7. Folgende Mindeststrafen sind zwingend vorgesehen:

a) Sportler:

1. Verstoß: Disqualifikation, Ausschluss vom jeweiligen Bewerb, zwei Jahre Sperre für nationale und internationale Wettkämpfe

2. Verstoß: Disqualifikation, Ausschluss vom jeweiligen Bewerb, lebenslange Sperre. Bei Mannschaften erfolgt außerdem eine Strafverifizierung des Wettkampfresultates nach dem Reglement des zuständigen Verbandes. In Fällen eines positiven Analyseergebnisses für Ephedrine, Phenylpropanolamine, Pseudoephedrine und ähnliche Wirkstoffe (wenn sie oral für medizinische Zwecke in Verbindung mit atembefreienden Mitteln und/oder Anti-Histaminen verordnet wurden) beträgt die Sperre beim ersten Verstoß drei Monate, beim zweiten Verstoß zwei Jahre und für jeden folgenden Verstoß lebenslang.

b) Funktionäre, Ärzte, Masseure, Trainer, usw.:

1. Verstoß: Funktionsenthebung auf zwei Jahre

2. Verstoß: Funktionsenthebung lebenslang

c) Bedingte Strafen sind nicht zulässig.

d) Ausnahme von der Regelung: Wenn der Sportler nach Verletzungen und / oder Krankheiten Medikamente nach nachgewiesener ärztlicher Verordnung erhalten hat und sich nach der Behandlung einer Untersuchung unterzieht, unterliegt das Ergebnis der Geheimhaltung und wird nur dem Sportler mitgeteilt. Das Ergebnis zieht daher keine Sanktionen nach sich.

8. Eine Strafe ist erst dann auszusprechen, wenn die A-Probe und die B-Probe (so diese vom Sportler verlangt wird) positiv sind. Verzichtet der Sportler auf die Analyse der B-Probe, gilt das Ergebnis der A-Analyse als endgültig. Wird eine B-Analyse angefordert, so gilt das Resultat der B-Analyse als endgültig. Bis zum Vorliegen der Analyse der A- bzw. B-Probe sind die Sportlerin bzw. der Sportler startberechtigt. Im Fall eines positiven Endergebnisses sind aber sämtliche erreichten Resultate rückwirkend bis zum Zeitpunkt der Dopingkontrolle zu streichen. Die Sperre und die bei den Mannschaftssportarten vorgesehene Strafverifizierung des/der Wettkampfresultate sind rückwirkend ab dem Zeitpunkt der Kontrolle (Urinabgabe) auszusprechen. Die Strafen sind vom jeweils zuständigen österreichischen Fachverband auszusprechen und zu kontrollieren. Bei einer positiven Dopingkontrolle hat der betroffene österreichische Bundesfachverband die gesamten Kosten dieser Kontrolle zu tragen.

a) Gegen Verbände, die Dopingkontrollen verhindern bzw. behindern, sind Sanktionen bei solchen Sportveranstaltungen zu ergreifen, die im offiziellen Sportterminkalender des jeweiligen Verbandes aufscheinen. Diese bestehen in einer angemessenen Kürzung des für den Verband vorgesehenen TOTO-Zwölftels, mindestens jedoch ÖS 25.000,–. Die Strafe ist aufgrund des Vorschlages des ÖADC vom Bundes-Sportfachrat auszusprechen.

9. Für die Durchführung und Organisation der Dopingkontrollen erlässt das ÖADC eigene Bestimmungen: „Organisation und Durchführung von Dopingkontrolluntersuchungen in Österreich".

10. Kostenübernahme: Kosten für Dopingkontrollen im Rahmen von österreichischen Staatsmeisterschaften und österreichischen Meisterschaften, sowie die Kosten für Trainingskontrollen werden im Verhältnis 45% Bund, 45% Länder und 10% BSO getragen. Ausnahmen von dieser Regelung sind möglich.

a) Die Mittel des Bundes, der Länder und der BSO werden im Rahmen eines eigenen Budgets verwaltet. Das ÖADC überwacht und kontrolliert die widmungsgemäße Verwendung der Gelder.

b) Die Kosten für eine vom Sportler angeforderte Analyse der B-Probe gehen zu Lasten des Sportlers, sofern diese Probe positiv ist.

c) Für die Dopingkontrollen, die durch die internationalen Verbände vorgeschrieben werden, erfolgt die Bezahlung lt. Reglement des internationalen Verbandes bzw. durch den österreichischen Verband bzw. Veranstalter.

d) Für Untersuchungen auf Verlangen des Verbandes (z.B. bei Dopingkontrollen zur Anerkennung von Rekorden) trägt die Kosten der Verband.

e) Für Untersuchungen von Sportlern nach Verletzungen und/oder Erkrankungen trägt die Kosten der Sportler. Kosten für Dopingkontrollen können über die „Besonderen Bundes-Sportförderungsmittel" abgerechnet werden.

Organisation und Durchführung von Doping-Kontrolluntersuchungen in Österreich

1. Auswahl der Veranstaltungen:

Die Festlegung jener Veranstaltungen, bei denen Dopingkontrollen durchgeführt werden sollen, erfolgt in geheimer Wahl mittels Losentscheid durch einen Vertreter der BSO und des Österr. Anti-Doping-Comités.

Um diese Veranstaltungen ordnungsgemäß kontrollieren zu können, ist jeder Fachverband verpflichtet, die Ausschreibungen der jeweiligen Veranstaltungen (inkl. Bewerben und Zeitplan) rechtzeitig (zumindest 14 Tage vorher) der BSO zu übermitteln, die ihrerseits dem ÖADC die erforderlichen Unterlagen zusendet. Erfolgt die Übergabe der Ausschreibungen nicht zeitgerecht, verliert der Verband den Anspruch auf die Meisterschaftsmedaillen bzw. die Subvention des BMÖLS.

2. Information des Fachverbandes bzw. des Veranstalters:

Eine Information jener Fachverbände bzw. Veranstalter, die durch das Los bestimmt wurden, ist nicht vorgesehen.

Jeder Veranstalter hat daher grundsätzlich für entsprechende Räumlichkeiten – unabhängig ob letztlich auch eine Kontrolle durchgeführt wird – zu sorgen.

Entsprechend den internationalen Gepflogenheiten müssen folgende Räumlichkeiten bzw. Einrichtungsgegenstände zur klaglosen Durchführung von Dopingkontrollen bereitgestellt werden:

o ein Raum mit Tisch und mindestens drei Sesseln zur Administration bzw. Handhabung der Kontrolle
o ein Raum mit Toilette und Waschmöglichkeit
   wichtig: Die beiden Räume sollen in unmittelbarer Verbindung stehen!
o Wartemöglichkeit (Warteraum) mit Sitzgelegenheiten für Sportler und deren Begleitpersonen
o Getränke (Mineralwasser, Fruchtsäfte, etc.); wichtig: nur original verschlossene Getränke sind zulässig!
o ausreichende Heizung in den Räumlichkeiten.

3. Nominierung eines Dopingkontrollteams (DKT):

Das ÖADC organisiert ein Dopingkontrollteam (DKT), welches an Ort und Stelle die Dopingkontrolle durchführt.

199

Ein DKT besteht aus mindestens zwei Personen (Leiter und ein bzw. mehrere Helfer/innen).

Der Leiter des DKT erhält vom ÖADC ein Schreiben („Offizielle Mitteilung – Dopingkontrolle"), aus dem die Veranstaltung, die Auswahl der Sportler und der Name des DKT-Leiters hervorgehen. Dieses Schreiben ist dem Veranstalter vorzulegen. Der DKT-Leiter hat sich mittels einer vom ÖADC ausgestellten ID-Karte auszuweisen. Bei der Auswahl des DKT ist das Geschlecht der zu kontrollierenden Sportler zu beachten. Zumindest eine Person des DKT muß vom gleichen Geschlecht wie der Sportler sein.

4. Durchführung der Dopingkontrolle am Veranstaltungsort:

Das DKT reist ohne vorherige Ankündigung zum Wettkampfort an und nimmt hier Kontakt mit dem verantwortlichen Organisator bzw. Funktionär auf. Letzterer geleitet das DKT unverzüglich in die für Dopingkontrollen vorgesehenen Räumlichkeiten und veranlaßt bei Bedarf eventuell notwendige Änderungen, um eine klaglose und regelkonforme Durchführung der Dopingkontrolluntersuchungen sicherzustellen.

Dem DKT ist grundsätzlich freier Eintritt zur Veranstaltung bzw. ungehinderter Zutritt zu den Wettkampf- und Trainingsstätten sowie Umkleideräumlichkeiten zu gewähren.

5. Auswahl der zu kontrollierenden Sportler/innen:

Die Auswahl der zu kontrollierenden Sportler/innen erfolgt bei nationalen Veranstaltungen nach folgenden Richtlinien:

bei Einzelbewerben:

a. Vorrunden, Zwischenrunden, etc.: geloste Sportler aus dem jeweiligen Teilnehmerfeld;

b. Finale: Platz 1, sowie weitere aus dem Teilnehmerfeld geloste Sportler/innen;

bei Mannschaftsbewerben:

Vorrunden, Zwischenrunden und Finale: je zwei (oder mehrere) geloste Spieler pro Mannschaft.

Die Auslosung der betroffenen Sportler/innen erfolgt durch den Leiter des DKT. Darüber hinaus kann der Leiter des DKT jederzeit auf Verdacht weitere Sportler/innen zur Dopingkontrolle auffordern. Die Begründung dafür ist im Protokoll zu vermerken. Bei internationalen Veranstaltungen erfolgt die Auswahl (Auslosung) der zu kontrollierenden Sportler/innen entsprechend dem vom jeweiligen internationalen Verband vorgegebenen Reglement.

6. Verständigung der Sportler/innen:

Unmittelbar nach dem Wettkampf oder nach Vorliegen des Endergebnisses werden die zur Dopingkontrolle ausgewählten (ausgelosten) Sportler/innen nachweislich (schriftlich und/oder mündlich) aufgefordert, sich unverzüglich zur Dopingkontrolle einzufinden. Der Sportler ist berechtigt, mit einer Person seines Vertrauens (Offizieller, Trainer, Arzt, Masseur, etc.) zur Dopingkontrolle zu erscheinen.

Darüber hinaus werden dem Sportler die möglichen Konsequenzen aufgezeigt, die in Kraft treten, sollte der Sportler nicht zur Kontrolle erscheinen.

Grundsätzlich soll die Dopingkontrolle innerhalb kürzest möglicher Zeit durchgeführt werden.

7. Dopingkontrolle (Prozedur):

Außer dem/der Sportler/in und seiner/ihrer Begleitperson sollten nur folgende Personen im Kontrollraum anwesend sein:
o   der Anti-Dopingbeauftragte des Verbandes bzw. Veranstalters
o   das Dopingkontrollteam
o   der Anti-Dopingbeauftragte des internationalen Verbandes (bei internationalen Veranstaltungen).

Nach Eintreffen des/der Sportlers/in im Dopingkontrollraum muß zweifelsfrei die Identität des/der Sportlers/in festgestellt werden (Lizenz, Lichtbildausweis, Paß, . . .).

Die Zeit des Eintreffens im Dopingkontrollraum und die Personalangaben sind vom DKT in den Dokumenten einzutragen.

Der Sportler wählt selbst ein Urinsammelgefäß (Becher) aus. In diesen Becher sollen mindestens 75 ml Urin unter Aufsicht durch ein gleichgeschlechtliches Mitglied des DKT gelassen werden.

In weiterer Folge wählt der Sportler zwei mit einem speziellen Code versehene Gefäße aus, in denen sich je ein mit der gleichen Codenummer sowie mit den Buchstaben A bzw. B versehenes (graviertes) Fläschchen befindet.

Der Sportler füllt, bis auf eine geringe Restmenge, selbst den gesammelten Urin in die beiden Fläschchen (A-Fläschchen $^2/_3$, B-Fläschchen $^1/_3$). Anschließend werden die Fläschchen verschlossen. Eine Prüfung auf Dichtheit ist angebracht. Danach werden die Fläschchen ordnungsgemäß in den Gefäßen verwahrt. Letztere werden mit Spezialverschlüssen versehen.

Zeitpunkt der Urinabgabe und Codenummern werden in den Protokollen vermerkt. Ebenso werden eventuell eingenommene Medikamente (lt. Angabe des Sportlers) im Protokoll festgehalten. Nach endgültiger Kontrolle der Daten und der Versapaks durch den Sportler unterzeichnet dieser das

Protokoll und bestätigt damit die ordnungsgemäße Durchführung der Dopingkontrolle. Das Protokoll wird weiters vom Leiter des DKT, dem Protokollführer und der Begleitperson des Sportlers (falls anwesend) sowie dem Verbandsverantwortlichen (falls anwesend) unterzeichnet.

Der Sportler erhält eine Durchschrift des Protokolls.

Die Protokolle, sowie die Gefäße werden nach Abschluß der gesamten Dopingkontrolle vom DKT verpackt, plombiert und unverzüglich an das ÖADC weitergeleitet.

Das ÖADC organisiert den weiteren Transport der Urinproben zum jeweiligen Labor. Falls der Sportler beim ersten bzw. bei weiteren Versuchen keine ausreichende Menge Urin abgeben kann, wird die vorhandene Menge in einem vom Sportler selbst ausgewählten Versapak-Fläschchen verwahrt.

Nach erfolgter weiterer Urinabgabe wird das Fläschchen vom Sportler geöffnet und der „alte" Urin mit dem „neuen" Urin vermischt. Die nun vorhandene Urinmenge wird wie oben beschrieben wieder auf zwei Fläschchen aufgeteilt. Die weitere Vorgangsweise bleibt gleich.

8. Verweigerung der Dopingkontrolle:

Wenn ein Sportler sich weigert, eine Urinprobe abzugeben, sind ihm die möglichen Konsequenzen aufzuzeigen. Die Weigerung, sich einer Dopingkontrolle zu unterziehen, kommt einem positiven Testergebnis gleich. Weigert sich der Sportler weiterhin, so ist diese Tatsache in den Protokollen zu vermerken. Dieser Vermerk ist durch den zuständigen Anti-Dopingbeauftragten des Verbandes (falls vorhanden) und den Leiter des DKT zu unterzeichnen.

Das Protokoll ist unverzüglich an das ÖADC weiterzuleiten.

9. Analyse der Proben:

Die Analyse der Urinproben ist ausschließlich in vom IOC akkreditierten Labors zulässig. Die Analysen haben so rasch wie möglich nach Ankunft der Proben im Labor zu erfolgen. Die Analysen sind entsprechend den anerkannten Methoden vorzunehmen.

Außer dem Leiter des Labors und den Laborangestellten haben während der Analyse ausschließlich Personen mit Sondererlaubnis des ÖADC Zutritt zum Labor.

Das Analyseergebnis ist vom Labor schriftlich auszufertigen.

10. Bekanntgabe des Analyseergebnisses:

Das ÖADC wird vom Labor schriftlich vom Analyseergebnis informiert. Das ÖADC übernimmt die Weiterleitung der Ergebnisse:

- o bei negativem Ergebnis:
  an den Fachverband mit dem Ersuchen um Weiterleitung des Ergebnisses an den betroffenen Sportler;

- o bei positivem Ergebnis:
  an den Fachverband zur *vertraulichen* Weiterleitung an den Sportler mit dem Ersuchen um Stellungnahme bzw. Information über die gewünschte weitere Vorgangsweise (Analyse der B-Probe).
  Falls vom Sportler/in eine Analyse der B-Probe gewünscht wird, organisiert das ÖADC die Analyse dieser Probe. Diese Analyse soll in Anwesenheit eines Vertreters des ÖADC erfolgen. Der betroffene Sportler hat das Recht, selbst bei der Analyse anwesend zu sein, oder eine Person seines Vertrauens zu entsenden. Die dadurch entstehenden Kosten sind (im Fall eines positiven Ergebnisses) vom Sportler bzw. vom jeweiligen Verband zu tragen.

- o Sonderregelung:
  Wenn die Kontrolle auf Wunsch eines Sportlers (nach Krankheit/Verletzung) durchgeführt wurde, wird das Ergebnis ausschließlich dem Sportler bekanntgegeben.

Das ÖADC informiert nach Vorliegen der Zweitanalyse (B-Probe) den Fachverband, im Fall einer Bestätigung des positiven Befundes auch die BSO, das BKA und das jeweilige Bundesland. Der Fachverband übernimmt in weiterer Folge die Information des Sportlers.

Dem Sportler ist die Möglichkeit eines „Hearings" einzuräumen.

Das Ergebnis der B-Analyse ist als endgültig anzusehen. Weitere Analysen sind nicht zulässig.

11. Sanktionen:

Bei Vorliegen eines positiven Analyseergebnisses ist der Fachverband verpflichtet, die dem Reglement entsprechenden Sanktionen einzuleiten und zu überwachen.

12. Sonderbestimmungen für Trainingskontrollen:

Trainingskontrollen beziehen sich auf verbotene Substanzen der Klasse I.C. (Anabolika), I.D. (Diuretika), I.E. (Peptidhormone, Mimetika und Analoga) und II (Unerlaubte Methoden) der Referenzlist des Europarates (BGBl. III Nr. 108/2000). Befindet sich aber ein verbotener Wirkstoff sowohl auf der Liste der beobachtenden Begleitgruppe des Europarates als auch auf der Liste des Suchtgiftgesetzes oder der Suchtgiftverordnung, so sind bei Vorliegen eines positiven Analyseergebnisses die entsprechenden Sanktionen zu verhängen.

a. Grundsätzlich können alle Sportler/innen zu einer Doping-Trainingskontrolle aufgefordert werden.

b. Eine Verweigerung der Doping-Kontrolluntersuchung zieht Sanktionen entsprechend dem Reglement nach sich.

c. Die Auswahl der Sportler/innen für die Trainingskontrollen erfolgt in geheimer Wahl (Los) durch einen Vertreter der BSO bzw. des ÖADC.

d. Die Verständigung des ausgelosten Sportlers kann erfolgen:
   das DKT erscheint unangemeldet auf der Trainingsstätte, und/oder
   - das ÖADC nimmt persönlich Kontakt (mündlich und/oder schriftlich) zum ausgelosten Sportler auf und verpflichtet ihn, sich bis zu einem bestimmten Zeitpunkt einer Dopingkontrolle zu unterziehen (längstens innerhalb 24 Stunden) und/oder
   - das ÖADC informiert den betroffenen Verband über die durchzuführende Trainingskontrolle (Name des Sportlers). Der Verband ist verpflichtet, unmittelbar nach Verständigung Kontakt mit dem betroffenen Sportler aufzunehmen und die Kontrolle innerhalb von 24 Stunden sicherzustellen. Die Kontrolle erfolgt in einer dem momentanen Aufenthaltsort des Sportlers nächstgelegenen Kontrollstelle, die vom ÖADC namhaft gemacht wird.

e. Die Durchführung der Kontrollen, die Analyse der Urinproben sowie die Bekanntgabe der Ergebnisse und die Festlegung der Sanktionen erfolgt analog den gültigen Anti-Doping-Durchführungsbestimmungen.

f. Bei Trainingskontrollen kann das DKT lediglich aus einer Person bestehen, die aber dem gleichen Geschlecht angehören muß wie der Sportler.

Neue Referenzliste verbotener pharmakologischer Klassen von Dopingmitteln und Dopingmethoden

Die Beobachtende Begleitgruppe hat auf ihrer 11. Tagung gemäß Art. 11 Abs. 1 lit. b der Anti-Doping-Konvention (BGBl. Nr. 451/1991, zuletzt geändert durch BGBl. III Nr. 90/1999) die neue Referenzliste verbotener pharmakologischer Klassen von Dopingmitteln und Dopingmethoden mit Wirksamkeit vom 31. März 2000 angenommen.

I. Verbotene Substanzklassen

A. Stimulantien

Zu den verbotenen Substanzen in Klasse (A) zählen u.a. folgende:

Amineptin, Amiphenazol, Amphetamine, Bromantan, Carphedon, Ephedrine **), Fencamfamin, Koffein *), Kokain, Mesocarb, Pentetrazol, Pipradrol, Salbutamol ***), Salmeterol ***), Terbutalin ***), . . . und verwandte Substanzen.

*) Bei Koffein wird eine Probe als positiv erachtet, wenn die Konzentration im Urin mehr als 12 Mikrogramm pro Milliliter beträgt.

**) Bei Cathin wird eine Probe als positiv erachtet, wenn die Konzentration im Urin mehr als 5 Mikrogramm pro Milliliter beträgt. Bei Ephedrin und Methylephedrin wird eine Probe als positiv erachtet, wenn die Konzentration im Urin mehr als 10 Mikrogramm pro Milliliter beträgt. Bei Phenylpropanolamin und Pseudoephedrin wird eine Probe als positiv erachtet, wenn die Konzentration im Urin mehr als 25 Mikrogramm pro Milliliter beträgt.

***) Nur über Inhalator zur Vorbeugung bzw. Behandlung von Asthma und trainingsinduziertem Asthma erlaubt. Ein schriftliches Attest des Asthmas bzw. trainingsinduzierten Asthmas durch einen Pneumologen oder einen Mannschaftsarzt ist bei der zuständigen medizinischen Behörde einzureichen.

ANMERKUNG: Alle Imidazolpräparate sind bei lokaler Anwendung erlaubt. Vasokonstriktoren dürfen mit Lokalanästhetika verabreicht werden. Die lokale Anwendung (z.B. nasal, ophthalmologisch, rektal) von Adrenalin und Phenylephrin ist erlaubt.

B. Narkotika

Zu den verbotenen Substanzen in Klasse (B) zählen u.a. folgende:

Buprenorphin, Dextromoramid, Diamorphin (Heroin), Methadon, Morphin, Pentazocin, Pethidin, . . . und verwandte Substanzen.

ANMERKUNG: Kodein, Dextromethorphan, Dextropropoxyphen, Dihydrokodein, Diphenoxylat, Ethylmorphin, Pholcodin, Propoxyphen und Tramadol sind erlaubt.

C. Anabolika

Zu den verbotenen Substanzen in Klasse (C) zählen u.a. folgende:

1. Anabole androgene Steroide

a. Clostebol, Fluoxymesteron, Mentandienon, Metenolon, Nandrolon, 19-Norandrostenediol, 19-Norandrostenedion, Oxandrolon, Stanozolol, . . . und verwandte Substanzen.

b. Androstenediol, Androstenedion, Dehydroepiandrosteron (DHEA), Dihydrotestosteron, Testosteron *), . . . und verwandte Substanzen.
Über Stoffwechselprofile und/oder Messungen des Isotopengehalts erhaltene Beweismittel können dazu verwendet werden, um definitive Schlussfolgerungen zu ziehen.

*) Ein im Urin eines Wettbewerbsteilnehmers vorliegendes Verhältnis von Testosteron (T) zu Epitestosteron (E) von mehr als sechs (6) zu eins (1) stellt einen Verstoß dar, sofern nicht nachweisbar ist, dass dieses Verhältnis auf eine physiologische oder pathologische Besonderheit wie z.B. eine niedrige Epitestosteronausscheidung, einen Androgen-produzierenden Tumor oder einen Enzymdefekt zurückzuführen ist.

Im Falle eines 6 überschreitenden T/E ist es obligatorisch, dass die zuständige medizinische Behörde eine Untersuchung durchführt, bevor die Probe als positiv beurteilt wird. Ein vollständiger Bericht wird verfaßt und enthält einen Überblick über frühere Kontrollen, nachfolgende Kontrollen und alle Ergebnisse endokrinologischer Untersuchungen. Sollten keine früheren Kontrollen verfügbar sein, sollte der Athlet drei Monate lang zumindest einmal pro Monat ohne Vorankündigung kontrolliert werden. Die Ergebnisse dieser Untersuchungen sollten im Bericht enthalten sein. Eine Nichtkooperation bei den Untersuchungen führt dazu, dass die Probe für positiv erklärt wird.

2. Beta-2-Agonisten

Bambuterol, Clenbuterol, Fenoterol, Formoterol, Reproterol, Salbutamol *), Terbutalin *), . . . und verwandte Substanzen.

*) Zugelassen zur Inhalation, wie in Artikel (I.A.) beschrieben.

Bei Salbutamol wird eine Probe als positiv in der Anabolikakategorie erachtet, wenn die Konzentration im Urin mehr als 1000 Nanogramm pro Milliliter beträgt.

D. Diuretika

Zu den verbotenen Substanzen in Klasse (D) zählen u.a. folgende:

Acetazolamid, Bumetanid, Chlortalidon, Etacrynsäure, Furosemid, Hydrochlorothiazid, Mannitol*), Mersalyl, Spironolacton, Triamteren, . . . und verwandte Substanzen.

*) Als intravenöse Injektion verboten.

E. Peptidhormone, Mimetika und Analoga

Zu den verbotenen Substanzen in Klasse (E) zählen u.a. folgende sowie deren Analoga und Mimetika:

1. **Choriongonadotropin** (hCG), welches nur bei Männern verboten ist;
2. **hypophysäres und synthetisches Gonadotropin** (LH), welches nur bei Männern verboten ist;
3. **Corticotropine** (ACTH, Tetracosactid);
4. **Wachstumshormon** (hGH);
5. **Insulinartiger Wachstumsfaktor** (IGF-1)und alle entsprechenden Releasingfaktoren und deren Analoga;
6. **Erythropoietin** (EPO);
7. **Insulin**
   welches nur zur Behandlung von Athleten mit bestätigtem insulinabhängigem Diabetes zugelassen ist. Ein schriftliches Attest des insulinabhängigen Diabetes durch einen Endokrinologen bzw. Mannschaftsarzt ist beizubringen.

Das Vorhandensein einer abnormen Konzentration eines endogenen Hormons der Klasse (E) bzw. seines (seiner) diagnostischen Marker(s) im Urin eines Wettkampfteilnehmers stellt einen Verstoß dar, sofern nicht nachweisbar ist, dass dies auf eine physiologische oder pathologische Besonderheit zurückzuführen ist.

II. Unerlaubte Methoden

Folgende Maßnahmen sind verboten:
1. Blutdoping;
2. die Verabreichung von künstlichen Sauerstoffträgern oder Plasmaexpandern;
3. pharmakologische, chemische und physikalische Manipulationen.

III. Unter bestimmten Umständen verbotene Substanzklassen

A. Alkohol

Falls die Regeln einer zuständigen Behörde dies vorsehen, werden Äthylalkohol-Kontrollen durchgeführt.

B. Cannabis

Falls die Regeln einer zuständigen Behörde dies vorsehen, werden Cannabis-Kontrollen (z.B. Marihuana, Haschisch) durchgeführt. Bei den Olympischen Spielen werden Cannabis-Kontrollen durchgeführt. Eine 11-Nor-Delta-9-Tetrahydrocannabinol-9-Carbonsäure (Carboxy-THC)-Konzentration von mehr als 15 Nanogramm pro Milliliter wird als Doping erachtet.

C. Lokalanästhetika

Injizierbare Lokalanästhetika sind unter folgenden Bedingungen erlaubt:

a. Bupivacain, Lidocain, Mepivacain, Procain und verwandte Substanzen dürfen verwendet werden, jedoch nicht Kokain. Vasokonstriktoren dürfen nur in Verbindung mit Lokalanästhetika verwendet werden.
b. Es dürfen nur lokale oder intraartikuläre Injektionen verabreicht werden.
c. Eine Verwendung ist nur dann gestattet, wenn ein medizinischer Grund dafür vorliegt.

Falls die Regeln einer zuständigen Behörde dies vorsehen, kann eine Meldung der Verabreichung erforderlich sein.

D. Glukokortikosteroide

Die systemische Verwendung von Glukokortikosteroiden ist verboten, wenn diese oral, rektal oder über intravenöse bzw. intramuskuläre Injektion verabreicht werden.

E. Betablocker

Zu den verbotenen Substanzen der Klasse (E) zählen u.a. folgende: **Acebutolol, Alprenolol, Atenolol, Labetalol, Metropolol, Nadolol, Oxprenolol, Propranolol, Sotalol, . . . und verwandte Substanzen.**

Sofern die Regeln einer zuständigen Behörde dies vorsehen, werden Betablocker-Kontrollen durchgeführt.

Zusammenfassung von Harnkonzentrationen, bei deren Überschreitung vom IOC autorisierte Labors Meldung über die Ergebnisse spezifischer Substanzen erstatten müssen:

Die für spezifische Substanzen erzielten Ergebnisse sind zu melden bei

Koffein > 12 Mikrogramm/Milliliter
Carboxy-THC > 15 Nanogramm/Milliliter
Cathin > 5 Mikrogramm/Milliliter
Ephedrin > 10 Mikrogramm/Milliliter
Epitestosteron > 200 Nanogramm/Milliliter
Methylephedrin > 10 Mikrogramm/Milliliter
Morphin > 1 Mikrogramm/Milliliter
19-Norandrosteron > 2 Nanogramm/Milliliter bei Männern
19-Norandrosteron > 5 Nanogramm/Milliliter bei Frauen
Phenylpropanolamin > 25 Mikrogramm/Milliliter
Pseudoephedrin > 25 Mikrogramm/Milliliter
Salbutamol (als Stimulans) > 100 Nanogramm/Milliliter
Salbutamol (als Anabolikum) > 1000 Nanogramm/Milliliter
T/E Verhältnis > 6

IV. Trainingskontrollen

Sofern von der zuständigen Behörde nicht ausdrücklich verlangt, beziehen sich Trainingskontrollen ausschließlich auf verbotene Substanzen der Klasse I.C. (Anabolika), I.D. (Diuretika), I.E. (Peptidhormone, Mimetika und Analoga) und II (Unerlaubte Methoden).

Liste mit Beispielen verbotener Substanzen

ACHTUNG: Dies ist keine vollständige Liste verbotener Substanzen. Viele Substanzen, die nicht in dieser Liste aufscheinen, gelten unter der Bezeichnung „und verwandte Substanzen" als verboten. Athleten müssen sicherstellen, dass keine der von ihnen verwendeten Medikamente, Ergänzungsmittel, freiverkäuflichen Präparate oder anderen Substanzen irgendwelche verbotenen Substanzen enthalten.

Stimulantien:

Amineptin, Amfepramon, Amiphenazol, Amphetamin, Bambuterol, Bromantan, Carphedon, Cathin, Kokain, Cropropamid, Crothethamid, Ephedrin,

Etamivan, Etilamphetamin, Etilefrin, Fencamfamin, Fenetyllin, Fenfluramin, Formoterol, Heptaminol, Koffein, Mefenorex, Mephentermin, Mesocarb, Methamphetamin, Methoxyphenamin, Methylendioxyamphetamin, Methylephedrin, Methylphenidat, Nikethamid, Norfenfluramin, Parahydroxyamphetamin, Pemolin, Pentetrazol, Phendimetrazin, Phentermin, Phenylephrin, Phenylpropanolamin, Pholedin, Pipranol, Prolitan, Prophylhexedrin, Pseudoephedrin, Reproterol, Salbutamol, Salmeterol, Selegilin, Strychnin, Terbutalin.

Narkotika:

Buprenorphin, Dextromoramid, Diamorphin (Heroin), Hydrocodon, Methadon, Morphin, Pentazocin, Pethidin.

Anabolika:

Androstendiol, Androstendion, Bambuterol, Boldenon, Clenbuterol, Clostebol, Danazol, Dehydrochlormethyltestosteron, Dehydroepiandrosteron (DHEA), Dihydrotestosteron, Drostanolon, Fenoterol, Fluoxymesteron, Formebolon, Formoterol, Gestrinon, Mesterolon, Metandienon, Metenolon, Methandriol, Methyltestosteron, Miboleron, Nandrolon, 19-Norandrostendiol, 19-Norandrostendion, Norethandrolon, Oxandrolon, Oxymesteron, Oxymetholon, Reproterol, Salbutamol, Salmeterol, Stanzolol, Terbutalin, Testosteron, Trenbolon.

Diuretika:

Acebutolol, Bendroflumethiazid, Bumetanid, Canrenon, Chlortalidon, Ethacrynsäure, Furosemid, Hydrochlorothiazid, Indapamid, Mannitol (intravenös injiziert), Mersalyl, Spironolacton, Triamteren.

Maskierungsmittel:

Bromantan, Diuretika (siehe oben), Epitestosteron, Probenecid.

Peptidhormone, Mimetika und Analoga:

ACTH, Erythropoietin (EPO), hCG *), hGH, Insulin, LH *), Clomifen *), Cyclofenil *), Tamoxifen *).

*) Nur bei Männern verboten.

Betablocker:

Acebulotol, Alprenolol, Atenolol, Betaxalol, Bisoprolol, Bunolol, Carteolol, Celiprolol, Esmolol, Labetalol, Levobunolol, Metipranolol, Metoprolol, Nadolol, Oxprenolol, Pindolol, Propranolol, Sotalol, Timolol.

Als Anhang zur neuen Referenzliste pharmakologischer Dopingmittel- und Dopingmethodenklassen verabschiedete erläuternde Anmerkung zu Salbutamol:

Salbutamol:

Salbutamol wird sowohl als Stimulans als auch als Anabolikum eingestuft.

Das Ziel von Trainingskontrollen besteht darin, Anabolika nachzuweisen. Laut überarbeiteten Bestimmungen zu Salbutamol wird diese Substanz als Anabolikum eingestuft, wenn ihre Konzentration mehr als 500 Nanogramm/ Milliliter beträgt und durch eine Enantiomeranalyse bestätigt wird.

Da jedoch die Annahme der Enantiomeranalyse durch eine Peer-beurteilte Fachzeitschrift noch ansteht, gelten bis auf weiteres nur 1000 Nanogramm/ Milliliter überschreitende Konzentrationen als positives Anabolikaergebnis. Proben, die weniger als diese Menge enthalten, müssen den für Trainingskontrollen zuständigen Behörden nicht gemeldet werden.

Während der Wettbewerbe durchgeführte Kontrollen zielen darauf ab, eine Verwendung von Salbutamol als Anabolikum bzw. Stimulans nachzuweisen. Ob die Verabreichung von Salbutamol offengelegt wird oder nicht, ist eine wichtige Frage für während der Wettbewerbe durchgeführte Kontrollen.

Wie immer ist es Aufgabe der Behörden, die Laborergebnisse zu interpretieren. Um zu vermeiden, dass die Behörden mit der Ausstellung von Bestätigungen für medizinische Atteste über eine zeitlich weiter zurückliegende Verwendung über Inhalation überlastet werden, müssen Labors Konzentrationen unter 100 Nanogramm/Milliliter nicht melden.

Alle oben genannten Konzentrationen entsprechen freiem (nicht konjugiertem) Salbutamol.

Ephedrine:

Die pharmakologische und Urinpharmakokinetik der Ephedrine wurde überblicksmäßig untersucht. Es wurde übereinstimmend festgestellt, dass die überprüften Grenzwerte alle Dopingfälle aufdecken würden, bei denen die Ephedrine am Wettbewerbstag eingenommen worden sind.

Verwendete Abkürzungen

α-MSH	Melanozyten-stimulierendes Hormon
ADH	Antidiuretisches Hormon
ALS	*acid-labil subunit*
AMP	Adenosinmonophosphat
BFU-E-Zellen	*burst forming unit erythroid*-Zellen
BKA	Bundeskriminalamt
BMÖLS	Bundesministerium für öffentliche Leistung und Sport
BSO	Bundessportorganisation
cAMP	zyklisches Aminomonophosphat
CBG	*corticosteroid binding globulin*, Transcortin
CFU-E-Zellen	*colony forming unit erythroid*-Zellen
COMT	Katechol-O-Methyltransferase
CRH	*Corticoid releasing hormone*, Corticoliberin
DHEA	Dehydroepiandrosteron
DHT	Dihydrotestosteron
DKT	Doping-Kontrollteam
EGF	*epidermal growth factor*
EMG	Elektromyogramm
FSH	Follikelstimulierendes Hormon
FT-Fasern	*Fast-twitch*-Fasern
G-CSF	*granulocyte colony stimulating factor*
GH	*growth hormone*
GH-BP	*growth hormone binding protein*
GHD	*growth hormone deficiency*
GHIH	*growth hormone inhibiting hormone*
GHRH	*growth hormone releasing hormone*
GM-CSF	*granulocyte monocyte colony stimulating factor*
GnRH	*gonadotropine releasing hormone*
HBOC	*hemoglobin based oxygen carrier*
HDL	*high density lipoproteins*
IGF	*Insulin-like growth factor*
IGF-BP	IGF *binding protein*
IL	Interleukin
IOC	Internationales Olympisches Comité
LDL	*low density lipoproteins*

LH	Luteinisierendes Hormon
MAO	Monoaminooxydase
MGF	*mechano growth factor*
mRNA	*messengerRNA*
MS	Multiple Sklerose
ÖADC	Österreichisches Anti-Doping-Comité
ÖOC	Österreichisches Olympisches Comité
POMC	Proopiomelanocortin
SHBG	Sexualhormonbindendes Hormon
SIH	Somatostatin
ST-Fasern	*Slow-twitch*-Fasern
THC	Tetrahydrocannabinol

Danksagung

Folgende Personen haben einen Anteil an der Entstehung der vorliegenden Arbeit geleistet, sei es durch ihre direkte oder indirekte Mitarbeit, durch die Unterstützung meiner Person oder durch das vorbildhafte Verhalten im Kampf gegen den Dopingmissbrauch. Ihnen gilt mein aufrichtiger Dank.

Univ.-Prof. Dr. Norbert Bachl; Univ.-Prof. Dr. Ramon Baron; Mag. Werner Schwarz Ass.; Univ.-Prof. Dr. Rochus Pokan; Prof. Dr. Gerhard Smekal; MTA Krista Herzog, Dir. Gerhard Grois, Lektorin Gertraud Hexel; Univ.-Ass. Dr. Harald Tschan; Univ.-Prof. DDDDr. Ludwig Prokop; Dr. Reinhard Fessl, MTF Alfred Nimmerrichter, Wolfgang Reith, Dr. Karlheinz Demel, RA Martin Kuchenmeister, Mag. Andrea Pribitzer, Dr. Günther Gmeiner, Eva-Maria Kern, Helga Kern, Mag. Hermann Kern, Helene Bremhorst, Dkfm. Ferdinand Bremhorst, Mag. Ingeborg Kern, Mag. Hermann Kern sen., Philip Kern, Annegrit Patry, Ernst Patry, Margaret Scheibenreif, Dipl. Ing. Karl Scheibenreif, Mag. Margaret Scheibenreif, Ing. Karl Scheibenreif, Axel Ziganki, Dir. i. R. Friederike Pruggmayer, Günther Klement, Dipl. Ing. Elmar Schamp, Manuel Schamp, Mag. Michael Wagenhofer, Andreas Kittinger, Anton Spindler, Mag. Christian Kux, Mag. Roman Janda.

Der Verlag Wilhelm Maudrich hat diese wissenschaftliche Arbeit adaptiert und in Buchform gebracht, um dem Informationsvakuum auf diesem Sektor mit einem umfangreich recherchierten Werk zu begegnen.

Dr. Jürgen Kern

Johannes HUBER / Alfred WORM
LÄNGER LEBEN, SPÄTER ALTERN
Eine Anleitung
3. Auflage, 356 Seiten, Format: 17x24 cm, gebunden, ISBN 3-85175-747-5, Preis: EUR 33,40

Das Buch wendet sich an alle Menschen, die gerne länger – und auch im hohen oder höheren Alter noch glücklich – leben wollen. Es ist ein Plädoyer gegen Alkohol-, Nikotin- oder Drogenmißbrauch, gegen Völlerei, aber für das gesunde Mittelmaß. Gewissermaßen eine Anleitung zum Längerleben. Die behandelten Probleme sprechen junge und ältere Menschen an, Frauen und Männer. Junge deshalb, weil schon in der Jugend viele Fehler vermieden werden können, deren Folgeschäden im Alter dann nur sehr schwer zu beheben sind. Davon abgesehen, werden auch junge Menschen älter – und mit dem Älterwerden stellen sich dann jene Veränderungen ein, deren Ursachen nicht selten in der Jugend zu suchen sind.

Es befaßt sich mit Mangelzuständen und deren Beseitigung, aber auch mit der Vermeidung von Hormon-„Überschwemmungen", beschreibt jene „freien Radikale", die – als wild durch den Körper taumelnde Elektronen – verheerende Wirkungen haben und im Extrem sogar zum Tod führen können. Diese „freien Radikale" sieht man nicht, man spürt sie nicht und man schmeckt sie auch nicht – dennoch sind sie in gewissen Situationen vorhanden, um ihr schädliches Werk zu vollbringen. Sport beispielsweise kann so oder so betrieben werden: in Maßen – dann wirkt er gesundheitsverlängernd; exzessiv – mit zum Teil gravierenden Folgen. Sport ist ein besonders wichtiges Kapitel. Und die Ernährung ebenso wie „Midlife-Crisis", Klimakterium und Menopause, Hormonersatztherapie zur Altersbewältigung u.a.m. Auf zahllose Fragen gibt es in diesem Buch Antworten. Die beiden Erfolgsautoren sparen bewußt keine Themen aus, die von vielen Menschen verdrängt und sogar nicht einmal mit dem Arzt besprochen werden. Es gibt keine Tabus, weil es bei der Vision eines längeren und schöneren Lebens auch nur sehr wenige Probleme gibt, die nicht bewältigt werden können. Sie müssen nur rechtzeitig erkannt und behandelt werden, denn Wissende verlängern ihr Leben!

Johannes HUBER / Alfred WORM
DIE MEDIZINREVOLUTION
Überleben durch Wiedergeburt
340 Seiten, Format: 17x24 cm, gebunden, ISBN 3-85175-740-8, Preis: EUR 34,-

Im nächsten Jahrtausend eröffnen sich durch sensationelle Fortschritte von Medizin und Biologie völlig neue Behandlungsmöglichkeiten.

- In rasantem Tempo sind Wissenschaftler rund um den Erdball täglich bemüht, den genetischen Code zu entschlüsseln.
- Aus körpereigenen Reservezellen lassen sich bereits Organe wiederherstellen, die durch Entzündung, Krebs oder Alter ihre Funktionen nicht mehr erfüllen können.
- Aus der Entwicklung des Menschen im Mutterleib haben die Mediziner so viel gelernt, daß sie beginnen, dieses Wissen in die Praxis umzusetzen.

Die Folge wird sein, daß der Mensch in Kürze auf sein eigenes Ersatzteillager zurückgreifen können wird. Die unwürdige Feilscherei um Organspenden könnte so ein Ende finden.

Zugleich wird Leben entscheidend verlängert werden – es wird Zeit, daß sowohl Verantwortliche in Politik, Medizin und naturwissenschaftlicher Forschung als auch alle, die in die Lage kommen könnten, diese Segnungen der Forschung einmal in Anspruch zu nehmen, Stellung beziehen zu all den Fragen, die sich hier auftun.

Das Buch will Information über den Stand der Dinge geben und darüber hinausgehend die Frage nach dem Lebenssinn, dem Woher und Wohin neu stellen.

Johannes HUBER / Alfred WORM
FRAU SEIN EIN LEBEN LANG
Vorbeugung und Heilung frauenspezifischer Erkrankungen
2. Auflage, 410 Seiten, Format: 17x24 cm, gebunden, ISBN 3-85175-716-5, Preis: EUR 34,-

Die Natur hat die Frau in Jahrmillionen mit Fähigkeiten und Kräften ausgestattet, das menschliche Leben weiterzugeben.

Trägerin des Geschlechts zu sein, ist eine Höchstleistung. Sie vollbringen zu können, ist ein Privileg, das dem Mann verwehrt ist. Frauen bis zum Wechsel stehen unter dem Schutz der Natur – ihr komplizierter biologischer Bauplan ist in dieser Zeit voll auf das werdende Leben – auf die Reproduktion – konzentriert.

Freilich ist das geniale Wunderwerk des weiblichen Körpers auch sehr anfällig – schon eine kleine Hormonstörung kann das Gleichgewicht der Befindlichkeit aus dem Lot bringen.

Dieses Buch macht Frauen bewußt, wie sie die ihnen von der Natur angebotenen Vorzüge nützen können, um gesund, jung und fit zu bleiben. Es werden aber auch die Störungen beschrieben, die in einem biologischen Hochleistungssystem gelegentlich auftreten können.

Die Autoren greifen frauenspezifische Probleme auf, analysieren deren Ursachen und informieren über schonende Behandlungsmöglichkeiten. Das Gespräch mit dem Arzt ist die wichtigste aller Therapien; die Nutzung von Kräften der Natur die zweitwichtigste; und erst zu allerletzt sollte der Chirurg eingreifen.

„Frau sein ein Leben lang" hilft, auftretende Probleme rechtzeitig zu erkennen und eventuellen Beschwerden und Krankheiten vorzubeugen.

Johannes HUBER / Alfred WORM
MAN(N) WIRD JÜNGER ... UND ATTRAKTIVER
Die Checkliste für den Mann
361 Seiten, 5 farbige und 2 s/w-Abbildungen, 4 Tabellen, Format: 17x24 cm, gebunden,

ISBN 3-85175-729-7, Preis: EUR 34,-

Das Buch ist ein Leitfaden, mit dessen Hilfe Männer überprüfen können, ob ihre Beschwerden durch altersbedingte Hormonveränderungen ausgelöst werden. Der erste Teil zählt jene Symptome und Krankheitsbilder auf, die beim Mann in der zweiten Lebenshälfte ihren Anfang nehmen und von der Midlife-Crisis bis zum Haarverlust reichen.

Im zweiten Teil werden die Untersuchungsmöglichkeiten beschrieben, die eine vermutete Diagnose erhärten. Dabei wird der Knochendichtemessung, die auch beim Mann in zunehmendem Maße Bedeutung erlangt, den einzelnen Hormonbestimmungen, aber auch der Muskel- und Fett-Vermessung besonderes Augenmerk geschenkt.

Im dritten Teil werden konkret jene Behandlungsstrategien aufgezählt, die es auch dem Mann gestatten, gegen konkrete Beschwerden die Hilfe der Hormonbehandlung in Anspuch zu nehmen. Die Therapiemöglichkeiten reichen dabei von pflanzlichen Produkten bis zum Einsatz männlicher Hormone.

Prof. DDr. Johannes C. Huber, Universitätsklinik für Frauenheilkunde der Universität Wien, Leiter der Abteilung für Gynäkologische Endokrinologie und Sterilitätsbehandlung, Allgemeines Krankenhaus. Forschungsschwerpunkte sind gynäkologische Endokrinologie, altersspezifische Veränderungen des weiblichen Organismus in der Menopause und damit auch die Hormonabhängigkeit von Alterungsprozessen sowie entsprechende Gegenstrategien.

Prof. Ing. Alfred Worm ist Chefredakteur des österreichischen Nachrichtenmagazins NEWS. Seit 1973 Journalist und Autor. Universitätslektor an der Universität Wien seit 1985.

 VERLAG WILHELM MAUDRICH
Wien – München – Bern